Heiko Maas
Aufstehen statt wegducken

Heiko Maas

Aufstehen statt wegducken

Eine Strategie gegen Rechts

Unter Mitarbeit von Michael Ebmeyer

Mehr über unsere Autoren und Bücher:
www.piper.de

MIX
Papier aus verantwor-
tungsvollen Quellen
FSC® C014496

ISBN 978-3-492-05841-4
© Piper Verlag GmbH, München 2017
Gesetzt aus der Sabon
Satz: psb, Berlin
Druck und Bindung: GGP Media GmbH, Pößneck
Printed in Germany

Für Jasper und Jannes

Inhaltsverzeichnis

Zwickau, 1. Mai 2016

An diesem Sonntagmorgen bin ich auf dem Weg nach Sachsen – nach Zwickau, zum Maifest des Deutschen Gewerkschaftsbundes. Das Verhältnis zu den Gewerkschaften ist gut. Gemeinsam haben wir den gesetzlichen Mindestlohn durchgesetzt, und viele Gewerkschafter engagieren sich bei der Hilfe für Geflüchtete. »Zeit für mehr Solidarität« lautet in diesem Jahr das Motto zum 1. Mai. Es könnte ein schöner Tag werden, denke ich. Doch es wird ganz anders kommen.

Schon in der Frühe gehen erste Hinweise ein, dass Rechtsradikale meine Rede stören wollen. Eine obskure Facebook-Gruppe kündigt »kreative Formen der Begrüßung« an.[1] Das ist nichts Neues für mich. Seit Dezember 2014 erlebe ich regelmäßig Wutbekundungen von Rechtsaußen – seit ich Pegida eine Schande für Deutschland genannt habe und seit wir die sozialen Netzwerke stärker in die Pflicht nehmen, strafbare Hasskommentare rasch aus dem Internet zu entfernen.

Gegen 10 Uhr komme ich in Zwickau an und merke schnell, dass hier etwas aus dem Ruder läuft. Vor der Bühne auf dem Hauptmarkt hat sich ein Trupp rechter Störer aufgebaut. Manche kehren ihre Gesinnung kurz geschoren und mit Neonazi-Symbolen nach außen, andere sind unauffällig gekleidet und betrachten sich wohl als »besorgte Bürger«.

Ihr Verhalten ist aber alles andere als bürgerlich. Einige recken den Mittelfinger, andere brüllen immer wieder »Linke Ratten!« in Richtung Bühne. Mit Trillerpfeifen machen sie ohrenbetäubenden Lärm. Während Zwickaus Oberbürgermeisterin Pia Findeiß und die DGB-Kreisvorsitzende Sabine Zimmermann ihre Reden halten, werden frauenverachtende Sprüche gegrölt, die zu widerlich sind, um sie hier aufzuschreiben.

Von der Bühne aus kann ich gut sehen, wie es den Rechten gelingt, die Mehrheit der friedlichen Festgäste zu verdrängen. Die Gewerkschafter in der Mitte des Platzes rücken immer enger zusammen. Viele Eltern sind mit Kindern gekommen, denn nach den Ansprachen steht ein Familienfest auf dem Programm. Nun aber ziehen sich die Familien zurück und überlassen eingeschüchtert den Krawallmachern das Feld. Ich kann ihre Furcht verstehen. Die Stimmung ist aggressiv, in den Augen vieler Rechter sehe ich blanken Hass. »Wir sind das Volk!«, beginnen sie zu schreien, obwohl sie nur eine überlaute Minderheit sind.

Als ich meine Rede beginne, erreicht der Lärmpegel einen neuen Höhepunkt. Die Trillerpfeifen gellen pausenlos, und im Chor wird mir die Naziparole »Volksverräter« entgegengeschnauzt. Einige der Protestler halten Plakate hoch, auf denen »Gegen Zensur. Für Meinungsfreiheit« steht. Was für ein schlechter Witz. Dass die Justiz einschreitet, wenn jemand im Internet »Flüchtlinge ins Gas!« postet, halten die Rechten für Zensur. Dass sie selbst Andersdenkende mundtot machen, finden sie dagegen in Ordnung.

Meine Worte gehen in dem Krach fast unter. Ich halte dagegen: »Je lauter ihr schreit, desto länger werde ich hier stehen!« – »Maas, hau ab!« skandieren die Rechten und drängen noch dichter heran. Die Stimmung wird immer gereizter, Feuerzeuge fliegen auf die Bühne. Die Lage droht zu eskalieren. Jeden Augenblick können die Hassparolen in tätliche Gewalt umschlagen. Selbst den wenigen Polizisten vor Ort ist sichtlich mulmig zumute.

Ich halte meine Rede, auch wenn davon auf dem Platz kaum etwas zu verstehen ist. Jetzt geht es nur noch darum, den Krawallmachern die Stirn zu bieten. Keine Minute früher als geplant beende ich meine Ansprache. Von mutigen Ordnern des DGB umringt und vom Gebrüll der Rechten begleitet, gehe ich demonstrativ langsam zum Auto. Die Oberbürgermeisterin ruft mir ins Ohr, es hätte noch schlimmer kommen können. An ihrem Haus seien schon Scheiben eingeworfen worden. Ich spüre: Hier geht die Streitkultur unserer Demokratie vor die Hunde.

1 Beobachtungen zum politischen Klimawandel oder: Was für Deutschland auf dem Spiel steht

Noch nie in der Nachkriegsgeschichte war die Bevölkerung der westlichen Welt so tief gespalten wie heute. Die einen wollen Weltoffenheit, Toleranz und sind von der Gleichwertigkeit aller Menschen überzeugt. Die anderen propagieren Abschottung, eine Rückkehr zum Nationalismus und Ungleichwertigkeit. Auch durch Deutschland geht im Jahr 2017 dieser Riss.

Wo immer Rechtspopulisten in jüngster Zeit an die Macht gelangt sind, sind die Folgen für Demokratie und Rechtsstaat fatal. Donald Trump ist mit einem Wahlkampf, in dem er auf Lügen, Rassismus und Frauenfeindlichkeit setzte, US-Präsident geworden. Und er scheint entschlossen, die so vielfältigen und freiheitsliebenden Vereinigten Staaten zu einer Festung der wütenden weißen Männer umzubauen. In Großbritannien hat eine nationalistische Kampagne zum Brexit-Votum und damit zum anstehenden Austritt aus der EU geführt. Ungarn wird unter Ministerpräsident Viktor Orbán zu einer, wie er es nennt, »illiberalen Demokratie« umgebaut. Denn von den Errungenschaften der liberalen Demokratie – wie Pressefreiheit, Minderheitenrechten oder Gewaltenteilung – hält Orbán wenig. In Polen hat die nationalkonservative Regierung das Verfassungsgericht kaltgestellt und damit das erste Verfahren der EU gegen einen Mitgliedsstaat wegen Schwächung des Rechtsstaatsprinzips auf sich gezogen. In Frankreich und den Niederlanden haben die Rechtspopulisten um Marine Le Pen und Geert Wilders mit ihrer Stimmungsmache gegen Muslime und Einwanderer sowie Plänen für eine wirtschaftliche Isolation massiven Zulauf – und bedrohen damit die friedliche Einigung Europas.

Der politische Klimawandel, den wir in so vielen Ländern erleben, ist auch eine Reaktion auf die besonderen Herausforderungen, vor denen unsere Gesellschaften heute stehen. Die Globalisierung verändert unsere Arbeitswelt. Das hat nicht nur positive Seiten: Jobs werden ins Ausland verlagert oder gehen durch die Digitalisierung verloren.

Die Integration von Kriegsflüchtlingen aus Nahost und Afrika in die europäischen Gesellschaften ist mit großen Anstrengungen verbunden und nicht immer frei von Konflikten.

Weltweit nimmt die soziale Ungleichheit zu. Global operierende Konzerne häufen enorme Reichtümer an, während Mittelständler ums Überleben kämpfen und Dumpinglöhne für viele Arbeitnehmer zur Regel werden.

Der islamistische Terrorismus bedroht die Sicherheit auch in Deutschland – der Anschlag auf den Weihnachtsmarkt am Berliner Breitscheidplatz hat es brutal gezeigt.

Viele Menschen sind in Sorge, ob wir künftig in Deutschland noch so leben können, wie wir es seit Jahrzehnten gewohnt sind – in Wohlstand, bei sozialer Sicherheit und innerem Frieden. Ich breche über niemanden den Stab, der sich solche Sorgen macht. Aber jeder trägt auch Verantwortung dafür, welcher Fahne er hinterherläuft.

Lange Zeit galt Deutschland als Ausnahme vom eben

beschriebenen politischen Klimawandel. Hier konnten Rechtspopulisten kaum politisch Fuß fassen. Ihre Wahlerfolge waren insgesamt dürftig und beschränkten sich auf einige Länderparlamente. Die Lehren aus den Weimarer Jahren schienen gründlich nachzuwirken: In der Geschichte der Bundesrepublik hat es noch nie eine rechtspopulistische oder rechtsextreme Partei über die Fünfprozenthürde in den Bundestag geschafft. Doch allen Umfragen zufolge wird sich das 2017 ändern. In Deutschland kanalisiert sich die Strömung der selbst ernannten »neuen Rechten« heute in der AfD und im Umfeld der Pegida-Kundgebungen. Sie grenzt sich ab vom altbekannten Rechtsextremismus, der Hitler verherrlichte, vom nationalen Umsturz träumte und sich als Bewegung ganz am Rand des politischen Spektrums verortete. Die neue Rechte hingegen zielt auf den gesellschaftlichen Mainstream ab. Sie behauptet, die wahre Stimme des Volkes zu sein, während angeblich ein Meinungskartell aus Mächtigen und Medien die unliebsamen Ansichten der Mehrheit unterdrückt.

Die AfD hat mehrere ideologische Wurzeln. Gegründet als Anti-Euro-Partei, stand sie anfangs für einen neoliberalen Marktradikalismus und bediente sich in der Gesellschaftspolitik beim Konzept einer »neuen Bürgerlichkeit«, das die biedere Adenauer-Republik der 1950er-Jahre zum gesellschaftlichen Idealzustand verklärte.[2]

Mittlerweile aber hat sich die AfD vor allem als Anti-Flüchtlings-Partei profiliert, als lautstarke Gegenstimme zur »Willkommenskultur« in Deutschland und als Pendant zu den neu-nationalistischen Bewegungen in einigen unserer Nachbarländer. Dabei zeigen sich immer wieder Überschneidungen mit dem rechtsextremen Milieu. Im Saarland hatten wir es zur jüngsten Landtagswahl mit einem AfD-

Spitzenkandidaten zu tun, der mit Nazi-Devotionalien handelte und nichts Anrüchiges dabei fand. In Baden-Württemberg hat sich die AfD-Landtagsfraktion lieber gespalten, als einen notorischen Antisemiten auszuschließen. In Berlin machte die AfD einen Mann zum Abgeordneten, der sich einst rühmte, örtlicher »Leader« der rechtsextremen »German Defence League« zu sein.[3] Und aus dem sogenannten völkischen Flügel der AfD wird das Holocaustmahnmal als »Denkmal der Schande« beschimpft und das Gedenken an die Verbrechen des Nationalsozialismus als »dämliche Bewältigungspolitik« abgetan.[4]

Insbesondere aber findet sich ein ideologisches Grundmuster der »alten Rechten«, das auch bei der neuen Rechten immer wiederkehrt: nämlich dass nicht alle Menschen gleich seien, sondern der Wert eines Menschen von dessen Hautfarbe, Herkunft oder Religion abhänge. Wo sich die Rechtspopulisten in ihrer Rhetorik nicht wesentlich von Rechtsextremisten unterscheiden, erlaube ich mir deshalb, in diesem Buch auch pauschal von den *Rechten* zu sprechen.

Die Methoden der Rechtspopulisten sind überall ähnlich: Sie schüren Ängste und ergehen sich in Untergangsszenarien. Sie propagieren nationale Abschottung und Feindseligkeit gegen Fremde. Sie hebeln die demokratische Streitkultur aus, indem sie sich jeder sachlichen Argumentation verweigern. Und stets präsentieren sie sich als Fürsprecher einer angeblichen Bevölkerungsmehrheit, die von den derzeit bestimmenden politischen Kräften missachtet werde.

Daher kapert die neue Rechte in Deutschland auch so gern die Bürgerrechtlerparole »Wir sind das Volk«. Das aber ist eine ungeheure Anmaßung; den Anspruch, den sie damit erhebt, kann sie nicht einlösen. Wie damals in Zwickau sichtbar wurde, vertreten die Rechten in unserer Gesellschaft keineswegs die Mehrheit, sondern nur eine lautstarke Minderheit. Die zeitweilige Dauerpräsenz von AfD- und Pegida-Funktionären in den Talkshows des öffentlich-rechtlichen Fernsehens zeigt zudem, dass von einer Missachtung ihrer Positionen keine Rede sein kann.

Aber die maßlose Übertreibung ist ohnehin eines der wichtigsten taktischen Instrumente der Rechtspopulisten. Sie bauschen reale Probleme gewaltig auf und verstärken damit bei ihren Anhängern Angst und Verunsicherung – vor allem wenn es um Zuwanderung und um Muslime geht. Und so wurde die Entscheidung der Bundesregierung, Kriegsflüchtlinge in Deutschland aufzunehmen, von der neuen Rechten mindestens als ein »Gesetzesbruch«[5], wenn nicht als viel Schlimmeres dargestellt. Schließlich warnte schon Thilo Sarrazin als gesellschaftlicher Türöffner für die neurechte Bewegung: »Deutschland schafft sich ab«. Von einer »Invasion«[6] und einer »Flut«[7] war dann die Rede, als ob nicht Menschen in Not zu uns gekommen, sondern feindliche Soldaten in Deutschland einmarschiert wären oder eine Naturkatastrophe über uns hereingebrochen wäre. Die Aufnahme der Flüchtlinge war angeblich Teil eines von der Bundesregierung geplanten Komplotts zum »Bevölkerungsaustausch«[8]. Von den knapp sechs Prozent Muslimen in Deutschland soll nicht weniger drohen als eine »Islamisierung des Abendlandes«, und der AfD-Vizechef beteuert, er wolle verhindern, dass »der Kölner Dom eines Tages in eine Moschee umgewandelt wird«[9] – als ob das auch nur eine im Entferntesten realistische Befürchtung wäre.

Mit ihren Provokationen und Verschwörungstheorien vergiftet die Rechte die politischen Debatten. Die strategische Dauerbeschallung mit ihren Kampfbegriffen hat einen gefährlich zermürbenden Effekt, weil penetrant wiederholte Floskeln irgendwann ins Denken einsickern, egal wie falsch und verleumderisch sie sind. »Postfaktisch« war das Wort des Jahres 2016. Zur Begründung hieß es von der Jury, immer größere Bevölkerungsschichten seien in ihrem Widerwillen gegen »die da oben« bereit, Tatsachen zu ignorieren und sogar offensichtliche Lügen als Wahrheiten hinzunehmen.[10] Wie erfolgreich diese Methode sein kann, hat der Wahlerfolg von Donald Trump in den USA gezeigt.

Die spezielle Rhetorik der Rechtspopulisten dient dem Ziel, kulturelle Hegemonie zu erlangen. Sie wollen in gesellschaftlichen Debatten nach und nach tonangebend werden, indem sie hartnäckig in möglichst vielen Bereichen die eigenen Phrasen als gängigen Sprachgebrauch etablieren.[11] Die euphemistische Bezeichnung »besorgter Bürger« ist eben auch ein Mittel, um extremen Positionen das Anrecht auf einen Platz in der Mitte der Gesellschaft zu verschaffen.

Sorgen, Ängste, permanente Katastrophenwarnungen: Die neue Rechte ist auf schlechte Stimmung angewiesen. Ihre Ideologie fußt nicht auf einer positiven, versöhnlichen Vision, sondern auf Zwietracht. Damit »das Volk« den Rechtspopulisten auf den Leim geht, muss es wütend sein, verunsichert und misstrauisch. Diese Stimmungsmache zieht Hass auf Fremde und unversöhnliche Feindseligkeit gegenüber Andersdenkenden nach sich. Beides findet seinen Niederschlag in einer fast beispiellosen Verrohung der Sprache – und leider viel zu oft auch in tätlicher Gewalt.

Vor allem im Internet, in Kommentarforen und bei Facebook-Postings hat ein Tonfall um sich gegriffen, der mit respektvollem Streiten nichts mehr zu tun hat. Anstatt zu argumentieren, wird immer hemmungsloser gehetzt, gehasst und gedroht. In der Netzkultur ist für Leute, die im Forum Randale machen und für keine sachliche Ansprache zugänglich sind, schon lange der Begriff »Troll« geläufig. Doch während der Troll lange Zeit als Randfigur erschien, gelingt es ihm heute, viele Foren sogar zu dominieren. Vor allem, wenn es um politische Themen geht. Hass gegen Minderheiten, die Billigung von Straftaten oder gar Mordaufrufe – all das ist heute keine Seltenheit mehr, und es bleibt nicht ohne Folgen. Schon 2015 registrierte der Verfassungsschutz einen »exorbitanten Anstieg rechtsextremer Gewalt«. Die Zahl der Gewalttaten mit rechtsextremistischem Hintergrund erhöhte sich um mehr als 42 Prozent.[12] Auch 2016 wurden im Durchschnitt täglich fast drei Straftaten gegen Flüchtlingsunterkünfte verübt.[13] Die Sicherheitsbehörden registrieren zudem eine Ausweitung der Opfertypen – immer häufiger werden Kommunalpolitiker, Polizisten und Journalisten zum Ziel rechter Gewalt.

Diese fatale Entwicklung hat viel mit der Feindseligkeit zu tun, die von den Rechtspopulisten in die Politik getragen wird. Mit Kritik und Widerspruch können sie nicht umgehen, während sie ihrerseits immerzu nach Kräften austeilen. Weil sie selbst nicht demokratiefähig sind, machen sie die demokratischen Institutionen verächtlich. Medien, die nicht in ihrem Sinne berichten, werden als »Lügenpresse« verunglimpft[14], wer als Politiker ihre Meinung nicht teilt, gilt ihnen als »Volksverräter«[15], und unsere ganze demokratische Ordnung ist angeblich »linksrotgrün versifft«[16] und außerdem gar keine Demokratie mehr, sondern eine »Merkel-Diktatur«[17]. Mit ihrem aggressiven *Wir gegen die* kündigen die Rechtspopulisten einen Konsens auf, den es zwischen den demokratischen Kräften in der Bundesrepublik jenseits aller Gegensätze immer gab: dass man respektvoll miteinander umgeht und anerkennt, dass auch der politische Gegner auf seine Weise das Beste für unser Land anstrebt.

In einer Demokratie darf man über jedes Thema streiten, auch emotional, auch polemisch. Schrille Töne, hässliche Kommentare, wirre Theorien – all das muss die Debattenkultur eines demokratischen Landes verkraften können. Gerade als Politiker darf man da nicht zimperlich sein. Ich selbst stelle mich auch nervigen Gegnern und setze mich unsachlichen Angriffen aus, ganz gleich, ob in der Talkshow oder bei einer Bürgerversammlung. Das gehört dazu, wenn man in einem freien Land Politik macht. Doch welches Ausmaß die nicht nur verbale Verrohung inzwischen angenommen hat, zeigt eine Umfrage unter Deutschlands Bürgermeistern. In jeder zweiten Gemeinde wurden sie oder ihre Mitarbeiter bereits wegen ihrer Hilfe für Flüchtlinge beschimpft oder beleidigt. In Hessen gab ein Landrat sein Amt auf, weil er die ständigen anonymen Drohbriefe (»Kanaken-Landrat«) nicht mehr ertragen konnte, und in Bocholt zog sich ein örtlicher Parteivorsitzender aus der Politik zurück, weil er sich und seiner Familie die täglichen Hass-E-Mails von rechts nicht mehr antun wollte. Und dabei sind Politiker und andere öffentliche Akteure als Opfer von Anfeindungen nur sichtbarer als die vielen Tausend Bürgerinnen und Bürger, die immer öfter unter Beschimpfungen und Attacken von rechts zu leiden haben. Ihnen vor allem müssen wir helfen. Denn sie, die engagierten und verantwortungsbewussten Menschen im Land, sind es, die unsere Demokratie ausmachen und unsere offene, freiheitliche Gesellschaft tragen.

Unbestritten: Deutschland ist heute vielen Gefahren ausgesetzt, von innen wie von außen. Der islamistische Terrorismus hat unser Land ebenso im Visier wie die gesamte westliche Welt; deshalb haben wir große Anstrengungen unternommen, um uns noch besser vor Terroranschlägen zu schützen. Verhindern müssen wir auch, dass die einer wirren, staatsfeindlichen Ideologie anhängenden »Reichsbürger« an Waffen gelangen, was sie immer öfter versuchen. Und dass sich Linksextremisten, aufgeschaukelt durch den Zulauf zu den Rechten, zum militanten »Widerstand« berufen fühlen, können wir genauso wenig hinnehmen. Denn eines muss klar sein: Gewalt hat in der Politik nichts zu suchen und darf niemals toleriert werden, egal ob sie von links oder rechts kommt.

Die größte Bedrohung für unsere Demokratie und für unseren gesellschaftlichen Zusammenhalt geht derzeit allerdings vom Rechtspopulismus aus. Und deshalb brauchen wir eine Strategie gegen Rechts.

Zur Panik besteht dabei kein Grund. Unser Land hat die besten Voraussetzungen, um die auftrumpfende Rechte in ihre Schranken zu weisen. Anders als in der Endphase der Weimarer Republik steht heute die große Mehrheit der Deutschen zur freiheitlichen Demokratie. Aber wir dürfen der lautstarken Minderheit nicht länger die politische Arena überlassen. Die schweigende Mehrheit muss ihr Schweigen brechen, sonst werden rechte Krawallmacher in unserer Gesellschaft auf Dauer tatsächlich den Ton angeben. Wir müssen ihnen entschlossen und selbstbewusst entgegentreten – und die offene, vielfältige Gesellschaft des heutigen Deutschlands hat alles, was es dazu braucht.

Donald Trump konnte seinen Wählern vielleicht einreden, sie hätten Probleme, weil China den Klimawandel »erfunden« habe, und ein Mauerbau gegen die Mexikaner würde die Situation der USA verbessern. In Deutschland aber, da bin ich mir sicher, weiß die große Mehrheit der Menschen, dass Nationalismus, Isolation und Fremdenfeindlichkeit nicht der Weg in eine gute Zukunft sein können.

Allerdings dürfen wir es uns nicht zu einfach machen. Denn die Probleme, an denen die Rechtspopulisten ihre Kampagnen aufhängen, sind teilweise durchaus real oder haben einen realen Kern. Was wir zeigen müssen, ist vor allem, dass die Rechtspopulisten keine tragfähigen Lösungen bieten. Auf keinen Fall aber sollten wir in unserer Auseinandersetzung mit der neuen Rechten anfangen, die Menschen zu beschimpfen. Niemand rückt von seiner Meinung nur deshalb ab, weil man ihn für bescheuert erklärt. Es darf bei aller Kritik nie um die Herabsetzung von Personen gehen, vielmehr muss immer die Auseinandersetzung mit konkretem Verhalten und mit politischen Ideen im Vordergrund stehen.

Die Rechten versuchen unsere Streitkultur zu zerstören, weil sie wissen, dass ihre eigenen ressentimentgeladenen Denkmuster keiner fairen Auseinandersetzung standhalten. Gerade deshalb müssen wir unbeirrt auf die Kraft der Argumente setzen. Wir müssen reden, Deutschland! Gegen Ängste müssen wir die Stimme der Vernunft erheben. Gegen Stimmungsmache und »alternative Fakten« den Verstand und die Aufrichtigkeit einsetzen. Dem Drang der Rechten nach Ausgrenzung unsere Vision vom friedlichen Miteinander entgegenstellen. Ihrer autoritären Raserei unsere demokratische Debattenkultur. Und ihrer Vernageltheit unsere Weltoffenheit.

Wir sind der Bedrohung von Rechts alles andere als hilflos ausgeliefert. Wir haben die Mittel dagegen. Und genau darum geht es mir mit diesem Buch: um eine Strategie, wie wir die Demagogen und Extremisten im Biedermannkostüm aufhalten und uns dabei auf die Stärken unserer Demokratie und unserer offenen Gesellschaft besinnen. Das hat für mich auch viel mit meinem persönlichen Weg in die Politik zu tun und damit, wie ich mein Amt als Justizminister verstehe.

2 Die zwei Gesichter von 1989, ein Europa ohne Solidarität und mein Amtsverständnis als Justizminister

1989 – in der kollektiven Erinnerung ist es das Jahr, in dem in Berlin die Mauer fällt. Das Jahr, in dem der Kalte Krieg endgültig vorbei ist und das Ende der DDR und der deutschen Teilung eingeläutet wird. Ein Jahr der Freiheit, der offenen Grenzen, der Aufbruchstimmung.

Was viele vergessen haben: 1989 war auch ein Jahr, in dem die alte Bundesrepublik von einer Welle des Rechtspopulismus heimgesucht wurde. Im Januar zog eine Partei namens »Die Republikaner« ins Berliner Abgeordnetenhaus ein. In ihrer Wahlwerbung im Fernsehen hatte sie Bilder von Migranten in Kreuzberg mit der Musik aus dem Film *Spiel mir das Lied vom Tod* unterlegt. Bei der Europawahl im Juni erhielten die »Republikaner« bundesweit 7,1 Prozent der Stimmen. Vorsitzender der Partei war Franz Schönhuber, der sich in seinem Buch *Ich war dabei* mit seiner Vergangenheit als Freiwilliger der Waffen-SS brüstete.

Doch nicht nur die »Republikaner«, auch Teile der Union schlugen verstärkt nationalistische Töne an. Edmund Stoiber, seinerzeit CSU-Generalsekretär, wetterte 1988 gegen eine »multinationale Gesellschaft« auf deutschem Boden, die »durchmischt und durchrasst« sei.[18] Und der damalige Bundesfinanzminister Theo Waigel trat im Sommer

1989 beim Vertriebenentreffen in Hannover auf; vor einer riesigen Landkarte mit Deutschland in den Grenzen von 1937 drohte er Polen: »Zur deutschen Frage gehören auch die ostdeutschen Gebiete jenseits von Oder und Neiße.«[19] Für mich und viele andere Bundesbürger klangen solche Worte in einer Zeit der großen Entspannung besonders unpassend und ähnlich schrill wie der Spruch »40 Jahre BRD sind genug«, den unterdessen ein paar Linksradikale plakatierten. Doch während bei den Linksradikalen klar war, dass es sich um eine randständige und zumindest politisch nicht bedrohliche Bewegung handelte, schienen die Rechtspopulisten gesellschaftlich auf dem Vormarsch zu sein. Eine sonderbare Situation: Überall wurden doch gerade ideologische Zwanghaftigkeiten abgebaut und zur Doktrin erhobene Vorurteile überwunden. Und ausgerechnet in dieser Phase fand eine wachsende Zahl von (West-)Deutschen plötzlich Gefallen an revisionistischem Gedankengut. Es war erschreckend, dieses zweite Gesicht des Hoffnungsjahrs.

Ich bin 1989 in die SPD eingetreten. Wie kam ich dazu? Man kann sagen, es war auch eine sportliche Entscheidung. Von meiner Kindheit an und bis ich 20 war, spielte ich Fußball beim FC Elm 08 in meinem Heimatort Schwalbach, Kreis Saarlouis. Es war der Vorsitzende dieses Fußballklubs, der mich überredete, ihn doch auch einmal zur Sitzung des anderen Vereins zu begleiten, in dem er den Vorsitz führte: des SPD-Ortsvereins Elm.

Ich erlebte dort etwas, das mich nachhaltig beeindruckt hat. Die Menschen, die da zusammensaßen, waren ganz normale Bürgerinnen und Bürger aus meinem Dorf. Bodenständige Leute, die sich neben ihrem Berufs- und Familienleben für ihre Heimat engagierten und so gar nicht dem Zerrbild von Parteipolitikern entsprachen, das die Rechtspopulisten gern zeichnen. Im Ortsverein wird zum Beispiel über die Öffnungszeiten des Kindergartens oder über die Ausweisung eines neuen Baugebiets diskutiert. Über lauter handfeste Themen, denn Demokratie beginnt vor der eigenen Haustür. Wie bringen wir den Wunsch junger Familien nach bezahlbaren Baugrundstücken unter einen Hut mit der Forderung von Landwirten und Naturschützern nach unbebauten Flächen? Wie können wir dafür sorgen, dass der Kindergarten schon offen ist, wenn für die Eltern die Schicht beginnt – und dass der Gemeinderat bei der Festlegung der Betreuungszeiten nicht nur auf seinen Kämmerer hört?

Manchen mag das banal vorkommen, aber solche Entscheidungen haben für » das Volk« mehr Bedeutung als irgendwelches Gerede von » Überfremdung« oder als der Ruf nach einem Burkaverbot. Ich habe in meinem Ortsverein gelernt, was demokratische Politik wirklich ausmacht: Interessen zu formulieren, Argumente auszutauschen und Kompromisse zu finden. Niemand von den Frauen und Männern, die ich dort traf, wäre anfällig gewesen für die kraftmeierischen Parolen der » Republikaner« oder für die vaterländischen Regungen mancher Unionspolitiker. Diese Menschen spuckten keine großen Töne. Was sie taten, war viel unspektakulärer – und doch viel wichtiger: Sie lebten Demokratie! Sie debattierten leidenschaftlich, aber ohne die Nerven zu verlieren. Sie konnten in der Sache unerbittlich sein und blieben trotzdem fair, nicht nur untereinander, sondern ebenso gegenüber politischen Gegnern. Meist zumindest.

Auch im Saarland hatten damals die » Republikaner«

einen Landesverband, der in Erwartung der anstehenden Wahlen vor Selbstbewusstsein strotzte. Zugleich mit der Europawahl am 18. Juni 1989 wurden die saarländischen Gemeinde- und Stadträte neu gewählt. Viele der Sozialdemokraten, die ich nun kennenlernte, waren entsetzt über die deutschnationale und fremdenfeindliche Rhetorik, mit der die Rechten auftrumpften. Aber darauf nun genauso unsachlich oder demagogisch zu reagieren kam für sie nicht infrage. Wir tragen doch Verantwortung, sagten sie. Und wenn andere die Demokratie und die Weltoffenheit schlechtreden wollen, dann müssen wir sie eben besser erklären!

Es war diese selbstverständliche und ganz uneitle Verbindung von Idealismus und Pragmatismus, die mich überzeugte – wie der Vorsitzende des FC Elm 08 richtig vermutet hatte. Der idealistische Teil: Es gibt Werte, an die wir glauben, nämlich die Werte der Demokratie und des sozialen Staats. Der pragmatische Teil: Von diesen Werten reden wir nicht nur, sondern wir stehen zupackend für sie ein.

Ich hatte damals, nach meiner Zeit bei der Bundeswehr, ein Jahr am Fließband im Ford-Werk Saarlouis gearbeitet und dann mein Jurastudium an der Universität des Saarlandes begonnen. Mich trieb die Frage um, was ich selbst tun konnte gegen den drohenden rechtspopulistischen Stimmungsumschwung im Land. Nun hatte ich die für mich richtige Antwort gefunden: Ich wurde Mitglied im Ortsverein Elm der SPD.

Bis heute ist meine politische Haltung geprägt von dieser saarländischen Perspektive. Das Saarland ist ja schon seit Jahrhunderten eine Grenzregion, es war zeitweise deutsch und zeitweise französisch dominiert. Bis zum Ersten Weltkrieg zählte es zum Deutschen Reich, anschließend wurde es bis 1935 vom Völkerbund verwaltet, dem Vorläufer der Vereinten Nationen. Dann gehörte es zu Nazi-Deutschland. Nach dem Zweiten Weltkrieg war das Saarland wieder von Deutschland abgetrennt und eine Art eigener Staat, wenn auch weitgehend von Frankreich kontrolliert. Erst seit 1957 ist das Saarland Teil der Bundesrepublik.

Meine Großmutter hat ihr Leben lang im gleichen Ort, in der gleichen Straße, im gleichen Haus gewohnt – aber durch das politische Hin und Her des Saarlands hatte sie fünf verschiedene Pässe. Meiner Generation sind solche Umbrüche (und vieles mehr) erspart geblieben. Wir haben nicht nur eine ungebrochene Kontinuität der Demokratie erlebt, sondern auch eine politische Stabilität, wie sie dieser Region früher nie vergönnt gewesen war. Und wir haben von Kindesbeinen an am eigenen Leib gespürt, was für ein Segen die europäische Einigung ist.

Wer mit dem Bewusstsein aufwächst, einen Großteil der eigenen Geschichte mit den Nachbarn – in unserem Fall den Franzosen – gemeinsam zu haben, dem ist klar, wie willkürlich und zufällig *Grenzen* festgelegt werden. Warum sollte ich stolz sein, ein Deutscher zu sein? Es ist doch keine persönliche Leistung. Wäre ich früher geboren, wäre ich vielleicht als Franzose oder als saarländischer Staatsbürger zur Welt gekommen. Stolz kann man doch nur auf etwas sein, was man selbst geschafft hat, und nicht auf einen Zufall der Geburt. Das ist ein Grundwiderspruch des deutschen Nationalismus, der mich schon immer sehr gestört hat.

Ich bin gern Bürger unseres Landes. Es ist meine Heimat – mit seiner Kultur, der Musik, der Kunst, der Literatur. Und wenn ich als Bürger und als Politiker dazu beitragen kann, dass Deutschland demokratisch und sozial bleibt und dass es möglichst noch gerechter und noch weltoffener wird, bin ich dankbar. Aber, um es in Anlehnung an Gustav Heinemann zu sagen: Ich liebe kein Land, sondern meine Kinder.

In gewisser Weise hat das Thema, das mich heute für rechte Brandstifter zur Hassfigur macht, von Anfang an meine politische Aktivität geprägt. Denn ebendieses weltoffene Deutschland, für das ich mich als überzeugter Demokrat und Europäer einsetze, wollen die Rechtspopulisten nicht. Wenn sie von Deutschland reden, und das tun sie ja ständig, schwebt ihnen etwas ganz anderes vor – und es ist wichtig, immer wieder nachzuhaken, was das eigentlich ist.

Oft kommt das Deutschland der neurechten Ideologen wie eine idyllisierte 50er-Jahre-Bundesrepublik daher: Da steht die Frau am Herd, da wird über die »zwölf unseligen Jahre« des Nationalsozialismus eisern geschwiegen (wenn man schon nichts Gutes darüber sagen soll), und »fremdländisch« aussehende Menschen will man möglichst nur in fremden Ländern zu Gesicht bekommen. Oder vielleicht noch als die »kleinen Italiener« vom Eiscafé Venezia.

Bohrt man tiefer, so stößt man auf ein völkisch-mythisches Konstrukt: Deutschland als eine Schicksalsgemeinschaft, über die sich rational gar nicht reden lässt, die aber jederzeit eine rasende Wut gegen alles rechtfertigt, was den rechten Ideologen nicht ins Bild passt. Vor allem diese Wut, verbunden mit der Neigung zur Geschichtsvergessenheit, ist hochgefährlich.

1989 kamen die Rechtspopulisten damit zum Glück nicht weit. Die »Republikaner« konnten ihre anfänglichen Wahlerfolge nicht wiederholen und zerfleischten sich bloß selbst. Aber erledigt hatte sich der Rechtspopulismus damit nicht. Im Gegenteil. Nach dem Fall des Eisernen Vorhangs und wegen des Bürgerkriegs im ehemaligen Jugoslawien kamen Anfang der 1990er-Jahre viele Asylbewerber nach Deutschland. Rassistische Gewaltausbrüche erschütterten unser Land. In Hoyerswerda und Rostock-Lichtenhagen kam es zu pogromartigen Attacken, in Mölln und Solingen verübten Rechtsextreme mörderische Brandanschläge. Die Zivilgesellschaft setzte damals starke Zeichen, etwa mit den Lichterketten. Hunderttausende gingen im Winter 1992 auf die Straßen. Gegen Rassismus und für Frieden und Toleranz.

Die Reaktion der Politik war weniger überzeugend. Damals wurden die Weichen falsch gestellt. Eine Änderung des Grundgesetzes ebnete 1993 den Weg für die europäische Drittstaatenregelung, die mit dem Dubliner Übereinkommen dann zementiert wurde: Asylsuchende konnten ihren Antrag nicht mehr in Deutschland stellen, wenn sie über Länder einreisten, in denen ihnen keine Verfolgung drohte. Nach dem Dublin-Verfahren dürfen Asylsuchende nur in dem Mitgliedsstaat ihren Antrag stellen, wo sie die EU-Außengrenze erstmals überschreiten.

Schon damals hätte man eine abgestimmte und solidarische europäische Asylpolitik aufbauen müssen. Stattdessen aber wurde das Problem auf die südlichen Grenzstaaten der EU abgewälzt – auf Griechenland, Italien und Spanien. Das Dublin-System hat Europa auf einen falschen Weg gebracht. Das Übereinkommen hat die Flüchtlingskrise nicht entschärft oder wenigstens gelindert. Es hat lediglich Deutschland und anderen EU-Binnenstaaten erlaubt, die immer schrecklicheren Zustände im Mittelmeerraum viel zu lange zu ignorieren. Auch dann noch, als offensichtlich war, dass die Situation – heillos überfüllte Auffanglager auf Lampedusa und anderenorts, Schleuserei als organisiertes Verbrechen, Menschen, die zu Tausenden im Meer ertranken, weitere Hunderttausende, die versuchten, die EU auf dem Landweg zu erreichen – bald nicht mehr beherrschbar sein würde.

Ohne diese verfehlte Politik hätte es die schwierige Lage im Herbst 2015 nicht gegeben, als die Bundesregierung – wie nach dem Dubliner Übereinkommen rechtlich zulässig – das Dublin-Verfahren für Flüchtlinge aus Syrien vorübergehend aussetzte, um eine humanitäre Katastrophe zu verhindern. Deutschland und Österreich hielten damals ihre Grenzen offen; sie mussten gar nicht geöffnet werden, wie so oft behauptet wird, denn wir befinden uns ja im Schengen-Raum.

Die Zeit, in der man die Trecks von Hunderttausenden Geflüchteten noch hätte lenken und solidarisch innerhalb der EU hätte aufteilen können, war ungenutzt verstrichen. Was wir 2015 erlebt haben und was manche als Chaos empfanden, lag nicht etwa an *zu viel Europa*, sondern an *zu wenig Europa*. Es war nicht die Folge einer europäisch-solidarischen Politik, wie die Rechten sie ablehnen – sondern die Folge einer Politik der nationalen Egoismen, wie die Rechten sie befürworten. Diese Wahrheit mag etwas schwerer zu vermitteln sein als die schlichte Propaganda der Rechtspopulisten. Umso wichtiger ist es, dass wir sie geduldig erklären und beharrlich verbreiten. Und natürlich, dass wir endlich doch zu einer echten europäischen Lösung für die Flüchtlingsfrage finden – zu einer Lösung, die aber zugleich mit Artikel 1 unseres Grundgesetzes in Einklang stehen muss: Die Würde des Menschen ist unantastbar!

Dass übrigens ausgerechnet Ungarns Ministerpräsident Viktor Orbán, der die europäische Solidarität in der Flüchtlingskrise besonders lautstark verweigert und damit auch deutschen Interessen erheblich geschadet hat, für seine Politik noch von der CSU hofiert worden ist, bleibt für mich empörend.

Wenn heute mit Hass und Hetze die Menschenwürde attackiert wird, muss man etwas dagegen tun. Als Bundesjustizminister ist das für mich auch Amtspflicht. Manche Kritiker meinen, das Amtsverständnis eines Justizministers sollte sein, sich möglichst bedeckt zu halten. Das sehe ich anders. Ich finde, ein Justizminister sollte nicht bloß als Justiziar der Bundesregierung auftreten. Als Justizminister bin ich auch Verfassungsminister und somit für das Grundgesetz zuständig – für Demokratie und Rechtsstaat und für die Grundrechte mit der Verbürgung der Menschenwürde an der Spitze. Wer, wenn nicht der Justizminister, sollte aktiv werden, wenn diese Werte in Gefahr sind? Zu oft in der deutschen Geschichte haben sich Juristen als bloße Rechtstechniker ohne soziale und politische Verantwortung verstanden – die Folgen waren meist fatal. Wenn Gefahr für die Demokratie aufzieht, muss unmissverständlich klar sein, wo man steht. Es zählt zu den Verantwortlichkeiten, die mein Amt mit sich bringt, im Umgang mit Rechtspopulisten, die die Menschenwürde einzelner Bevölkerungsgruppen angreifen, nicht »neutral« zu bleiben. Dazu stehe ich, auch wenn ich dafür den Hass der neuen Rechten auf mich ziehe.

Was wir tun können

In der Auseinandersetzung mit der neuen Rechten hilft es zu wissen, woher diese Strömung kommt. Ihre Wortführer möchten uns weismachen, dass sie sich wegen der Flüchtlingskrise und anderer Sorgen in der Bevölkerung gebildet habe. Doch das stimmt nicht, und das sollten wir auch klar sagen. Fremdenfeindlichkeit ist ein Grundbaustein der rechtsextremen Ideologie. Heute versuchen Ideologen aus dem rechtsextremen Milieu Ängste in der Bevölkerung wegen der Flüchtlinge in Deutschland auszunutzen, um ihr völkisches und rassistisches Gedankengut salonfähig zu machen und Anschluss an die Mitte der Gesellschaft zu finden. Ein AfD-Funktionär sagte zur Flüchtlingskrise offenherzig: »Man kann diese Krise ein Geschenk für uns nennen ... sie war sehr hilfreich.«[20]

Das Streben der neuen Rechten nach kultureller Hegemonie sollten wir zum Thema machen, denn es ist eine Strategie, die nur aufgehen kann, solange sie unerkannt bleibt. Anstatt über jedes rhetorische Stöckchen zu springen, das uns die rechten Demagogen hinhalten, sollten wir darüber reden, wie sie diese Stöckchen fabrizieren. Mit den speziellen Propagandamethoden der Rechtspopulisten wird sich deshalb Kapitel 5 dieses Buches noch ausgiebig beschäftigen.

Wenn die Rechtspopulisten mit ihrer Lieblingsvokabel »Volk« um sich werfen, sollten wir unerbittlich dagegenhalten, dass das, was sie Volk nennen, nur ihre eigenen Anhänger sind – nur eine Minderheit, die sich von ihnen aufwiegeln lässt. Es ist vermessen und zutiefst undemokratisch, wenn eine Bewegung, deren politische Agenda auf Hetze,

Panikmache und Ausgrenzung fußt und die somit per definitionem nicht einmal den Anspruch erheben kann, die gesamte Bevölkerung zu repräsentieren, jenen kleinen Teil der Bevölkerung, den sie mit ihrer Propaganda ködern kann, zum Volk selbst erklärt. Die ganz große Mehrheit der Deutschen steht nicht hinter den Rechtspopulisten, sie steht hinter den Werten der Demokratie, der offenen Gesellschaft, der Vielfalt und der Toleranz. Und diese große Mehrheit sollte sich noch stärker als bisher zu Wort melden.

3 Eine Schande für Deutschland

Den Tag, an dem ich für die neue Rechte zur Hassfigur wurde, kann ich genau benennen. Es war der 15. Dezember 2014. In der *Süddeutschen Zeitung* erschien ein Interview, in dem ich sagte: » Dass es Vorurteile gibt, ist leider nicht neu. Jetzt trauen sich einige, ihre Ressentiments auch so offen auszuleben. Es ist eine Schande für Deutschland, dass das bei den Pediga-Demonstrationen auf dem Rücken von Flüchtlingen geschieht, die gerade alles verloren haben und uns um Hilfe bitten. «

Bis dahin hatte sich die Politik gegenüber den montäglichen » Abendspaziergängen « in Dresden abwartend, wenn nicht gar verständnisvoll verhalten. Seit knapp zwei Monaten gab es diese Aufmärsche nun. Nazivokabeln wie » Lügenpresse « oder » Volksverräter « gehörten in den Reden, die dort geschwungen wurden, schon zum festen Inventar.[21] Auf den Transparenten standen Sprüche wie » Alibaba und die 40 Dealer – Ausweisung sofort! «[22], und die Organisatoren beschimpften in Internet-Foren Muslime als » mohammedanische Kamelwämser «[23]. Als Vorsitzender von Pegida trat ein Mann auf, der laut Medienberichten ein aktenkundiger Krimineller ist, 15-fach vorbestraft, unter anderem wegen Einbruchsdiebstahls, Körperverletzung, Drogenhandels und nicht geleisteter Unterhaltszahlungen.[24]

Es verblieb kein Zweifel daran, dass sich da eine fremdenfeindliche und demokratieverächtliche Bewegung formte. Klare Worte waren nötig gegen die Hetze, die bei Pegida verbreitet wurde. Diese Aufmärsche verkörperten eine Absage an so ziemlich alle Werte, die mir wichtig sind: Solidarität, Toleranz, Weltoffenheit, Diskussionsbereitschaft, Achtung vor den demokratischen Institutionen und unbedingtes Bekenntnis zur Menschenwürde. Politische Strömungen, die auf Ressentiments und Ausgrenzung setzen, dürfen in unserem Land nicht wieder die Oberhand gewinnen. Das ist übrigens auch ein Hauptanliegen der deutschen Sozialdemokratie.

1933 war die SPD die einzige Partei im Reichstag, die gegen Hitlers »Ermächtigungsgesetz« stimmte. Legendär ist die flammende Rede, die ihr damaliger Vorsitzender Otto Wels gegen die Machtübernahme der Nazis hielt. »Wir stehen zu den Grundsätzen des Rechtsstaates, der Gleichberechtigung, des sozialen Rechtes ... wir bekennen uns ... zu den Grundsätzen der Menschlichkeit und der Gerechtigkeit, der Freiheit ...«[25]

Diesem Erbe bleiben wir verpflichtet. Dabei gilt nach wie vor und auch in Zukunft die Mahnung: Wehret den Anfängen! Sie ist mir persönlich der wichtigste aller politischen Leitsätze. Ich bin in die Politik – und zur SPD – gegangen, weil ich eine grundsätzliche Allergie gegen jede Form von Diskriminierung habe. Es hat mich schon immer empört, wenn Parteien oder Bewegungen aus Hass und Hetze Kapital schlagen. Nicht wegen Tschernobyl und auch nicht wegen Willy Brandt bin ich Politiker geworden. Sondern wegen Auschwitz.

Die Konsequenz aus den beispiellosen Verbrechen des Nationalsozialismus kann nur eine konsequente Wachsamkeit sein. Feinden der Demokratie müssen wir entschlossen entgegentreten, und zwar nicht erst, wenn sie wieder in Deutschland »die Macht ergreifen« wollen. Es beginnt beim Alltagsrassismus. Es beginnt, wenn menschenverachtendes Vokabular gestreut und wenn mit Vorurteilen und mit dem Schüren dumpfer Ängste Stimmung gemacht wird.

All dies tat und tut die Organisation, die sich Pegida nennt. Und der ganz konkrete Anlass, aus dem ich Ende 2014 von einer Schande für Deutschland sprach, war der Monat Dezember. Ich fand es zutiefst beschämend, wie Demonstranten vom Weihnachtsmarkt kamen, dem legendären Dresdner Striezelmarkt; wie sie eben noch an einem riesigen, in jenem Jahr erstmals aufgebauten Krippenspiel aus dem Erzgebirge vorbeigegangen waren, um nun gegen Flüchtlinge zu hetzen.

Die Familie, um die es an Weihnachten geht, ist unterwegs und in Bethlehem ohne Obdach. Und kaum dass ihr Kind geboren ist, wird sie zu einer Flüchtlingsfamilie. Sie flieht vor Herodes, vor dem Befehl, alle Kinder im Land zu töten. Für diejenigen, die es noch einmal nachlesen wollen, es steht im Matthäus-Evangelium, Kapitel 2, Vers 13: »Als die Sterndeuter wieder gegangen waren, erschien dem Josef im Traum ein Engel des Herrn und sagte: Steh auf, nimm das Kind und seine Mutter, und flieh nach Ägypten.«

Lange bevor ich in die Politik ging, war ich in der katholischen Jugendbewegung aktiv. Ich bin nicht nur Sozialdemokrat, ich bin auch Christ. Im Zeichen des Weihnachtsfests, das unser Fest der Barmherzigkeit, der Hoffnung und des Friedens ist, Parolen zu grölen gegen Menschen, die bei uns Schutz suchen, finde ich nicht nur schändlich, sondern zudem unsäglich verlogen.

»Patriotische Europäer gegen die Islamisierung des Abendlandes«, dafür steht ja das Kürzel Pegida. Wobei man sich fragen kann, was lächerlicher ist – das verniedlichende Kürzel oder die Behauptungen dahinter: dass dem »Abendland« eine »Islamisierung« drohe; und dass die Versammelten als Europäer aufträten. Doch leider sind diese Behauptungen nicht bloß lächerlich, sondern auch gefährlich.

Es gehört schon ein gewaltiges Maß an Empathielosigkeit und Engstirnigkeit dazu, sich die Flucht von Menschen vor Krieg und Verfolgung zu einer »Islamisierungs«-Kampagne zurechtzulügen. Zumal in Sachsen, wo der Bevölkerungsanteil der Muslime nach wie vor bei unter einem Prozent liegt. Diese Propaganda aber obendrein unter dem Banner des (christlichen) Abendlands zu betreiben, ist ein unverfrorener Etikettenschwindel.

Was sind denn die Werte, die ein christliches Europa ausmachen? Solidarität und Nächstenliebe! Und nicht etwa Hass und Panikmache. Doch hinter dem Etikettenschwindel steht Berechnung. Pegida ist ein Versuch neurechter Ideologen, ihr politisches Negativprogramm als Graswurzelbewegung in Szene zu setzen. Sie bauschen diffuse Befürchtungen zu Untergangsszenarien auf, und sie nutzen eine Rhetorik des Verfolgungswahns – indem sie die Regierung, Medien und Eliten als Lügner und Verräter darstellen –, um ihre eigene, feindselig verzerrte Sichtweise als die Wirklichkeit selbst zu verkaufen.

Das Flüchtlingsthema kommt ihnen dabei sehr gelegen. Bei vielen Menschen löst gesellschaftlicher Wandel grundsätzlich erst einmal Misstrauen aus, und erst recht, wenn dieser Wandel mit der Ankunft von »Fremden« einhergeht. Wer gewissenlos genug ist, kann solches Misstrauen befeuern und die Leute auf diese Weise aufwiegeln, sie für seine Zwecke einspannen. Die Mobilisierung der Misstrauischen –

und ihre Instrumentalisierung – ist der neuen Rechten in den letzten Jahren in einem Ausmaß gelungen wie nie zuvor in der Geschichte der Bundesrepublik.

Klare Worte gegen die Hetze sind vor allem deshalb notwendig, weil wir nun unsererseits die schweigende Mehrheit im Land wachrütteln müssen. Mit ihrer Taktik des größtmöglichen Lärms wollen die Rechtspopulisten den Eindruck erwecken, eine Mehrheit der Deutschen (»das Volk«) stünde auf ihrer Seite. Dagegen hilft nur, dass die wahre Mehrheit, die keineswegs aufseiten der Rechten steht, selbst deutlich genug Farbe bekennt.

Oft herrscht in unserer Gesellschaft heute eine gewisse Trägheit. Wir neigen dazu, politische Entwicklungen achselzuckend hinzunehmen und zu denken, es wird schon nicht so schlimm kommen. Erklären lässt sich diese Gleichmütigkeit wohl damit, dass wir die Errungenschaften der Demokratie für selbstverständlich halten. Unsere Grundrechte, unsere Meinungs-, Rede- und Religionsfreiheit, auch unsere Bewegungsfreiheit haben für fast alle Westdeutschen und für die jüngeren Ostdeutschen nie infrage gestanden. Wir sind stabile demokratische Verhältnisse gewohnt. Vielleicht schimpfen wir gelegentlich auf die Politik, zugleich aber verlassen wir uns darauf, dass die Demokratie funktioniert und dass unsere Freiheiten erhalten bleiben.

Doch die Demokratie lebt von aktiven Demokraten. Und die Demokratie gerät in Gefahr, wenn Antidemokraten zu großen Einfluss auf das öffentliche Klima gewinnen. Eben eine solche kulturelle Hegemonie strebt die neue Rechte an. Und Pegida und ähnliche Protestformen – siehe Zwickau, siehe die Hassrufer bei den Dresdner Feiern zur deutschen Einheit am 3. Oktober 2016 – bilden dabei ihr Fuß-»Volk«.

Die schweigende Mehrheit muss also aus ihrer Trägheit erwachen. Zum Glück tut sie dies auch. Anfangs, als Pegida stetig wachsenden Zulauf hatte, versuchten sich in ganz Deutschland Ableger zu gründen. Zum Beispiel »Saargida«: Unter diesem Namen riefen rechte Gruppen zu einer Kundgebung in Saarbrücken auf, etwa 300 Teilnehmer erschienen. Die vom Bündnis »Bunt statt Braun« in aller Eile auf die Beine gestellte und für denselben Abend angemeldete Gegenveranstaltung brachte 9000 Menschen auf die Straße.[26] So können die Mehrheitsverhältnisse sein, wenn sich der weltoffene, für Vielfalt und Toleranz eintretende Teil der Bevölkerung gegen die rechte Stimmungsmache erhebt.

Beim Bündnis »Bunt statt Braun« in Saarbrücken zeigten Menschen aus ganz unterschiedlichen Zusammenhängen gemeinsam Haltung gegen Rechts. Es waren Menschen aus verschiedenen Parteien dabei, vor allem aber waren es verantwortungsbewusste Bürgerinnen und Bürger – manche von ihnen kirchlich oder in Vereinen engagiert, manche nicht –, die den Hetzern friedlich Paroli boten. Auch mein Vater ging mit auf die Straße, 75 Jahre alt und ehemaliger Berufssoldat. Er hatte nie zuvor in seinem Leben an einer Demonstration teilgenommen, und ich hatte ihn mit keinem Wort dazu aufgefordert.

Das Aufstehen gegen Rechts in Saarbrücken blieb kein Einzelfall. Zahlreiche Pegida-Ableger, von Leipzig bis Nürnberg, von Hannover bis München, sahen sich ebenfalls mit weit größeren Gegenkundgebungen konfrontiert. Und mittlerweile sind fast alle diese Ableger wieder eingegangen. Der Plan der neuen Rechten, aus Pegida eine nationale Bewegung zu machen, ist gescheitert. Selbst »Legida« in Leipzig, das langlebigste Pendant zu den Dresdner Märschen, löste sich im Herbst 2016 auf.

Ich bin überzeugt, dass auch Pegida in Dresden sich wieder erledigen wird. Aber das passiert eben nicht von allein. Wir brauchen weiterhin den aktiven, natürlich gewaltfreien Widerstand der Bevölkerung gegen die rechten Demonstrationen. Mit meinem Satz über die Schande für Deutschland wollte ich mithelfen, diese Gegenbewegung in Gang zu bringen. Ich bin sehr froh, dass es sie gibt und dass sie so groß und ausdauernd ist. Uns muss allerdings klar sein: Auch wenn wir den rechten Propagandaaufmärschen erfolgreich die Stirn geboten haben, ist damit das Problem *neue Rechte* noch längst nicht vom Tisch.

Von Anfang an gab es viele Stimmen aus der Politik und aus den gesellschaftlichen Institutionen, die sagten, man müsse mit den Pegidisten reden. Allerdings machten diejenigen, die auf die Protestler wirklich zugingen, ernüchternde Erfahrungen. Selbst Sachsens Innenminister Markus Ulbig, der als CDU-Hardliner vor »Antifa-Reflexen« gegen Pegida warnte und den Rechten eilfertig weit entgegenkam (bis hin zu Sondereinheiten der sächsischen Polizei, die gegen straffällige Asylbewerber »durchgreifen« sollten), stellte kurz darauf fest: Sie wollten gar nicht mit ihm reden. Die Pegida-Demonstranten, resümierte er, hielten fest an ihrem »Mythos, wonach die Politik das Gespräch mit besorgten Bürgern verweigere«[27]. Würden sie sich auf ein Gesprächsangebot einlassen, so könnte ihnen ja der Anlass zum Demonstrieren verloren gehen.

An dieser Stelle zeigt sich denn auch deutlich, auf welch tönernen Füßen die Pegida-Logik steht. Man baut sich einen Meinungs- oder Selbstrechtfertigungs-Popanz auf – dass die »besorgten Bürger« sich nur deshalb radikalisieren, weil »die da oben« ihnen angeblich nicht zuhören –, und wenn klar wird, dass die Wirklichkeit diesem Popanz nicht entspricht, entscheidet man sich für den Popanz statt für die Wirklichkeit. Man lehnt Gesprächsangebote ab, weil man doch unbedingt weiter behaupten muss, »die da oben« würden nicht mit einem reden.

Der Blick auf die Nicht-Kommunikationsstrategie von Pegida wirft zugleich ein Licht auf eine allgemeine Voraussetzung für das Gedeihen der neuen Rechten: Sie ist auf schlechte Stimmung angewiesen. Das politische Programm der Rechten kann nur funktionieren, wenn die Menschen grundsätzlich ein mieses Gefühl haben. Die Pegida-Formel lautet: Wir kommen zusammen, um uns gemeinsam verschaukelt zu fühlen und wütend zu sein. An einem Abklingen der Wut oder an der Hoffnung, dass man vielleicht doch nicht verschaukelt wird, können die Organisatoren und Redner solcher Veranstaltungen gar kein Interesse haben. Im Gegenteil. Das merkt man auch daran, wie dürr und drohend ihre Aussagen werden, sobald es nicht mehr um die akute Wut geht, sondern um mögliche Zukunftsperspektiven. »Wenn wir kommen, dann wird aufgeräumt«[28], grollt es da. Und: »Gnade euch Gott!«[29]

Eine Aussicht jenseits von *Wir gegen die* ist also nicht geboten. Die Protestler nähren bloß den eigenen Hass, und wo sie überlegen, was daraus langfristig entstehen soll, wird es ganz finster. Mancher brachte ja zum »Abendspaziergang« schon einen selbst gebastelten Galgen für Politiker der »Altparteien« mit.

Wie sehr die AfD, die sich auch von Pegida immer mal wieder halbherzig zu distanzieren versucht, ebenfalls darauf baut, ihre Anhänger bei schlechter Stimmung zu halten, verrät einmal mehr in der ihm eigenen Offenherzigkeit ihr Vizechef Gauland. »Man macht es, indem man bestimmte

Dinge in den Vordergrund der Argumentation stellt«[30], sagt er und schiebt gleich noch eine bündige Definition dafür nach, was die AfD-Demagogie von einer seriösen Auseinandersetzung mit drängenden Themen unterscheidet: »Sie argumentieren mit dem Durchschnitt, und ich argumentiere mit deutlichen Ausreißern vom Durchschnitt.«[31]

Auf die Propagandastrategien der neuen Rechten, auch auf ihre gefährliche Masche, Empfindungen an die Stelle von Fakten zu setzen (und im Gegenzug jene, die auf den Fakten beharren, als Lügner zu verleumden), werde ich in den beiden folgenden Kapiteln noch genauer eingehen.

Gerade im Umgang mit Pegida und ähnlichen neurechten Protestformen ist es wichtig, immer wieder zu zeigen, wie ausschließlich negativ sie agieren. Damit können wir zumindest manchen, die sich von den Demagogen beeindrucken lassen, die Augen öffnen.

Nicht allen, auch das muss uns bewusst sein. Einen Teil der für die rechtspopulistische Pseudologik Anfälligen werden wir auf absehbare Zeit wohl nicht mehr erreichen können – er hat sich zu fest eingemauert in ein hasserfülltes, keinen Widerspruch duldendes Weltbild.

Diejenigen aber, bei denen noch ein Fünkchen Hoffnung besteht, dürfen wir eigentlich gar nicht mehr loslassen. Immer wieder müssen wir sie konfrontieren, sie dazu bringen zu hinterfragen, was sie da gerade tun und denken. In dieser Hinsicht ist es in der Tat wichtig, mit den Menschen zu reden. Überall, wo das Gespräch noch möglich ist, dürfen wir es nicht abreißen lassen! Wer heute noch mitmacht bei etwas, das eine Schande für Deutschland ist, kann sich ja immer noch morgen eines Besseren besinnen.

Ich selbst bin zuversichtlich, dass wir den Hass besiegen werden. Aber ich mache mir Sorgen, weil in unserer Gesellschaft insgesamt zu viel Angst und zu wenig Zuversicht herrscht. Erschreckend viele Bundesbürger zweifeln daran, dass größere gesellschaftliche Probleme bei uns überhaupt noch lösbar sind. Laut der repräsentativen Studie *Die Ängste der Deutschen 2016*, vorgelegt von der Versicherungsgesellschaft R+V, bejahen zum Beispiel fast zwei Drittel der Menschen in Deutschland die Frage, ob sie Angst davor haben, »dass die Politiker von ihren Aufgaben überfordert sind«.[32]

Da geht eine Saat von Misstrauen und Verdrossenheit auf, die wir nicht hinnehmen können. Selbst wenn sich die meisten Deutschen von ihren Befürchtungen nicht in die Fänge der Rechtspopulisten treiben lassen, reagieren doch viele mit einer Abkehr von der Politik, mit einem Rückzug ins Private, weil sie das Zutrauen in die demokratische Gesellschaft verloren haben.

Dringend müssen wir einen Stimmungsumschwung erreichen. Denn es besteht überhaupt kein Grund, sich diese Gesellschaft schlechtzureden oder sie sich schlechtreden zu lassen. Sie ist stark und vielfältig, sie hat so viel Gutes in sich, so viel Achtung der Menschen füreinander, so viel Freude am Miteinander. Sie bringt so viele Ideen und Impulse hervor, um die Wirklichkeit von heute zu gestalten, anstatt sie zu fürchten – so viele Mittel gegen den Hass! Dieses Positive gilt es zum Vorschein zu bringen, gerade angesichts von Herausforderungen wie etwa der Integration von mehreren Hunderttausend neuen Zuwanderern.

Ich kann ja verstehen, wenn bei vielen Menschen das Vertrauen in den Staat gelitten hat, weil wir nicht in der Lage waren, die Flüchtlinge schnell genug zu registrieren und zu verteilen. Aber wir haben mit Asylpaketen und Integrationsgesetzen rasch gehandelt.

Und: Deutschland hat mit der Aufnahme der Geflüchteten im Herbst 2015 und danach Großartiges geleistet. Das gilt für die Institutionen, vor allem aber gilt es für die Bevölkerung. Und auch wenn viele Bürger der von der Bundeskanzlerin ausgegebenen Parole »Wir schaffen das« nicht recht zu trauen scheinen: Wir schaffen es doch wirklich! Im frühen 21. Jahrhundert kommt Deutschland seiner humanitären Verantwortung nach wie noch nie in seiner Geschichte. Darauf sollten wir stolz sein, und daraus sollten wir Mut für die Zukunft schöpfen.

Die Debatte darüber, wie sich unsere Gesellschaft weiter entwickelt, darf keine Angstdebatte sein, sie muss eine Zuversichtsdebatte werden. Dann sind auch Pegida und Konsorten kein Problem mehr. Denn Zuversicht und Mut sind das Gegenteil von Pegida.

Was wir tun können

Wenn rechte Hetzer oder Angstmacher zu Kundgebungen rufen, liegt auf der Hand, was zu tun ist: auch auf die Straße, runter von der Couch, raus aus dem Wohnzimmer. Hingehen, Haltung zeigen. Allerdings nicht mit ebenfalls aggressiven, auf Eskalation abzielenden Parolen, wie es manche in der Antifa-Szene gern machen (»Nazis aufs Maul« etc.). Wir brauchen nicht Feindschaft und Gewalt in der Politik, sondern demokratische Fairness. Die Demonstrationen sollten gleichermaßen in der Form wie vom Inhalt her ein Gegenteil der rechten Aufmärsche sein: freundlich statt hasserfüllt, friedlich statt gewaltbereit, optimistisch statt verbiestert, konstruktiv statt alarmistisch.

In Deutschland wird ständig *gegen* irgendetwas demonstriert. Gerade in Zeiten wie diesen aber sollten wir lernen, auch *für* etwas auf die Straße zu gehen. Es geht um nichts weniger als um die Verteidigung unserer Werte und unserer Ideale.

Das Anliegen, dass Demagogen und Verschwörungstheoretiker das politische Klima in unserem Land nicht bestimmen dürfen, haben schließlich alle Teile des demokratischen Spektrums gemeinsam – egal ob weit links, ob sozialdemokratisch, ob liberal, ob konservativ. Wo die vielfältige und tolerante Mehrheit sich zu erkennen gibt, anstatt sich zurückzuziehen, nimmt sie der engstirnigen Minderheit den Wind aus den Segeln.

Machen wir den Rechten einfach vor, wie gedeihliches Zusammenleben in einer modernen Demokratie aussieht. Stellen wir immer wieder aktiv unter Beweis, dass wir nicht durch Ausgrenzung, sondern im Miteinander die Antwort auf die Frage finden, wie es mit Deutschland weitergeht.

4 Wir müssen unsere Streitkultur retten

»Democracy is government by discussion«: Dieser Satz wird dem liberalen Vordenker John Stuart Mill zugeschrieben, und er trifft mitten in das Dilemma, in dem die pluralistische Demokratie heute steckt. Demokratie lebt von der Diskussion, vom friedlichen Meinungsstreit. Eine unabdingbare Voraussetzung für die Demokratie ist also, dass wir das Diskutieren nicht verlernen.

Es ist wichtig, bei Gegenveranstaltungen zu rechten Aufmärschen das bunte und zuversichtliche Mehrheits-Deutschland zur Geltung bringen. Aber damit allein ist es noch nicht getan. Wir müssen auch in der Lage sein, unsere Werte in der Debatte zu vertreten und in der politischen Auseinandersetzung zu zeigen, dass wir die besseren Rezepte haben als die Rechtspopulisten. Das aber geht natürlich nur, wenn die Debatte möglich ist – wenn wir bereit sind, miteinander zu reden, einander zuzuhören, Argumente auszutauschen und zu überprüfen.

Eine Binsenweisheit, sollte man denken. Haltungen in Worte zu fassen und Meinungsverschiedenheiten im Gespräch auszutragen, das gehört doch zur Basisausrüstung der Bürger in einem demokratischen Staat. Damit sind wir großgezogen worden, das hat man uns schon in der Grundschule vermittelt, und auch wer in der DDR aufgewachsen ist, lebt nun seit über einem Vierteljahrhundert in einer Gesellschaft, die auf den Prinzipien der demokratischen Auseinandersetzung fußt.

Und doch scheint uns die demokratische Streitkultur mehr und mehr abhandenzukommen. Anstatt einander verstehen zu wollen, dabei auch Widerspruch auszuhalten und die eigene Position infrage stellen zu lassen, neigen viele dazu, nur noch aneinander vorbeizureden oder aufeinander einzubrüllen. Besonders gern, wenn es um Politik geht. Jeden, der die eigene Meinung oder Weltsicht nicht teilt, als Lügner, Verräter oder Betrüger zu bezeichnen – das kannte man bislang nur von notorischen Querulanten und Sektierern. In der deutschen Politik hat es so ein schablonenhaftes Freund-Feind-Denken, solche Verweigerungshaltung und destruktive Gesprächstaktik lange Zeit glücklicherweise nicht gegeben.

Die neue Rechte aber ist bestrebt, gerade diese Form der Nicht-Auseinandersetzung allgemein gesellschaftsfähig zu machen. Sie fördert und betreibt sie, wo sie nur kann: sei es in Online-Foren (damit werde ich mich in Kapitel 6 noch speziell beschäftigen), sei es bei Pegida oder sei es in der Rhetorik von AfD-Politikern. Die größte Gefahr für unsere Gesellschaft, die heute von den Rechtspopulisten ausgeht, ist, dass sie die gelebte Demokratie dauerhaft zermürben.

Am Beispiel der demokratischen Politiker, die in den ersten Pegida-Wochen mit den »Spaziergängern« reden wollten und feststellen mussten, dass jedes Gespräch abgelehnt wurde, lässt sich diese Gefahr besonders deutlich erkennen. Egal wie weit sie auf Pegida zugingen, aus Sicht der Rechten trugen sie das Stigma »Altparteien-Politiker«, das den antrainierten Reflex auslöste, jedes Gespräch zu verweigern.

Wobei die Organisatoren von Pegida eine Doppelstrategie verfolgten. Einerseits bestärkten sie ihre Anhänger in der Gesprächsverweigerung. Andererseits suchten sie selbst durchaus den medienwirksamen Kontakt zu den etablierten Politikern. Es war die Phase, in der eine Pegida-Frontfrau gleich zu Günther Jauch in die Talkshow eingeladen wurde und sich wenige Tage später mit dem sächsischen Innenminister traf – der dafür wiederum in seinem Landesparlament scharf kritisiert wurde. Denn zuvor hatte die Regierung des Freistaats erklärt, sie suche zwar mit Pegida-Demonstranten, nicht jedoch mit Pegida-Anführern das Gespräch.

Wenn die Rechtspopulisten in Sachen Kommunikation zweigleisig vorgehen, dann geschieht das, um der demokratischen Debattenkultur auf zweierlei Weise zu schaden. Einerseits durch Gesprächsverweigerung: Das bei Pegida versammelte »Volk« soll jeden sachlichen Dialog mit den »Altparteien« verweigern, damit bei ihm keine Zweifel daran aufkommen, dass man gegen ein diktatorisches »Meinungskartell« aufbegehre. Diese Überzeugung dient auch als Rechtfertigung dafür, Andersdenkende als »Volksverräter« zu beschimpfen und niederzubrüllen. Wer seinen eigenen Lärm als Stimme des unterdrückten Volkswillens ausgibt, hält gegenüber denen, die nicht dieser Ansicht sind, keinerlei Rücksichtnahme für nötig. Bei den kalkulierten Wutausbrüchen wird die Streitkultur der Demokratie ganz nebenbei zerstört.

Andererseits sind die Wortführer der neuen Rechten aber auf die von ihnen verachteten »Systemmedien« und deren Diskussionsforen angewiesen, wenn sie ihr Gedankengut in die Mitte der Gesellschaft tragen wollen. Dazu genügen die Aufmärsche nicht. Nur durch die großen Medien erreichen die Rechtspopulisten ein Millionenpublikum. Deshalb drängen sie in die Talkshows. Und obwohl AfD-Funktionäre längst geradezu ein Abonnement auf Plätze in allen politischen Gesprächsrunden im Fernsehen haben – was bei einer Partei, die nicht im Bundestag sitzt, zuvor undenkbar gewesen wäre –, hören die Rechten nicht etwa auf, zu zetern und zu jammern über die Medien, die sich vermeintlich gegen sie verschworen haben. Denn so gern die Führungsriege der neuen Rechten die Institutionen der demokratischen Streitkultur für ihre Zwecke ausnutzt, so hartnäckig bleibt sie darauf bedacht, ebendiese Institutionen zu diskreditieren. Das gilt nicht nur für Talkshows, sondern auch für die parlamentarische Arbeit. Der Parlamentarismus ist ja, zumindest von der Idee her, die höchste Ausformung der demokratischen Streitkultur: Das Volk wählt Volksvertreter, die um Entscheidungen, das Gemeinwohl betreffend, ringen und zur Not Kompromisse finden. Gemäß dem Prinzip der repräsentativen Demokratie erteilt das Volk als Souverän den Parlamentariern den Auftrag, Politik zu machen. Und so entsteht das vertraute Bild von Regierung und Opposition, von Rede und Gegenrede, von Debatten und Abstimmungen.

Wenn man aber, wie die Rechtspopulisten, immerzu das Schreckgespenst einer gleichgeschalteten Elite an die Wand malt, gegen die man als einzige Kraft zu Felde ziehe, kann man in dieses Märchen auch wunderbar die eigene Ablehnung der parlamentarischen Demokratie verpacken. So tönt es aus der AfD: »Der Parlamentarismus in unserem Land funktioniert nicht mehr. Wir haben ein Altparteienkartell, das sich auch in den Parlamenten abbildet, eine Einheitsmeinung, die nicht mehr unterscheidbar ist, und dieses Altparteienkartell blockiert den Parlamentarismus.«[33]

Hier wird ein Schema sichtbar, das uns schon vom rechtsradikalen Umgang mit der Parole »Wir sind das Volk« her bekannt ist: Ein Begriff – *Parlamentarismus* – wird gekapert. Die Kräfte, die den Parlamentarismus in Deutschland gestalten, werden als »Altparteienkartell« mit »Einheitsmeinung« abgekanzelt. Zwar sind längst nicht alle Parteien einer Meinung, aber sie lehnen die alarmistische, ressentimentgetränkte Propaganda der AfD ab und stehen allesamt auf dem Boden der freiheitlich-demokratischen Grundordnung. Diesen Boden wollen zumindest Teile der AfD selbst möglichst schnell verlassen. Nach einem kleinen demagogischen Schlenker – dass im Einheitsmeinungs-Staat auch noch »die Medien als vierte Gewalt« versagten, sodass »viele Bürger in einem Zustand der Desinformation dahindämmern« – werden alle demokratischen Hüllen fallen gelassen: »Wir haben den Begriff der fundamentaloppositionellen Bewegungspartei geprägt. Das heißt, wir müssen erkennen, dass unserem Volk die Zeit davonläuft. Wir haben keine Zeit, jetzt jahrelang intensiv Parlamentarismus zu spielen!«[34]

So weit, so unmissverständlich. Ob vom »Altparteienkartell blockiert« oder nicht, der Parlamentarismus ist demnach nur ein Spiel, auf das sich die »fundamentaloppositionelle Bewegungspartei« AfD allenfalls pro forma einlässt. Und der Redner fügt noch hinzu: »Wir müssen den Druck viel schneller viel grundsätzlicher erhöhen.«[35]

Wie ist nun das gemeint? Was hält man bei der AfD für »viel grundsätzlicher« als einen Politikwechsel durch Wahlen und Parlamente? Das bleibt offen. Solange man nur vage davon schwafelt, die parlamentarische Demokratie möglichst unter Druck zu setzen, sagt man ja nichts Strafbares.

Der Angriff der neuen Rechten auf unsere Streitkultur hat also zwei Stoßrichtungen: Zum einen verweigern sie das sachliche Gespräch und rechtfertigen dies damit, sie würden gegen ein übermächtiges politisches Kartell antreten, dessen Einheitsmeinung jede inhaltliche Auseinandersetzung fruchtlos mache. Eine Tatsachenverdrehung – man blockiert selbst und behauptet, alle anderen würden blockieren.

Die andere Form der Attacke ist bei ihnen Chefsache und wird von innen heraus gegen das verhasste »System« geführt. Wenn ihnen das angebliche Meinungskartell die Möglichkeit gibt, die eigenen Parolen zur besten Sendezeit zu verbreiten, dann sind die AfD-Funktionäre immer gern zur Stelle. Und geht so ein Auftritt ganz daneben – zum Beispiel wenn Beatrix von Storch sich im ZDF heillos in der Frage verheddert, ob die AfD nun gegen oder für den Mindestlohn ist[36], oder wenn Alexander Gauland über seinen Vergleich von Flüchtlingen mit »Barbaren«, die »den Limes überrannten«, strauchelt[37] –, dann kann sich ein Rechtspopulist ja jederzeit darauf zurückziehen, dass die ganze Debattiererei eh nur ein Spiel der »Lügenmedien« sei und er es aus reiner Gutmütigkeit mitspiele.

Ob die Rechten die Debatte von vornherein verweigern oder sich zum Schein auf sie einlassen, sie sind immer auf das gleiche Ergebnis aus: dass ihre Anhängerschaft »bestärkt wird in ihrer Entkoppelung von demokratischen Diskursen«, wie Ralf Melzer von der Friedrich-Ebert-Stiftung schreibt.[38]

Aus diesen Beobachtungen würde ich aber nicht den Schluss ziehen, dass man Rechtspopulisten nicht mehr zu Diskussionsveranstaltungen einladen sollte. Ich selbst werde mich, so unangenehm und nervig das oft ist, auch weiterhin mit ihnen in die Talkshows setzen und Streitgesprächen nicht aus dem Weg gehen. Zwar werden die Rechtspopulisten die Sendungen und Podien unweigerlich dafür nutzen, weiter ihr destruktives *Wir gegen die* zu betreiben. Doch damit bieten sie uns auch die Gelegenheit zu zeigen, wie sie sich in ihre eigenen Widersprüche verwickeln, und deutlich zu machen, wo ihr Denken oder Reden antidemokratisch ist. Dies muss uns allerdings gelingen, ohne sie unsachlich zu beschimpfen (sonst würden wir uns ja selbst auf die Zerrüttung der Debattenkultur einlassen), sondern allein mit der Kraft des Arguments und der klaren Analyse. Auch wenn es manchmal schwerfällt.

Diejenigen, die sich in ein geschlossenes neurechtes Weltbild eingekapselt haben, werden wir mit solcher Aufklärungsarbeit nicht umstimmen können. Denen jedoch, die sich tatsächlich wegen ihrer Sorgen von den Rechtspopulisten angesprochen fühlen, können wir vor Augen führen, dass die Rechten für die Probleme, die sie thematisieren, keine echten Lösungen zu bieten haben.

Dass unsere Streitkultur nicht im besten Zustand ist, liegt aber nicht allein daran, dass sie von der neuen Rechten beschädigt wird. Die im Internet grassierende und auf das Offline-Kommunikationsverhalten vieler Menschen übergreifende hasserfüllte Sprache ist ebenfalls nur ein Aspekt. Zu einem guten Teil sind auch demokratische Kräfte für den Verfall der Debattenkultur mitverantwortlich.

Gerade in Zeiten der Großen Koalition sah die politische Auseinandersetzung in Deutschland viel zu lange nach Wachkoma aus. Es entstand der Eindruck, im Regierungsbündnis würde nicht mehr um Inhalte gerungen, sondern bloß noch ein fragwürdiger Konsens verwaltet. Konflikte würden nicht ausgetragen, sondern vertuscht, und wichtige

Entscheidungen würden nicht offen, sondern in Hinterzimmern gefällt.

Bestimmte Politikerworte, die über die letzten Jahre in der Öffentlichkeit hängen geblieben sind, verstärken diesen Anschein noch. Dazu zählt Gerhard Schröders markiges »Basta!« ebenso wie Angela Merkels »alternativlos«, das von Sprachwissenschaftlern zum Unwort des Jahres 2010 gekürt wurde. Beides sind eklatante Beispiele für einen Sprachgebrauch, der suggeriert: Auf Diskussionen lassen wir uns gar nicht erst ein, wir tun einfach, was getan werden muss. Das aber geht gegen die Grundsätze der Demokratie. Und wenn man solche kernigen Sprüche klopft, um Tatkraft oder Handlungsfähigkeit zu signalisieren, und auf diese Weise einer verbreiteten Politikverdrossenheit in der Bevölkerung entgegenwirken will, dann erreicht man nicht etwa, dass die Verdrossenheit schwindet, sondern dass sie als *Demokratieverdrossenheit* aushärtet.

»Durchregieren« – noch so ein Wort, mit dem man der Debattenkultur den Kampf ansagt und autoritäre Sehnsüchte bedient, anstatt demokratische Werte hochzuhalten. Der fatale Effekt solcher Phrasen ist: Sie arbeiten genau jenen zu, gegen die man sich damit behaupten möchte. Den Populisten eben, die uns vorgaukeln wollen, das ganze demokratische Getue verstelle nur den Blick auf die »wahren«, einfachen Lösungen für unsere Probleme. Wenn wir unsere Streitkultur retten wollen, müssen wir deutlich machen, dass das Gegenteil der Fall ist. Bei komplexen Herausforderungen gibt es keine einfachen Rezepte. Und die zum Teil langwierigen Entscheidungsprozesse in einer Demokratie haben ihren Grund darin, dass wir für schwierige Probleme gerechte, praktikable und haltbare Lösungen brauchen.

Ganz gleich, wie sehr es uns verlockt, rhetorisch die Muskeln spielen zu lassen, sollten wir eines nicht vergessen: Demokratie beruht stets auf der Annahme, dass niemand im Besitz der absoluten Wahrheit ist. Die Grundlagen unseres Zusammenlebens, die Regeln, nach denen wir miteinander umgehen, sind sozial ausgehandelt. Sie sind aus historischen Erfahrungen abgeleitet und aus Werten, die sich für ein friedliches Gedeihen unserer Gesellschaft bewährt haben.

Dazu, dieses Wertefundament von Menschenwürde und Freiheitsrechten stabil und auch wehrhaft zu machen, dient unsere Verfassung, das Grundgesetz. Die Gesellschaftsform aber, die durch diese Verfassung abgesichert ist, kann sich nur in der Debatte entfalten.

Voraussetzung für eine demokratische Debattenkultur ist das Prinzip »Du könntest auch recht haben«. Demokratie bedeutet, dass dieses Prinzip höher steht als das Bedürfnis nach unumstößlichen Wahrheiten. Und deshalb haben wir den Parlamentarismus: damit diejenigen, die vom Volk durch freie und geheime Wahlen beauftragt sind zu regieren, sich der Debatte ebenfalls nicht entziehen können. In der Demokratie gibt es keine Position, auf der das, was man sagt, nicht diskutierbar ist.

Es handelt sich also um durchaus ärgerliche Verstöße gegen die demokratische Kultur, wenn Mandatsträger den Eindruck erwecken, sie würden »Basta«-Politik machen. Zu den Folgen solcher Grobheit zählt nicht nur, dass man den Populisten in die Hände spielt, sondern auch, dass man das Vertrauen derer erschüttert, denen die Demokratie am Herzen liegt. Und dass dann Dinge, die man später sagt, ganz anders klingen, als man sie meint.

Angela Merkels berühmter Satz »Wir schaffen das!« in

der Flüchtlingskrise wurde weithin nicht als Ausdruck von Zuversicht und als Ansporn zum Optimismus vor einer großen, aber lösbaren gesellschaftlichen Aufgabe verstanden. Für viele klang er wie eine Anordnung von oben, in der rhetorischen Tradition von »alternativlos«. Das erklärt einen Teil des Widerwillens, den dieser Satz ausgelöst hat.

Anstatt sich auf Deutschlands humanitäre Verpflichtung gegenüber Notleidenden zu besinnen, fühlten manche sich an die Bankenkrise von 2008/2009 erinnert – an das ungute Gefühl, dass Politik über die Köpfe der Bevölkerung hinweg gemacht und nicht einmal vernünftig erklärt und begründet werde.

Wenn das Bild von einer abgehobenen politischen Kaste, die demokratische Rituale nur noch als leere Hülsen pflegt und den Kontakt zu den Bürgern verloren hat, sich festsetzt, ist das in der Tat eine gefährliche Entwicklung. Davor gewarnt wird übrigens schon lange. Bereits 2001 prägte der Konfliktforscher Wilhelm Heitmeyer den Begriff »Demokratieentleerung«, um zu beschreiben, wie die Demokratie zwar nach außen hin weiter besteht, aber ihre »innere Substanz« zu verlieren droht.[39] Wenn wir diese Entwicklung nicht stoppen und sogar umkehren können, bedeutet sie früher oder später das Ende der Demokratie: Schluss mit der Debatte, Schluss mit unserer Freiheit.

Womit wir wieder bei den Rechtspopulisten wären. Charakteristisch für deren Umgang mit der demokratischen Streitkultur – da, wo sie diese Streitkultur nicht offen ablehnen – ist, dass sie das Eingeständnis, auch der politische Gegner könne vielleicht recht haben, zwar von diesem vehement einfordern, aber umgekehrt selbst diese Möglichkeit nicht eingestehen. Der gute demokratische Selbstzweifel kommt für sie nicht infrage. Und so torpedieren sie die Auseinandersetzung, die man ja führt, indem man Argumente austauscht – und die Oberhand hat am Ende nicht der, der am lautesten »Ich habe recht!« schreit, sondern der, dessen Argumente überzeugen können.

Geraten die Rechtspopulisten argumentativ in Bedrängnis, ziehen sie ihre demagogische Notbremse: »Meinungskartell!« Dieser Pseudologik gemäß ist es unmöglich, dass sie falschliegen. Da braucht man nicht einmal mehr ein »Basta!«, da ist die eigene Sichtweise per se alternativlos. Und den Gedanken, dass das vermeintliche Kartell in Wahrheit die vielfältige Gemeinschaft der Demokraten sein könnte, zu der man nur deshalb in »Fundamentalopposition« steht, weil man selbst kein Demokrat ist – diesen Gedanken braucht man sich dann auch nicht zu machen.

An dieser Stelle möchte ich noch einmal kurz begründen, warum ein Bundesjustizminister sich einmischt. Denn so, wie ich durch mein Amtsverständnis zur Hassfigur für rechte Kritiker geworden bin, so ist mir tatsächlich auch von meinem Amtsverständnis her unsere demokratische Streitkultur ein besonderes Anliegen.

Wie gesagt: Der Bundesjustizminister ist Verfassungsminister. Als solcher bin ich für die Grundrechte zuständig, die Artikel 1 bis 19 unseres Grundgesetzes. An der Spitze der Grundrechte steht der Satz: »Die Würde des Menschen ist unantastbar.« Dieser Satz gilt ausnahmslos für alle Menschen – egal, welche Hautfarbe sie haben, welches Geschlecht, welche sexuelle Orientierung; egal, welche Überzeugungen sie hegen, welcher Religion sie angehören oder ob sie keiner Religion angehören; egal, ob sie behindert sind oder nicht, ob alt oder jung; und egal, ob sie einen deutschen Pass haben oder einen anderen oder gar keinen.

Darauf hinzuweisen heißt nicht, wie manche behaupten, dass ich die Grenzen meines Amtes überdehnen würde. Sondern dass ich versuche, in einer schwierigen Zeit meiner Verantwortung in diesem Amt gerecht zu werden. Zu dieser Verantwortung zählt es auch, mitzuhelfen, dass die Fundamente unserer Demokratie und unserer Verfassungsordnung intakt bleiben. Unsere Streitkultur ist ein Fundament unserer Demokratie. Und wenn ich mein Rezept, um unsere Streitkultur zu bewahren, auf ein Schlagwort bringen soll, würde ich sagen: Politisieren statt Polarisieren.

Einige Monate nach der Konfrontation mit dem rechten Hass, der das Maifest des DGB in Zwickau zerstörte, machte ich wieder in derselben Stadt eine weitere denkwürdige Erfahrung. Ich saß mit auf dem Podium bei der Delegiertenversammlung der IG Metall Zwickau. Die Atmosphäre war angespannt. Auch unter den Gewerkschaftern und in den Betriebsräten hatte sich viel Frust angestaut. Der größte Vorwurf, den sie uns Politikern machten, war, wir würden zu viel streiten. Anstatt miteinander zu reden, Gemeinsamkeiten zu betonen und drängende Themen wirklich anzugehen, würden wir dauernd nur aufeinander herumhacken und versuchen, uns gegeneinander abzugrenzen.

Im ersten Moment verwunderten mich diese Klagen. Denn ich habe ja eher den Eindruck, wir zeigen in der Politik zu wenig, wie unterschiedlich wir die Dinge sehen. Und das Ganze auch noch bei der IG Metall – stehen nicht gerade Gewerkschaften dafür, streitbar zu sein?

Doch im Lauf der Diskussion wurde mir immer deutlicher: Die Leute sind die Nachrichten über politischen Streit deshalb leid, weil sie auch diese Auseinandersetzungen nur noch als ein Aufeinander-Einbrüllen mitbekommen. Dass der Streit ein wichtiges, sogar unersetzliches

Mittel der Demokratie ist, ist eine Erfahrung, die für sie gar nicht mehr fassbar wird.

Wieder einmal klang an, dass viele Bürger die Politik als etwas empfinden, das sich weit entfernt von ihrem eigenen Leben und von ihren konkreten Sorgen abspielt. Politiker werden als Wesen wahrgenommen, die in einer entrückten Sphäre schweben und die Menschen im Land nicht verstehen. Und zu allem Überfluss streiten sich diese Wesen auch noch ständig.

Das Problem mit unserer Streitkultur liegt also viel tiefer als bloß darin, dass die neue Rechte ihre Verachtung für die Demokratie auslebt. Weiten Teilen der Bevölkerung erschließen sich die Mechanismen der demokratischen Auseinandersetzung heute nicht mehr. Und so sehen sie bloß die Extreme, das, was Schlagzeilen macht: die polemischen Angriffe, die Entgleisungen, das Beschimpfen des politischen Gegners.

Das mag auch damit zusammenhängen, wie über Meinungsverschiedenheiten in der Politik berichtet wird. Manche Medien haben es sich angewöhnt, inhaltliche Auseinandersetzungen als Konflikte zwischen Personen zu inszenieren. Der Streit um eine »Obergrenze« für die Zahl von Flüchtlingen, die Deutschland aufnimmt, erscheint dann als Duell zwischen Merkel und Seehofer, und mein Eintreten für Bürgerrechte gegenüber dem Bundesinnenminister wird zu einem *Maas gegen de Maizière*. Am Ende geht es nicht mehr um die Sache, sondern nur noch darum, wer »gewonnen« hat – wer vermeintlich beschädigt oder gestärkt wurde.

Natürlich haben wir Politiker auch ein Interesse daran, persönlich wahrgenommen zu werden. Ich würde mir aber manchmal wünschen, die Medien würden sich weniger mit mir als Person beschäftigen und stattdessen mehr thematisieren, wofür ich eintrete.

Allerdings hat der politische Betrieb diese Tendenz, aus notwendigem Streit verdrießliche Schaukämpfe zu machen, selbst nach Kräften befördert. Die Parteien sind immerzu darauf bedacht,»Geschlossenheit« vorzuspielen. Eine Partei, die ihre internen Diskussionen nicht verheimlicht, gilt schnell als zerstritten – was verlässlich dazu führt, dass ihre Umfragewerte absacken. Es ist paradox: Eine demokratische Gesellschaft pflegt einen Argwohn gegenüber Meinungsverschiedenheiten. Das, was den Kern der Demokratie ausmacht, das Debattieren, wird auf der politischen Bühne allzu oft zum hohlen Spektakel.

Wie schlecht es innerhalb des Politikbetriebs um die Debattenkultur bestellt ist, habe ich zum Beispiel kurz nach meinem Amtsantritt als Justizminister erlebt. Ich schlug vor, den Mord-Paragrafen im Strafgesetzbuch zu reformieren. Die bisherige Fassung der Vorschrift hat der NS-Jurist Roland Freisler im Jahr 1941 formuliert, und sie ist heute nur deshalb mit unserem Grundgesetz vereinbar, weil die Gerichte den Paragrafen entgegen seinem Wortlaut anwenden. Ich halte eine Reform für längst überfällig, doch ich konnte mich damit nicht durchsetzen, weil die CDU beharrlich blockierte. Daraufhin wurde mir aus den Reihen der Grünen vorgeworfen, ich hätte meinen politischen Instinkt verloren: Wie könne ich als Minister etwas vorschlagen, ohne sicher zu wissen, ob es dafür eine Mehrheit im Parlament gibt?

Ich finde diesen Vorwurf absurd, doch er ist leider symptomatisch für die Art, wie man heute in Deutschland weithin glaubt, Politik machen zu müssen. Man sichert sich nach allen Seiten ab, und erst wenn man weiß, dass man

die eigene Partei und möglichst auch noch den Koalitions-
partner hinter sich hat, geht man mit einem Anliegen überhaupt an die Öffentlichkeit. Selbst Themen, die man für
brennend wichtig hält, spricht man nicht an, solange unge-
wiss ist, ob man die eigene Position am Ende durchsetzen
kann. Das breite Publikum erfährt erst davon, wenn es
schon nichts mehr zu diskutieren, sondern nur noch ein Ergebnis zu bestätigen gibt.

Das ist aber nicht mein Verständnis von Politik. Ich finde
es wichtig, dass Politiker Diskussionen anstoßen und nicht
abwürgen. Wenn es so etwas wie »politischen Instinkt«
gibt, dann sollte er in der Fähigkeit bestehen, konstruktive
Debatten in Gang zu setzen.

Mir werden bisweilen Vorhaltungen gemacht, die selt-
sam widersprüchlich sind. Mal heißt es: Maas bringt zu
viele Gesetze auf den Weg, dann wieder: Maas kriegt nichts
durch. Dahinter scheint mir die Auffassung zu stehen, dass
Politik ein Apparat sein soll, der möglichst geräuschlos
Dinge regelt und Probleme löst, aber nicht zeigt, wie er das
tut. Gerade diese Auffassung jedoch führt dazu, dass sich
bei den Bürgern der Eindruck verfestigt, die Politik sei weit
weg von ihrem eigenen Leben.

Wenn wir Politiker nicht erklären wollen oder können,
wozu wir da sind, was der ganz konkrete Nutzen unserer
Arbeit ist, und wenn wir es nicht schaffen, den Menschen
plausibel zu machen, wie Demokratie funktioniert – dann
haben wir in der Tat versagt.

Es ist heute allerdings auch schwieriger als in anderen
Phasen der bundesrepublikanischen Geschichte, für die gelebte Demokratie zu werben. Denn das Gefühl, Politik spie-
le sich in abgehobenen Sphären ab, entsteht nicht nur aus
Unkenntnis oder aus Desinteresse an den demokratischen

Abläufen. Es hat auch damit zu tun, dass immer weniger Menschen in der Politik aktiv sind.

Trotz des aktuellen Mitgliederbooms bei der SPD – zwischen 1990 und 2015 hat sich die Mitgliederzahl der großen Parteien in Deutschland (SPD, CDU/CSU, Linke, Grüne und FDP) von 2,4 Millionen auf 1,2 Millionen halbiert. Hinzu kommt ein starker Ost-West-Kontrast. Das Saarland und Sachsen bilden dabei die Extreme. In keinem anderen Bundesland engagieren sich so viele Menschen parteipolitisch wie im Saarland: Auf tausend Einwohner ab 14 Jahren kommen 47 Parteimitglieder. Und nirgendwo sonst sind es so wenige wie in Sachsen – von tausend Einwohnern gerade einmal sieben.[40]

Die Abkehr von den Parteien ist eins der grelleren Symptome der viel beschworenen Politikverdrossenheit. Im Umfeld vieler Menschen kommen heute gar keine Parteimitglieder mehr vor. Da, wo nicht zufällig besonders umtriebige Abgeordnete die Wahlkreise aufmischen oder außergewöhnlich rührige Gemeinderäte walten, kann sich viel leichter als früher das Gefühl ausbreiten, die Politik habe mit der Wirklichkeit im Land nichts zu tun.

Natürlich ist es nicht sehr originell, wenn ein Parteipolitiker ein Plädoyer dafür hält, sich in politischen Parteien zu engagieren. Aber falsch muss es deswegen nicht sein. Wenn die Menschen Politik und Parteien nur noch aus Fernsehen und Internet kennen und keinen persönlichen Eindruck mehr davon haben, wer und was das ist, dann verblasst die Demokratie. Politiker sollten nicht »die da oben« sein, sondern »die von nebenan«. Bei uns im Saarland ist das noch so. Und dieses Engagement macht sich eben auch bemerkbar, wenn die Demokratie angegriffen wird. Es ist kein Zufall, dass die einzige Kundgebung eines

Pegida-Ablegers in Saarbrücken (»Saargida«) sich mit der 30-fachen Menge an Gegendemonstranten konfrontiert sah.

Demokratie lebt von den aktiven Demokratinnen und Demokraten, und zwar auf jeder Ebene. Wenn sich kaum noch jemand dafür interessiert, sie zu gestalten, kann die Demokratie einpacken. Dann schlägt die Klage darüber, dass Politiker sich zu viel streiten, dabei aber gar nicht für die Bürger da seien, über kurz oder lang um in ein Einverständnis mit denen, die sagen: Wir diskutieren nicht, wir machen einfach.

Umso wichtiger ist es, dass wir diejenigen unterstützen, die demokratische Verantwortung übernehmen! Sie sehe ich als Vorbilder, wenn ich von Politisieren statt Polarisieren spreche. Ein Beispiel: Auf dem Podium bei der IG Metall in Zwickau saßen neben mir nicht nur Betriebsratsvorsitzende. Da saß außerdem ein Jugend- und Auszubildendenvertreter, ein junger Mann, der die Ungerechtigkeit, dass Leiharbeiter für die gleiche Tätigkeit weniger Geld bekommen als Festangestellte, anprangerte – und der bei diesem Einsatz für andere die Freizeit vor seinem Schichtbeginn opferte und dann in aller Eile von der Veranstaltung in den Betrieb hastete.

In Gewerkschaften, Kirchen, Parteien, Hilfsorganisationen, immer stärker auch in neuen Formen im Internet engagieren sich Menschen und machen unsere Demokratie lebendig. Zum Glück gibt es diese aktiven Demokratinnen und Demokraten nach wie vor in großer Zahl. Wir müssen ihnen und überhaupt den Bürgerinnen und Bürgern unseres Landes nur wieder besser zeigen, dass die Demokratie, mit ihrer Tradition des Diskutierens, mit ihrer Streitkultur es auch wirklich wert ist, sich für sie einzusetzen.

Was wir tun können

Wenn wir unsere Streitkultur retten wollen, müssen wir nicht nur verhindern, dass Rechtspopulisten sie zerstören, sondern müssen diese Streitkultur auch selbst aktiv pflegen. Wo die Rechten, siehe Pegida, die Debatte grundsätzlich verweigern, müssen wir unbeirrt daran erinnern: Demokratie ist Diskussion. Wer die demokratische Streitkultur abschaffen will, der will die Demokratie selbst abschaffen. Wo die Rechten sich, und sei es zum Schein, auf die Debatte einlassen, sollten wir ihnen zuhören. Das sind sie nicht gewohnt. Sie rechnen damit, dass gleich entrüstet dagegengehalten wird, sobald sie mit ihren Provokationen beginnen. In der Outlaw-Ecke fühlen sie sich wohl – wenn man sie mit Respekt behandelt, sind sie schon verunsichert.

Anstatt das Gespräch eskalieren zu lassen, sollten wir ihnen Fragen stellen zu dem, was sie sagen. »Wenn Flüchtlinge, die hierherkommen, keine Ausbildung haben, warum soll man ihnen nichts beibringen können?« – »Wo hindert man Sie denn daran, Ihre Meinung frei zu sagen?« – »Welche konkreten Ideen haben Sie, dieses Problem zu lösen?«

Auf solche Nachfragen hin werden sie sich rasch selbst entlarven. Denn ihre Thesen sind widersprüchlich und kaum belastbar. Ihnen fehlt eine positive Vision für unsere Gesellschaft. Denkt man ihre Forderungen zu Ende, sind sie unvereinbar mit den Grundsätzen der Demokratie, mit unseren Freiheitsrechten.

Auf der anderen Seite sind wir gefordert, die Streitkultur innerhalb des demokratischen Spektrums nicht einschlafen zu lassen. Politisieren statt Polarisieren. Das heißt, Meinungsverschiedenheiten nicht zu vertuschen, sondern offen auszutragen. Aber auch: dies im echten, fairen Dialog zu tun und nicht nach dem Schema »Wer krakeelt am lautesten?«

In gewisser Weise hat die neue Rechte – beziehungsweise das Erschrecken der demokratischen Mehrheitsgesellschaft über die neue Rechte – ja Deutschland wieder zum Debattieren gebracht. Das sollten wir als Chance begreifen, als Chance zur Stärkung unserer Demokratie. Und ein ganz wichtiger Schritt besteht nun darin, dass Demokraten wieder mehr Verantwortung für die Streitkultur übernehmen.

5 Verunsicherung, Verrohung und »gefühlte Realität«: die Mechanismen der neurechten Propaganda

Wie kommt man eigentlich darauf, dass die demokratische Mehrheit in Deutschland ein Meinungskartell sei? Oder dass uns eine Islamisierung drohe? Warum glauben die Anhänger der neuen Rechten, die etablierten Medien hätten sich mit der etablierten Politik verschworen, um »das Volk« zu belügen? Und wieso halten sich die Wutbürger, die bei Pegida auflaufen, für das Volk?

Um den Rechtspopulisten wirksam entgegentreten zu können, gilt es, ihre Denkweise zu verstehen. Der Schlüssel dazu ist ihre spezielle Rhetorik. Wer, wie die neue Rechte, kulturelle Hegemonie anstrebt, muss seine eigenen Begriffe durchsetzen. Zumal wenn die angestrebte Hegemonie im Widerspruch zum demokratischen Konsens steht, man aber trotzdem im bürgerlichen Gewand auftreten und sich als Sprachrohr einer vermeintlichen Mehrheit präsentieren will.

Nehmen wir anfangs noch einmal die Parole »Wir sind das Volk«, um diesen Mechanismus zu erklären. Diese Parole ruft eine aggressive Minderheit, weil sie sich für die Mehrheit ausgibt – beziehungsweise weil sie findet, alle, die anders denken als sie, gehörten nicht zum Volk. Der Slogan dient also nicht mehr wie 1989 in der DDR dazu, den Freiheitsdrang der Bürger gegenüber einem undemokratischen

Regime geltend zu machen. Stattdessen soll »Wir sind das Volk« heute bedeuten: Wir sind auf Linie mit der neuen Rechten. Die AfD versichert dementsprechend, sie sei »die Lobby des Volkes«[41]. Ob man da bloß den Anspruch heraushört, die Stelle der traditionellen *Volksparteien* in der Bundesrepublik einzunehmen, oder ob man sich an Phasen der deutschen Geschichte erinnert fühlt, in denen es nur eine Einheitspartei gab, ist Ansichtssache.

Natürlich soll der Bezug zur DDR-Bürgerrechtsbewegung suggerieren: Auch wir begehren heute gegen ein Unrechtsregime auf. Denn wenn man gegen ein Unrechtsregime antritt, kann man sich ja zu rasendem Zorn gegen die Unterdrücker befugt fühlen. Und auch dazu, dem »System« jedes vernünftige Gespräch zu verweigern.

Zugleich eröffnet das Signalwort Volk eine Vielzahl von Anschlussmöglichkeiten an altbekannte rechte Ideologie. Das Volk ist dann nicht mehr die Bevölkerung des Staates Deutschland, sondern das Konstrukt aus Blut und Boden, zu dem es sich der deutsche Nationalismus im 19. Jahrhundert zurechtfantasierte. Und wer dieser angeblichen Abstammungsgemeinschaft zwar nominell zuzurechnen wäre, aber nicht auf Linie mit der neuen Rechten ist, kann als »Volksverräter« verunglimpft werden.

Mit diesem Wort allerdings befindet man sich nicht mehr beim Nationalismus des 19. Jahrhunderts, sondern beim Sprachgebrauch der Nazis. Und auch wenn die AfD-Chefin fordert, man solle »daran arbeiten, dass der Begriff *völkisch* wieder positiv besetzt ist«[42], müssen wir nachfragen: Wann und von wem wurde er denn zuletzt »positiv besetzt«? Antwort: zwischen 1933 und 1945, von dem Regime, das *völkisch* oft als Synonym für seine Selbstbezeichnung *nationalsozialistisch* gebrauchte.[43]

Die Neurechten werden stets empört behaupten, dass ihnen jeglicher NS-Bezug fernliege. Doch indem sie immer wieder unverbindlich mit Nazi-Vokabular hantieren oder darauf anspielen – etwa wenn die AfD-Wortführer »tausend Jahre Deutschland« beschwören[44] oder die demokratischen Parteien »inhaltlich entartet« nennen[45] –, bieten sie sich auch Rechtsextremen als politische Heimat an.

Dass die Mär von der Blut-und-Boden-Gemeinschaft haltlos ist, wissen die Parteistrategen eigentlich. Ein flüchtiger Blick in die deutsche Geschichte genügt schließlich, um zu erkennen, dass dieses Volk schon lange vor dem Eintreffen der ersten »Gastarbeiter« sehr vielfältig war, zum Beispiel mit reichlich hugenottischen und slawischen Anteilen. Selbst AfD-Funktionäre tragen mitunter Nachnamen wie Pazderski oder Mandic. Und auch die Germanen, von denen mancher gern abstammen möchte, waren schließlich alles andere als eine »völkische« Einheit – sondern eher ein Sammelbegriff.

Also behelfen sich die neurechten Ideologen in Interviews oder Talkrunden mit umständlichen Formulierungen wie »kultur- und raumfremde Menschen«[46], um zu benennen, welche Gruppen sie aus »ihrem« Deutschland am liebsten pauschal hinauswerfen würden. Ihre Klientel versteht das schon richtig. Es soll heißen: Wer anders aussieht oder sich anders verhält, als wir es kennen und für deutsch halten, der hat hier nichts zu suchen. NPD-Parolen wie »Deutschland den Deutschen« vermeidet man auf diese Weise, aber man meint eigentlich dasselbe. Man drückt es bloß so aus, dass es die aus der Mitte nach rechts driftenden »besorgten Bürger« nicht verschreckt.

Diese »besorgten Bürger« im Zustand der Verschreckung zu halten ist andererseits unabdingbar für den Erfolg der

Rechtspopulisten. Nur sollen sie eben nicht vor Demagogen und Extremisten Angst haben, sondern vor den »kultur- und raumfremden Menschen«. Daher setzt die neue Rechte zum Beispiel das Wort Flüchtlinge gern in Anführungszeichen. Wenn man unterstellt, so gut wie alle, die zu uns kommen, täten es ohne Not und bloß, um uns etwas wegzunehmen oder uns zu »islamisieren«, lassen sich Reste von Empathiefähigkeit leicht umgehen.

Denselben Zweck erfüllt die menschenverachtende Katastrophen-Rhetorik von »Asylantenschwemme« und »Flüchtlingsflut«. Neben der Naturkatastrophen-Version dieser diffamierenden Propaganda gibt es die kriegerische Variante: Die Ankunft von Flüchtlingen wird zur »Invasion«[47] erklärt oder mit dem Sturm der »Barbaren«[48] auf den Limes verglichen. So hält die neue Rechte auch den einen oder anderen Bildungsbürger bei der Stange.

Wenn aber die Aufnahme von Geflüchteten in Deutschland nicht wirklich humanitäre Gründe hat, wozu dient sie dann? Antwort im rechtsextremen Ton: »Zur Umvolkung!«[49] Antwort in der etwas gedämpfteren Diktion neurechter Ideologen, die ihre extremistische Haltung verbrämen wollen: »Zum Bevölkerungsaustausch.«[50]

Die abwegige und unfassbar borniert Theorie, dass die Flüchtlingskrise in Wahrheit ein Komplott sei, um »das deutsche Volk zu zerstören«, erfreut sich in neurechten Kreisen großer Beliebtheit. Und die ach so bürgerliche AfD propagiert sie eifrig mit – zum Beispiel wenn ihre Wortführer sich zu der Suggestivfrage versteigen, ob die »Multikulturalisierung eines gewachsenen Volkes« nicht »Völkermord« sei.[51]

Andere Stimmen aus der Partei versuchen auch bei diesem Thema seriös empört statt faschistoid zu klingen. Das

Gutmenschentum der Bundesregierung und das politische Totalversagen der »Altparteien«, so argumentieren sie, stürzten Deutschland ins Chaos und fügten dem Volk unermesslichen Schaden zu.

Welche finsteren Mächte aber stehen hinter dem »Chaos«? Eben die »Altparteien« mit ihrer »Einheitsmeinung«, die sich gegen »das Volk« verschworen haben. Darum könne auch von Demokratie kaum noch die Rede sein – schließlich throne an der Spitze des »Meinungskartells« eine »Kanzlerdiktatorin«[52]. Und ich bin der »Zensurminister«, weil ich darauf hinweise, dass Gewaltaufrufe und Morddrohungen selbst im Zustand unbändiger Empörung und auch im Internet nicht unter Meinungsfreiheit fallen, sondern strafbar bleiben.

Wie aber kann es sein, dass aus der Bundesrepublik eine »Merkel-Diktatur« geworden ist und niemand außer der neuen Rechten das bemerkt hat und gebührend anprangert? Es liegt angeblich daran, dass die großen Medien alle mit uns Chaospolitikern unter einer Decke stecken: als »Lügenpresse« beziehungsweise »Systemmedien«.

Wobei die Populisten mit solcher Wortwahl abermals heikel nah am Nazi-Vokabular sind. Also entschärft die AfD-Führungsriege wieder ein wenig und spricht spitzbübisch von »Lückenpresse«[53] oder niedlich-ironisch von »Pinocchio-Presse«[54]. Rechtsextreme Kampfbegriffe aufzugreifen, aber nicht einfach zu übernehmen, sondern durch moderater klingende Äquivalente zu ersetzen, sodass ihre aufhetzende Botschaft erhalten bleibt, jedoch ihre anrüchige Herkunft kaschiert wird – diese Taktik lässt sich im Sprachgebrauch der »Alternative für Deutschland« durchgängig nachweisen.

Eine weitere Strategie der neuen Rechten besteht darin, Schlagworte und Ausdrucksmittel zu kapern, die eigentlich aus dem Kampf *gegen* Rechts stammen. Dazu zählt etwa die Zweckentfremdung der Lichterketten: Was 1993 als Massenprotest gegen Attacken auf Asylbewerber Geschichte machte, versuchten Rechte 2015 in Form einer »lebenden Grenze« gegen Flüchtlinge zu wiederholen.[55] Aber auch dass bei neurechten Kundgebungen gern »Widerstand!« skandiert wird oder dass Pegida-Demonstranten eine Vorliebe für die sogenannte Wirmer-Flagge aus der Gruppe vom 20. Juli 1944 haben (skandinavisches Kreuz in Schwarz-Gelb auf rotem Grund), sind Beispiele für diese Methode.

Mit ihrer Widerstandssymbolik schwingen die Rechten selbst die »Nazikeule« und stilisieren sich zu Rebellen, die gegen ein totalitäres System kämpfen. Allerdings wurde auch diese dreiste Verkehrung von den Extremisten vorweggenommen, von denen sich die neue Rechte scheinheilig abzugrenzen versucht: Seit Anfang des Jahrtausends schon gehen Neonazis mit der Parole »Hier marschiert der nationale Widerstand« auf die Straße.

Wer Widerstand leistet, tut es aus einer Situation der Bedrängnis heraus. Das macht den Begriff für die Rechten so attraktiv. Um ihre Wut, ihren Hass, ihre Aggressionen für legitim zu erklären, stellen sie sich selbst immerzu als Opfer dar. Als eine »Melange aus Zorn und Mimimi« charakterisiert deshalb die Publizistin Liane Bednarz den neurechten Jargon.[56] Da werden dauernd angebliche »Denkverbote« beklagt, da muss man gegen einen übermächtigen »links-rot-grünen« Mainstream anbrüllen, und weil man so rechtschaffen aufgebracht ist, darf man diesen Mainstream auch noch »versifft« oder »verseucht« nennen.[57]

Auf den Hinweis, dass AfDler doch allen »Denkverboten« zum Trotz unentwegt und sehr öffentlichkeitswirksam ihre Ansichten hinausposaunen können, entgegnen sie: »Unsere Argumente werden als politisch inkorrekt, unzulässig und rechtsradikal klassifiziert. Es kann doch nicht sein, dass ich über die Flüchtlingspolitik nicht reden darf.«[58]

Diese Antwort macht deutlich, was die neue Rechte meint, wenn sie über »Verbote« jammert: Sie erträgt es einfach nicht, dass ihr widersprochen wird. Die demokratische Streitkultur mit ihrem Prinzip von Rede und Gegenrede ist ihr verhasst. Wo jemand den Rechten Paroli bietet, heulen sie gleich auf und behaupten, sie dürften »nicht reden«. Dabei wollen sie nur ihre eigenen Begriffe hören. Sie wollen ungestört hetzen, ihre Ressentiments päppeln und ihre Wutausbrüche zelebrieren.

Kein Wunder, denn einer ernsthaften Diskussion halten ihre »Argumente« nicht stand. Die Zahlen etwa, mit denen sie Flüchtlinge als notorisch kriminell oder gar als »Gefahr für Deutschland« verteufeln wollen, lassen sich widerlegen. Zwar bedeuten mehr Menschen auch mehr Straftaten; leider gibt es sogar Terroristen, die sich als Flüchtlinge getarnt haben. Aber das Bundeskriminalamt schreibt im Dezember 2016 in einem Bericht über die Auswirkungen der Flüchtlingsaufnahme auf die Kriminalität: »Der Anteil von Staatsangehörigen aus Syrien, Afghanistan und Irak an der Gruppe der Tatverdächtigen war deutlich niedriger als ihr Anteil an der Gruppe der Zuwanderer.«[59] Die Menschen, die wegen des Kriegs in ihren Heimatländern nach Deutschland geflohen sind und für die wir die Grenzen 2015 offen gehalten haben, werden also weniger häufig straffällig als andere.

Die These wiederum, dass »kultur- und raumfremde Menschen« ein vermeintlich homogenes Volk in seiner Existenz bedrohten, gehört schlicht zum rechtsextremen Standardrepertoire. Darauf hinzuweisen ist nicht unfair, sondern unerlässlich. Wer extremistisches Gedankengut in bürgerlicher Maske gesellschaftsfähig machen will, den müssen wir demaskieren. Das gebietet die Verantwortung für unsere Demokratie und für den sozialen Frieden in unserem Land.

Um ihre Tiraden jeder sachlichen Überprüfung zu entziehen, erhebt die neue Rechte den Anspruch, »mit deutlichen Ausreißern vom Durchschnitt« argumentieren zu dürfen. Sprich: mit Einzelfällen die »besorgten Bürger« in dem dumpfen Gefühl *Wir werden bedroht* oder *Flüchtlinge sind böse* zu bestärken. Damit die Demagogen Flüchtlinge als »Rapefugees« verunglimpfen können, ziehen sie immer wieder die abscheulichen Vorfälle in der Kölner Silvesternacht 2015/16 heran. Eines ist klar: Solche Taten müssen vollständig aufgeklärt werden. Die Täter müssen vor Gericht gebracht und bestraft werden. Und die betroffenen Frauen brauchen alle Unterstützung, die nötig ist. Was aber nicht angeht, ist, die Opfer ein zweites Mal zu missbrauchen, indem rechte Propaganda aus ihrem Leid politisches Kapital schlägt und Flüchtlinge unter Generalverdacht stellt. Solche massiven Übergriffe »nichtdeutscher« Täter wie in Köln sind nicht die Regel, sondern eine Ausnahme, die selbstverständlich verfolgt und geahndet werden muss.

Eine besonders dreiste Taktik der Rechtspopulisten, um sich mit ihren Scheinargumenten aus dem demokratischen Diskurs auszuklinken, ist die der »gefühlten Realität«. Der Berliner AfD-Chef Pazderski erläutert dieses Vorgehen wie folgt: »Es geht nicht nur um die reine Statistik, sondern es geht darum, wie das der Bürger empfindet ... Das, was man fühlt, ist auch Realität.«[60]

Auf erkenntnistheoretischer Ebene oder auf dem Gebiet der Kognitionsforschung kann man so eine Aussage beachtenswert finden. In der Politik aber ist sie haarsträubend. Wenn wir keine Fakten mehr brauchen, weil im Zweifel die Gefühle unserer Anhänger denselben Zweck erfüllen, erübrigt sich jede Debatte. Dann kann man auch lügen, so viel man will, denn was zählt, ist ja nur noch die gefühlte Wahrheit. Es ist der gleiche Mechanismus, der sich bei vielen Donald-Trump-Wählern in den USA beobachten ließ: *Barack Obama mag nachweislich kein Muslim sein, aber ich habe trotzdem das Gefühl, er ist einer.* Oder: *Mein Gefühl sagt mir, dass es keinen Klimawandel gibt.*

Auf diese Weise mauert man sich im eigenen Weltbild ein. Jeglichen Widerspruch, überhaupt jedes echte Argument, dem man begegnet, kann man als Besserwisserei abschmettern. Einwände gegen die eigene Meinung braucht man auf diese Weise nicht mehr an sich heranzulassen. (Nebenbei bemerkt: Die beliebte Klage, der Politik fehle es an Bezug zur Wirklichkeit der Menschen im Land, erhält so natürlich einen ganz neuen Klang.)

Der Trick mit der »gefühlten Realität« ist eine Form der Nicht-Auseinandersetzung, wie sie in der Demokratie bisher unüblich war (und es auch weiterhin sein sollte). Damit müssen wir erst einmal umgehen lernen. Der Spalt, den die Rechtspopulisten in unsere Gesellschaft zu treiben versuchen, entsteht großenteils dadurch, dass solch andauerndes grobes Foulspiel gegen die demokratische Kultur in der Geschichte der Bundesrepublik bislang ohne Beispiel war.

Manche Journalisten zeigen sich vom seltsamen Umgang der neuen Rechten mit der Wahrheit derart beeindruckt, dass sie schon vom »postfaktischen Zeitalter« sprechen. Wie erfolgreich ein derartiges Verdrehen der Wahrheit sein kann, zeigt sich darin, dass Donald Trump trotz zahlreicher offenkundiger Lügen Präsident der USA werden konnte. Die Gesellschaft für deutsche Sprache hat das Wort »postfaktisch« sogar zum Wort des Jahres 2016 gewählt und erklärt: Nicht der Anspruch auf Wahrheit, sondern das Aussprechen der »gefühlten Wahrheit« führe im »postfaktischen Zeitalter« zum Erfolg.[61]

Mir gefällt der Begriff »postfaktisch« nicht. Das klingt ja so, als wären die Fakten abgehakt, überwunden. So hätten es zwar die Populisten gern. Doch um gesellschaftlichen Wandel gestalten zu können und vernünftige Politik zu machen, müssen wir uns auch weiterhin den Tatsachen stellen und redlich mit ihnen umgehen. Je nachdem, wo wir politisch stehen, werden wir sie unterschiedlich bewerten – aber auch wenn wir streiten, müssen Fakten die Grundlage sein und nicht Hirngespinste. Am Stammtisch kann man in »gefühlte Realitäten« entfliehen, nicht aber in der demokratischen Politik.

Der neuen Rechten ist das egal. Sie möchte fürs Erste gar nichts gestalten, außer vielleicht den »Volkszorn«. Wie schwach und schwammig ihre Vorstellungen werden, sobald es nicht mehr darum geht, Ressentiments zu schüren, sondern konkrete politische Inhalte zu füllen, werde ich in den weiteren Kapiteln noch darlegen. Einstweilen reicht es der AfD, radikal rechtes Gedankengut so weit wie möglich in die gesellschaftliche Mitte zu tragen und zugleich für die verschiedenen Formen »gefühlter Realität« von Rechtsaußen ein Sammelbecken zu bieten.

Ein entsprechendes Angebot stand schon im AfD-Bundestagswahlprogramm von 2013: »Wir setzen uns dafür ein, dass auch unkonventionelle Meinungen im öffentlichen Diskurs ergebnisoffen diskutiert werden.«[62] Was neurechte Kreise unter diskutieren verstehen, wissen wir inzwischen.

Und seit die AfD immer weiter nach rechts rückt, hat sie sich nicht nur vielerorts mit der altbekannten rechtsextremen Szene verquickt, auch mit so »unkonventionellen« Gruppen wie den »Identitären« oder den »Reichsbürgern« gibt es Überschneidungen.

Die »Identitären« sind eine Bewegung vorwiegend junger Leute, die trotz ihrer Jugend bereits Angst vor gesellschaftlichem Wandel haben und glauben, Zuwanderer würden ihnen ihr »Eigenes« nehmen – ihre Identität als Deutsche. Um ihr rassistisches Weltbild zu verbrämen, sprechen sie von »Ethnopluralismus«. Das klingt erst einmal demokratisch (Pluralismus! Und dann auch noch Ethno!), gemeint ist damit aber, dass es verschiedene, jeweils unvermischte Völker geben soll, von denen ein jedes gefälligst da bleibt, wo es nach Ansicht der »Identitären« hingehört.[63]

Mit einer Kletterei am Brandenburger Tor Ende August 2016 machten die »Identitären« in Deutschland erstmals im größeren Stil auf sich aufmerksam. Sie entrollten oben auf dem Tor ein Banner mit dem Spruch »Sichere Grenzen – sichere Zukunft«, und dazu verkündeten sie im Internet, sie sähen sich »im Kampf um die Reconquista in Europa«.

Die Aktion war ein Musterbeispiel für den neurechten Ansatz, linke Agitprop-Methoden nachzuahmen; sogar einschließlich klangvoller spanischer Parolen. Bei den »Identitären« heißt es dann nicht ¡Venceremos! oder ¡No pasarán! – stattdessen beschwören sie die Reconquista herauf, die Eroberung der muslimischen Reiche auf dem Gebiet des heutigen Spaniens und Portugals durch christliche Herrscher. Es handelt sich bei dieser Bewegung also um eine Art Pegida für Pimpfe.

Die »Reichsbürger« wiederum vertreten die »unkonventionelle« Überzeugung, dass die Bundesrepublik kein eigenständiger Staat, sondern nach wie vor von den Alliierten besetzt sei, und dass rechtlich gesehen das Deutsche Reich fortbestehe. Diese Leute sind keineswegs nur harmlose Spinner, sondern oft auch Waffennarren und fallen immer wieder durch Gewalttaten auf. Bis hin zu dem »Reichsbürger«, der im Oktober 2016 in Franken einen Polizisten erschoss und drei weitere verletzte.

AfD-Politiker, die sich als »Reichsbürger« entpuppen, gibt es immer wieder. In Hessen wurde sogar der »Reichsinnenminister« einer »kommissarischen Reichsregierung« auf der AfD-Liste in einen Kreistag gewählt.[64] Und der Vorstand der »Patriotischen Plattform« in der AfD erklärt: »Wir wünschen uns eine engere Zusammenarbeit zwischen Identitärer Bewegung und AfD, denn auch die AfD ist eine identitäre Bewegung und auch die Identitäre Bewegung ist eine Alternative für Deutschland.«[65]

Die Offenheit für allerlei gefährliche Sektierer und Nachwuchs-Rassisten ist für die Rechtspopulisten Programm und Problem zugleich. Sie möchten ja Mainstream werden und kulturelle Hegemonie erlangen. Dazu müssen sie einerseits möglichst breit gefächert Mitstreiter gewinnen – und der Fächer, den sie haben, ist eben nur am rechten Rand breit. Andererseits drohen ihnen, wenn sie den »Unkonventionellen« zu viel Raum bieten, die »besorgten Bürger« wieder davonzulaufen. Und ohne die Stimmen der »besorgten Bürger« müssten sie den Plan begraben, bald das Sagen zu haben.

Deshalb wird es mit der »gefühlten Realität« inzwischen selbst Teilen der neuen Rechten zu viel. Als im Sommer 2016 im Netz das Gerücht kursierte, am Flughafen Köln-Bonn würden (im Rahmen des angeblichen »Umvolkungs«-Komplotts) nachts heimlich massenhaft Flüchtlinge in Deutschland eingeflogen, sah sich sogar die neurechte Wochenzeitung *Junge Freiheit* genötigt klarzustellen, dass diese Geschichte kompletter Humbug sei. Um keinen Zweifel an ihrer Glaubwürdigkeit aufkommen zu lassen, hatte die Redaktion zuvor einen Reporter entsandt, der sich am Flughafen Köln-Bonn die Nächte um die Ohren schlug und keine verdächtigen Landungen feststellen konnte. Manche Leser der Zeitung reagierten aber auch auf diesen investigativen Kraftakt mit gefühlter Wahrheit: »Ab jetzt gehört ihr zur Lügenpresse!«[66]

Ihren speziellen Wortschatz hat die neue Rechte nur zum Teil selbst erfunden. Sie bedient sich in einem rhetorischen Baukasten, den ironische Konservative, aber auch linke Satiriker in den letzten Jahrzehnten zusammengetragen haben. Die Bezeichnung »Gutmensch« etwa – beliebtes Propagandaschimpfwort, um zum Beispiel diejenigen verächtlich zu machen, die für Flüchtlinge humanitäre Verantwortung empfinden – war ein Geschenk der Linken an die Rechte. 1994 erschien in erster Fassung das *Wörterbuch des Gutmenschen*. Die Autoren kamen aus dem Umfeld des Satiremagazins *Titanic*, und sie traten an, um »Betroffenheitsjargon und Gesinnungskitsch« aufzuspießen.[67] Es waren linksgerichtete Publizisten, die sich über Floskeln, Denkfaulheiten und verkappte autoritäre Neigungen in den eigenen Reihen lustig machten.

Begeistert nahmen dann Rechte den Kampfbegriff »Gutmensch« in ihr Repertoire auf. Denn ihnen fehlte noch ein knackiger Name für ihr neues Lieblingsfeindbild, für das es bis dahin nur das Attribut *pc,* also »politisch korrekt« gab. Dieses wiederum hatten sie aus den USA, wo hartgesottene Konservative seit einigen Jahren gegen Bemühungen wetterten, an Universitäten und auch im Alltag einen nicht-diskriminierenden Sprachgebrauch durchzusetzen.[68]

Oft diente das Schlagwort »politically correct« schon damals dazu, nicht nur vermeintliche Auswüchse an Rücksichtnahme zu verspotten, sondern im selben Atemzug rassistisches oder frauenfeindliches Gedankengut zu rechtfertigen. In diesem Sinn verwendet auch die neue Rechte in Deutschland den Begriff – und eine rechte Hetzseite im Internet firmiert entsprechend unter dem Namen »Politically Incorrect«.

Viele weitere Versatzstücke der neurechten Rhetorik stammen von konservativen Journalisten, die seit Ende der 90er-Jahre den Pop für sich entdeckten. In schnodderig-ironischem Ton begannen sie gegen eine vermeintliche linke Diskurshoheit in Deutschland zu polemisieren, nahmen Gleichstellungspolitik und ein angeblich übertriebenes Umweltbewusstsein aufs Korn. Es war eine ziemliche Verdrehung der Realität, in einer Zeit des kaum gebremsten Neoliberalismus (der Konfliktforscher Wilhelm Heitmeyer nennt die Nullerjahre rückblickend ein »entsichertes Jahrzehnt«[69]) das Märchen vom linken Mainstream zu verbreiten. Doch zugleich hatte es etwas Spielerisches, wenn Autoren die alte Pop-Formel »Links = fortschrittlich, Rechts = rückständig« einfach umdrehten. Da wurde eine Lust an der Provokation ausgelebt, bei der aber nie infrage stand, dass man sich zur pluralistischen Demokratie bekannte.

Anders verhält es sich bei der neuen Rechten. Sie übernimmt die Sprüche und lässt die Ironie weg. So wird aus Spott Hetze. Was vorher Boshaftigkeiten gegen das linke Spektrum der demokratischen Politik waren, blähte sich auf zu lautstarkem und gewaltbereitem »Widerstand« gegen ein vermeintliches »rotgrün verseuchtes« Meinungskartell. Und der »Gutmensch« ist nicht mehr bloß ein lächerlicher Moralapostel, sondern ein Feind des Volkes, den es zu bekämpfen gilt.

Die Mischung macht den Sprengstoff. Indem die neue Rechte das provokante Vokabular der Pop-Konservativen mit teils verkappt, teils unverhohlen rechtsextremen Parolen sowie mit (ehemals linker) Widerstandsrhetorik vermengt, braut sie sich einen Jargon der Verrohung zusammen. Flüchtlinge, Migranten und Andersdenkende werden in diesem Jargon nicht nur abgewertet, sondern als Schädlinge hingestellt, gegen die »das Volk« sich wehren müsse.

Der Sprachgebrauch der neuen Rechten verfestigt systematisch Vorurteile und irrationale Ängste – und er bahnt den Weg für Gewaltausbrüche. Mit dem Gerede von »Diktatur«, »Lügenpresse« und dergleichen macht er die Institutionen der Demokratie und die demokratische Ordnung selbst verächtlich. Wie das »Neusprech« in George Orwells *1984* zielt dieser Sprachgebrauch darauf ab, dass man andere Haltungen als die der Rechten möglichst gar nicht mehr in Worte fassen kann. Und eine seiner Verdrehungen ist es, zu behaupten, die Sprache des »Meinungskartells« stelle Rede- und Denkverbote auf.

Ihren Anhängern gibt die neue Rechte mit ihrem Jargon der Verrohung das Gefühl, sie könnten nun endlich klar aussprechen, was sie empört, wütend und ängstlich macht. Zumal dieser Jargon auch noch immer mit dem Anspruch

Man wird doch wohl sagen dürfen auftritt und so tut, als würde er unterdrückerische Tabus des Establishments einreißen. Tatsächlich aber stößt er nur die Regeln des freiheitlich-demokratischen Miteinanders um: die Regeln von Respekt und Empathie; die Regel, allen Menschen die gleiche Würde und den gleichen Wert zuzusprechen.

Es ist ein Jargon, der die Leute von der Wirklichkeit abkoppelt, indem er vorgibt, er würde ihnen die Augen für ebendiese Wirklichkeit öffnen. Wer sich vom rechten Neusprech einwickeln lässt, findet sich in einer Parallelwelt wieder, in der Deutsche nicht dunkelhäutig sein können, in der es den Islam nur gibt, um den Untergang des Abendlands herbeizuführen, und in der die Bundesrepublik eine Diktatur der »Volksverräter« ist. Ziemlich unwirtlich ist sie, diese Parallelwelt – aber eben ein Umfeld, in dem feindselige Regungen bestens gedeihen. Und nur in einem solchen Umfeld kann sich die neue Rechte eine kulturelle Hegemonie erhoffen.

Was wir tun können

Wir dürfen uns die neurechte Propaganda nicht gefallen lassen. Nicht nur dürfen wir auf keinen Fall selbst den Jargon der Verrohung übernehmen, sondern wir müssen ihm da, wo er auftritt, immer energisch widersprechen.

Zur Strategie der Rechtspopulisten gehört die Penetranz, mit der sie danach streben, ihre verächtlich machenden und Ängste schürenden Begriffe im allgemeinen Sprachgebrauch zu verankern. Hier müssen wir sehr wachsam sein. Denn Sprache spiegelt nicht nur das Denken wider – sie prägt es auch.

Wenn Rechtspopulisten oder ihre Anhänger Naziparolen verwenden (»Volksverräter«, »Umvolkung«, »Lügenpresse«), sollten wir darauf hinweisen, dass es Naziparolen sind. Und wenn sie verkappte Naziparolen verwenden (»Bevölkerungsaustausch«, »kultur- und raumfremde Menschen« etc.), sollten wir darauf hinweisen, dass es verkappte Naziparolen sind.

Wenn Rechtspopulisten zu Kriegs- und Katastrophenrhetorik greifen und etwa vor einer »Flüchtlingsflut« oder gar vor »Invasoren« warnen, sollten wir konsequent daran erinnern, dass sie von Menschen sprechen: Menschen, die bei uns Schutz suchen und die oft alles verloren haben. Da, wo die Geflüchteten Deutsche waren, nennen die Rechten sie Heimatvertriebene und zeigen sich voller Verständnis – auch das dürfen wir beharrlich in Erinnerung bringen.

Wenn die Rechtspopulisten eine Sprache der Feindseligkeit in die Politik tragen und Andersdenkende als Lügner und Verräter beschimpfen, dürfen wir uns nicht provozieren lassen, es ihnen in gleicher Weise heimzuzahlen. Stattdessen sollten wir – auch wenn es schwerfällt – immer ruhig und sachlich bleiben und uns selbst unbedingt an die Regeln unserer Streitkultur halten. So können wir zeigen, dass in der Demokratie Menschen mit anderer Meinung eben keine Feinde sind – sondern Andersdenkende.

Wenn die Rechten sich selbst als Opfer darstellen und jammern, sie dürften »nicht reden«, sollten wir nachfragen: Wer verbietet euch denn das Reden? Und wir können darauf pochen, dass ihnen als deutschen Staatsbürgern der Unterschied bekannt sein sollte zwischen dem Gebrauch der Meinungsfreiheit einerseits und Hetze oder Drohungen andererseits.

Den Trick mit der »gefühlten Realität« dürfen wir ihnen nicht durchgehen lassen. In der gesellschaftlichen Debatte dürfen Empfindungen keine Tatsachen ersetzen. Ressentiments sind keine Argumente, und soziale Herausforderungen lassen sich nicht mit Stammtischlogik bewältigen.

So hilfreich es ist zu erkennen, mit welchen Klischees die Sprache der neuen Rechten fortwährend arbeitet, und so erleichternd es sein kann, sich darüber lustig zu machen: Uns muss auch klar sein, dass viele Menschen diese Klischees ernst nehmen, sich davon verunsichern und aufhetzen lassen. Diese Menschen pauschal für dumm zu erklären ist falsch. Das führt nur dazu, dass sie sich weiter radikalisieren. Deshalb: Keine Chance der neurechten Propaganda, aber so viele Chancen wie möglich für diejenigen, die wir überzeugen können, sich von den Demagogen wieder abzuwenden.

Die Auseinandersetzung mit dem Jargon der Verrohung sollte uns ein Anlass sein, auch unsere eigene Sprache gründlich zu überprüfen. Unsere Sprache soll eine Sprache der Aufrichtigkeit sein. Eine Sprache, die weder hetzen noch verletzen will, sondern bei der Sache bleibt und den Anstand wahrt – egal, wie hoch die Gefühle gerade aufwallen. Eine Sprache, die nichts schönredet, aber auch keine Panikmache betreibt. Eine Sprache, die Probleme weder verschleiert noch aufbauscht. Eine Sprache der Offenheit und der Diskussionsbereitschaft. Die Sprache der demokratischen Verantwortung.

6 Brandbeschleuniger Internet?

Leute mit extremen Ansichten hat es immer gegeben. Auch Leute, die sich ihr Weltbild aus Verschwörungstheorien zusammenbauen, und Leute, die voller Wut oder Hass durchs Leben gehen. Es hat sie immer gegeben, aber in der demokratischen Gesellschaft der Bundesrepublik standen sie mit ihrer Haltung mehr oder weniger isoliert da. Das hat sich geändert, denn heute gibt ihnen das Internet das Gefühl: *Ich bin nicht allein.* Und wegen der Möglichkeiten, online ihre Überzeugungen und Vorurteile mit scheinbar unbegrenzter Reichweite zu verbreiten, haben sie den trügerischen Eindruck: *Wir sind mächtig.* Sie erschließen sich neue Kommunikationswege, und bestärkt durch das Feedback von Gleichgesinnten wagen sie sich immer weiter hervor. Hass, Lügen und Manipulationen im Netz nehmen zu.

Der schlechte Zustand, in dem sich heute in Deutschland – und nicht nur in Deutschland – die Debattenkultur befindet, lässt sich ohne das Internet nicht erklären. Allerdings will ich hier keine Tiraden gegen das Netz anstimmen. Im Gegenteil: Grundsätzlich ist das Internet ein Segen für die Meinungsfreiheit, ein großartiges Werkzeug für die Demokratie. Das Internet ist auch nicht schuld an der Verrohung des Denkens und Sprechens, die wir heute in manchen Kreisen erleben. Doch ebenso, wie es vieles andere einfacher macht, erleichtert es den Verrohern ihr Geschäft. Und wenn wir uns klarmachen, auf welche Weisen das Netz zur Propagandamaschine wird, zum Verstärker für feindselige Stimmungsmache, können wir dagegen Strategien entwickeln.

Zu behaupten, wenn es bloß das Internet (in seiner heutigen Form) nicht gäbe, hätten wir in unserer Gesellschaft auch nicht dieses Hassproblem, wäre falsch. Denn damit wären wir bei derselben gefährlichen Logik wie die Leute, die meinen, wenn wir bloß die Flüchtlinge nicht aufgenommen hätten, wäre die neue Rechte nicht so stark geworden.

Warum diese Logik gefährlich sein soll? Weil sie eine Logik der Realitätsflucht ist. Zu den wichtigsten Lehren, die wir im Umgang mit den gesellschaftlichen Herausforderungen unserer Zeit ziehen müssen, zählt die, dass wir uns nicht abschotten können, ohne dabei unsere eigene Freiheit einzuschränken. Weder gegen die großen – durch Krieg und Not ausgelösten – Migrationsbewegungen noch gegen das Radikalisierungspotenzial des Internets. Wir können uns dem Wandel nicht einfach verweigern. Die wenigsten von uns würden wohl auf die Vorzüge des Internets verzichten wollen. Aber wir müssen mit diesen Möglichkeiten verantwortungsbewusst umgehen, sie im Sinne unserer demokratischen Werte gestalten.

Das aus demokratischer Sicht besonders Positive am Internet ist: Es erweitert die Möglichkeiten der Teilhabe. In Foren und in sozialen Medien können die Nutzer barrierefrei drauflos debattieren. Über die Websites von Parteien und Organisationen können Bürger viel leichter als früher Kontakt mit der Politik aufnehmen. Durch Online-Umfragen lassen sich blitzschnell Stimmungsbilder einfangen. Internet-Petitionen können große gesellschaftliche Wirkung erzielen, Aufrufe zu Kundgebungen oder zu Hilfsaktionen können gewaltige Resonanz entfalten. Und ein Blog kann sich als wichtige Instanz zur Meinungsbildung entpuppen. Die Kehrseite: Von all diesen Kommunikationserleichterungen profitieren auch die Hetzer. Drei derzeitige Eigenschaften des Internets kommen ihnen dabei zugute.

Erstens: Die Anonymität des Netzes und die räumliche Distanz zum Objekt ihrer Attacken macht es Verbalradikalen psychologisch leichter, zu sagen, was sie niemandem ins Gesicht schleudern würden. Und weil es an unmittelbarer Gegenwehr fehlt, halten viele das Netz fälschlich für einen rechtsfreien Raum – einen Bereich ohne Gesetze und ohne die Regeln des menschlichen Anstands. Das nutzen die »Trolle« aus, die randalieren anstatt zu argumentieren und Hass versprühen anstatt zu streiten. Sie sind in vielen Foren erschreckend dominant geworden.

Die zweite Eigenschaft des Webs, die Demagogen gelegen kommt, ist der Effekt der »Filterblase«. Damit die Nutzer mit ihrem »Erlebnis« im Internet möglichst zufrieden sind, bemühen sich die sozialen Netzwerke, jedem die Inhalte zu bieten, die ihm am besten gefallen oder auf die er am eifrigsten reagiert. In den Worten von Facebook-Chef Mark Zuckerberg: »Wir wollen die Menschen mit den Geschichten verbinden, die sie für besonders bedeutsam halten.«[70] Nachrichten und Kommentare werden also gemäß algorithmisch ermittelter »Interessen« des Nutzers vorsortiert. Wenn der Nutzer auf Facebook oder anderswo im Social Web etwas mag, gibt es fortan für ihn mehr von der Sorte. Wenn er kundtut, dass er etwas nicht mag, erhält er in der Folge lauter Bestätigungen dafür, dass man es nicht mögen sollte. Letztlich bekommt er dann immer das Gleiche zu sehen und zu lesen.

Nun ist es ja nicht so, dass vor den Zeiten des Social Web alle morgens die *Frankfurter Allgemeine* und die *taz* im kritischen Vergleich gelesen hätten. Seit jeher haben sich politische Vorlieben darauf ausgewirkt, welche Nachrichten wir mitbekommen, welche wir besonders wichtig finden und welche Quellen wir für vertrauenswürdig halten. Die »Filterblase« aber verstärkt die Tendenz zur selektiven Wahrnehmung in einem bisher ungekannten Maß. Ein paradoxer Zustand tritt ein: Das Internet steht für grenzenlose Offenheit und Vielfalt der Informationen – aber die Echokammern des Netzes führen im Gegenteil zu Isolation und Monotonie.

Der Service des personalisierten Online-Erlebnisses eignet sich also (unter anderem) hervorragend, um ein unkritisches Publikum für Faktenverdrehungen und Verschwörungstheorien heranzubilden. Oder wie es der Internet-Experte Sascha Lobo ausdrückt: »Gruppen können in eine Art selbstverstärkenden Meinungsstrudel geraten.«[71]

Dabei spielt noch eine dritte Eigenschaft des Netzes eine wichtige Rolle – dass es eine Kultur der Empörung, der Dauererregung und verbalen Eskalation hervorgebracht hat. Nicht nur werden Schlagzeilen und Meldungen auf der Jagd nach Klicks möglichst sensationsheischend formuliert. Auch bei Kommentaren überwiegt, selbst wenn sie nicht von »Trollen« verfasst sind, ein aufgebrachter, ein gelinde gesagt zugespitzter Ton. Hetze gegen Homosexuelle oder antisemitische Schmähungen gibt es viel zu oft. Und wenn es um Flüchtlinge und Muslime geht, kennt der Hass im Netz häufig keine Grenzen. Beleidigungen, Aufrufe zu Gewalt und Mord, Jubel über im Mittelmeer ertrunkene Flüchtlinge: Das Internet wimmelt von widerwärtigen Kommentaren. Und dass diese verbale Eskalation für die

Betroffenen nicht nur seelisch sehr verletzend ist, sondern auch physische Angriffe zur Folge hat, belegt die wachsende Zahl fremdenfeindlicher Gewalttaten.

Neben dem Hass sind die Lügen das größte Problem im Netz. Besonders die Wahl Donald Trumps zum US-Präsidenten hat gezeigt, welche politische Bedeutung digitale Falschmeldungen inzwischen haben – und zwar nicht nur, wenn sie politisch motiviert sind. Das Online-Magazin *Buzzfeed* deckte auf, dass mehr als 140 vermeintliche politische Websites aus den USA, die im Präsidentschaftswahlkampf 2016 aggressive Pro-Trump-Propaganda verbreiteten, in Wahrheit von jungen Leuten in der mazedonischen Kleinstadt Veles betrieben wurden.[72] Die auf den Seiten geschaltete Werbung machte den Nachrichtenschwindel zu einem guten Geschäft. Trump war diesen jungen Leuten völlig egal. Sie hatten bloß festgestellt, dass sensationsheischende, rechtspopulistische Texte besonders oft bei Facebook geteilt werden. Mit Fake News für das Trump-Lager ließ sich nach dem »Ein-Cent-pro-Klick«-Schema bei Werbeanzeigen eine hübsche Summe erwirtschaften. Das Beispiel zeigt besonders anschaulich, warum Fake News ein so reizvolles Werkzeug für Leute sind, die das Internet für unlautere Zwecke nutzen. Zum einen bieten gefälschte, aufhetzende Meldungen genau das Futter, von dem sich die Empörungskultur im Netz nährt: Nichts kann den Wunsch nach Aufregung besser bedienen als eine genau auf die Erwartungshaltung der Nutzer zugeschnittene Lügengeschichte. Und zum anderen lässt sich mit der Empörung auch noch ganz einfach Kasse machen.

In Deutschland ist es vor allem der fremdenfeindliche rechte Rand, der Lügen zur politischen Stimmungsmache verbreitet. Da wird etwa behauptet, ein Mob von Ausländern habe in Dortmund eine Kirche angezündet, in Thüringen seien die Schwäne eines Sees in den Kochtöpfen von Flüchtlingen gelandet – und die Grünen-Politikerin Renate Künast wird im Netz mit viel Verständnis für einen Mörder »zitiert«. Alles frei erfunden, alles gelogen, alles Fake News.[73]

Treffen diese Schwindelmethoden obendrein auf eine Einstellung, dass die etablierten Medien ein »Lügenkartell« bilden, während »alternative« Nachrichtenkanäle als verlässlich gelten, so steht dem Aufbau einer faktenresistenten Scheinwirklichkeit nichts mehr im Weg. Ganze Bevölkerungsgruppen können auf diese Weise vom realen Nachrichtenfluss abgekoppelt und auf eine Art fiktives Nebengleis umgelenkt werden. Die Welt dieses Nebengleises ist ein Tummelplatz für Verschwörungstheorien jeglicher Machart. Oft aber ist sie identisch mit der feindseligen Parallelwirklichkeit, die der Jargon der neuen Rechten aufbaut.

Schon im September 2014 stellte das *Wall Street Journal* fest: »Die deutsche Internet-Partei ist die AfD.«[74] Mehr als jede andere politische Strömung in Deutschland setzt die neue Rechte das Netz ein, um ihre Thesen und ihren Sprachgebrauch zu verbreiten, ihre Anhängerschaft bei der Stange zu halten und neue Mitstreiter zu gewinnen. Und bis heute haben die demokratischen Kräfte dem rechten Internet-Aktivismus viel zu wenig entgegenzusetzen – was sich nicht nur daran zeigt, dass die AfD mehr Facebook-Fans hat als SPD und CDU zusammen.[75]

Dass die Rechten sich im Netz eine Art Vorsprung verschaffen würden, zeichnete sich frühzeitig ab. Denn die klassischen Medien standen ihnen nicht in dem Maß zur Verfügung, wie sie es sich wünschten. Ihre Ansichten und Parolen galten nicht als salonfähig, und wenn sie einmal Presse bekamen, dann war es durchweg schlechte. Das Internet hingegen bot ihnen Möglichkeiten, ihre Sicht der Dinge ungestört und ohne jeden Gegenwind zu propagieren. Und egal, wie sehr ihre Vorstellungen von Deutschland sonst nach den 50er-Jahren oder nach noch finstereren Zeiten aussehen: In Sachen Netznutzung sind die Rechten ganz modern, wenn auch nicht immer ganz demokratisch, wie das Beispiel Social Bots zeigt.

Diese Computerprogramme, die massenhaft Beiträge in Internet-Foren posten und den Eindruck erwecken, da würden sich Menschen äußern, kamen 2016 bei der Kampagne der Brexit-Befürworter und im US-Wahlkampf massenhaft zum Einsatz. Auch die AfD erklärte zunächst:» Selbstverständlich werden wir Social Bots in unsere Strategie im Bundestagswahlkampf einbeziehen.«[76]

Wenngleich die Rechtspopulisten das später wieder dementierten: Was könnte es Besseres geben für eine Minderheit, die wie eine Mehrheit erscheinen will, als einen Automaten, der Nutzerprofile vortäuscht und in deren Namen Propaganda verbreitet? In Sachen Social Bots hat das Anti-Diskriminierungs-Netzwerk *We're watching you* in einer kurzen Stichprobe AfD-nahe Facebook-Gruppen untersucht und sofort in über zwanzig dieser Gruppen klare Hinweise auf » Meinungsroboter « gefunden – unter anderem immer wieder dieselben Textbausteine unter unterschiedlichen Namen und in unterschiedlichen Threads.[77] Wer sich ein bisschen damit auskennt, wie Bots funktionieren, dem wird es angesichts solcher Befunde schwerfallen, der AfD ihr Dementi abzunehmen.

Mittels »Meinungsrobotern« lassen sich ganze Online-Foren mit rechten Parolen überziehen und mit dem Jargon der Verrohung füllen, ohne dass mehr als ein, zwei Programmierer dafür in die Tasten greifen müssen. Bisher ist aber den wenigsten Internet-Nutzern bewusst, dass ein hasserfülltes Posting auch von einer Maschine »generiert« sein kann. Ahnungslose User sehen sich von einer gewaltigen Wutbürgerbewegung umgeben und lassen sich, so das Kalkül, davon mitreißen – während Andersdenkende es angesichts der vermeintlichen Übermacht mit der Angst zu tun bekommen und sich wegducken.

Die Rechtspopulisten lieben das Internet nicht wegen seines demokratischen Potenzials. Sie lieben es wegen seiner Manipulationsmöglichkeiten. Im Netz schaffen sie Zonen der »Gegenöffentlichkeit« in einem sehr negativen Sinn. Es sind Zonen – seien es rechte Websites und Blogs, seien es die Internet-Auftritte von AfD-Verbänden oder seien es eben Facebook-Gruppen –, in denen sie ihre Hetze ohne Widerspruch betreiben können; Zonen, in denen andere Sichtweisen als ihre gar nicht mehr vorkommen. Von dort aus nehmen sie Einfluss auf die pluralistischeren Bereiche des Netzes und versuchen auch in diesen ihr Gedankengut durchzusetzen. Dabei beuten sie immerzu den Nimbus des Internets als Raum der großen Freiheit und Echtheit aus, wo eben keine »Kartelle« vorgeben, was gesagt wird. Umso wichtiger ist es, dass wir uns von diesem Nimbus verabschieden. Ja, das Internet ist großartig für die Demokratie – aber nur, wenn wir auch wissen, wie es für Propagandazwecke missbraucht wird, und wenn wir uns gegen den Missbrauch zur Wehr setzen.

Hass, Lügen, Manipulationen im Netz: In der öffentlichen Debatte wird der Ruf immer lauter, der Staat müsse gegen all das vorgehen, mit schärferen Gesetzen, Verboten, Strafen. Mir ist es wichtig, dass wir diese Debatte ohne Technikskeptizismus führen. Weder das Internet noch Facebook sind böse. Wenn dort dazu aufgerufen wird, Flüchtlinge »ins Gas« zu schicken, oder Lügen verbreitet werden, dann stammen diese Beiträge ja nicht aus dem Silicon Valley. Sie kommen von hier, vielleicht sogar von unseren Nachbarn. Das Internet macht lediglich sichtbar, welcher Hass bei manchen Mitmenschen schon lange vorhanden ist. Wir sollten deshalb nicht das Medium für die schlechte Nachricht prügeln. Wir müssen vor allem über die Menschen sprechen, die solche Widerwärtigkeiten verbreiten. Außerdem kann man gesellschaftliche Probleme nur selten dadurch lösen, dass man sie verbietet. Wir müssen genauer hinsehen, auch wenn es wehtut.

Zuerst gilt es daran zu erinnern: Unser Grundgesetz garantiert die Meinungsfreiheit. Die Meinungsfreiheit schützt im Namen der lebendigen Demokratie auch abstoßende und hässliche Äußerungen. Und doch gibt es eine Grenze des Erlaubten, und die ist dort erreicht, wo Straftaten begangen werden: Beleidigung, Volksverhetzung, Verunglimpfung des Andenkens Verstorbener, öffentliche Aufforderung zu Straftaten, die Billigung oder die Androhung von Straftaten – all das sind strafbare Handlungen, und zwar nicht nur, wenn die Worte, mit denen sie begangen werden, auf Papier gedruckt, sondern ebenso, wenn sie im Netz gepostet werden. Es ist gut, dass die Justiz inzwischen immer häufiger und schneller gegen verbale Hasskriminalität im Netz vorgeht. So wurde etwa in Würzburg ein Mann zu einem Jahr und sechs Monaten Gefängnis verurteilt, nachdem er bei Facebook gegen Flüchtlinge, Ausländer und

Juden gehetzt sowie zu Gewalt und Mord aufgerufen hatte.[78] Solche Urteile sind wichtige Signale.

Aber auch die Plattformbetreiber müssen mehr gegen Hasskriminalität tun. Wer Millionen Menschen vernetzt (und damit Milliardengewinne erzielt), hat eine gesellschaftliche Verantwortung. Weil bloße Appelle hier nicht ausreichen, will ich Unternehmen wie Facebook per Gesetz dazu zwingen, rechtswidrige Inhalte schneller zu löschen. In der Theorie bekennen sie sich schon selbst zu ihrer sozialen Verantwortung. So steht in den »Gemeinschaftsstandards« von Facebook, das Netzwerk entferne »sämtliche Hassbotschaften«, die Menschen wegen »Rasse, Ethnizität, nationaler Herkunft, religiöser Zugehörigkeit, sexueller Orientierung, Geschlecht bzw. geschlechtlicher Identität oder schwerer Behinderungen oder Krankheiten« angreifen.[79] Nur: In der Praxis hat das bislang kaum funktioniert. Dabei hat das Unternehmen in anderen Bereichen gezeigt, dass ihm rasches Handeln durchaus möglich ist. Bei zu viel nackter Haut löscht Facebook ganz schnell, und bei Verletzungen des Urheberrechts wird auch nicht lange gezögert. Doch wenn es um strafbare Inhalte geht, hat der Konzern lange Zeit Aufwand und Kosten gescheut.

In einem ersten Schritt brachte ich deshalb die Betreiber sozialer Netzwerke und Vertreter der Zivilgesellschaft an einen Tisch, und die Unternehmen sicherten zu, Inhalte, die ihnen gemeldet werden, binnen 24 Stunden von sprachlich und juristisch qualifizierten Teams prüfen zu lassen und zu löschen, falls sie rechtswidrig sind. Ein unabhängiges Monitoring hat jedoch gezeigt, dass dieses Versprechen nicht eingehalten wurde. Meldeten nicht Organisationen, sondern ganz normale Nutzer strafbare Inhalte, dann löschte oder sperrte Facebook davon nur 46 Prozent. Bei YouTube führte nur eine von zehn Meldungen zur Löschung, und Twitter handelte sogar nur bei einer von hundert Meldungen.[80]

Daher brauchen wir ein Gesetz, um die sozialen Netzwerke bei Beschwerden über rechtswidrige Inhalte in die Pflicht zu nehmen. Sie müssen ein wirksames Beschwerdemanagement einrichten und rechtswidrige Inhalte regelmäßig innerhalb von 24 Stunden löschen. Außerdem sollen sie öffentlich berichten, wie sie auf die eingegangenen Beschwerden reagiert haben. Damit diese Vorgaben beachtet werden, soll bei Verstößen ein saftiges Bußgeld drohen.

Bessere Gesetze gegen strafbaren Hass und Hetze im Netz helfen auch im Kampf gegen Fake News. Gefälschte Nachrichten sind Gift für unsere Debattenkultur. Wir müssen deshalb alles tun, um digitale Desinformationskampagnen so früh wie möglich zu stoppen. Allerdings werden wir in einer demokratischen Gesellschaft, in der die Meinungsfreiheit gilt, keine staatliche Wahrheitsbehörde einrichten, die entscheidet, was Lüge ist und was nicht.

Viele Arten von Fake News sind ohnehin rechtswidrig – weil sie Straftatbestände wie üble Nachrede, Verleumdung oder Störung des öffentlichen Friedens durch Vortäuschen von Straftaten erfüllen; oder weil sie zivilrechtlich das allgemeine Persönlichkeitsrecht des von der Falschmeldung Betroffenen verletzen. Und abermals ist nicht allein der Staat gefordert, um gegen die kriminellen Aktivitäten im Netz vorzugehen, sondern ebenso die Internet-Konzerne. Seit den massiven Versuchen, durch Falschmeldungen auf den US-Präsidentschaftswahlkampf 2016 Einfluss zu nehmen, hat man offenbar auch bei Facebook erkannt, welche Gefahr unserer Demokratie droht, wenn Fake News an die

Stelle nachprüfbarer Fakten treten. In Deutschland hat Facebook deshalb das unabhängige Recherchebüro »Correctiv« mit der Überprüfung von Meldungen beauftragt, deren Richtigkeit von Nutzern angezweifelt wird. Correctiv selbst warnt allerdings davor, das Problem damit als erledigt zu betrachten: »Wir sind davon überzeugt, dass dieser Ansatz alleine nicht ausreicht, Fake News nachhaltig zu bekämpfen.«[81]

Das sehe ich auch so. Doch sollten wir eines nicht vergessen: Es gibt schon heute eine Menge zuverlässiger Fact-Checker, deren Arbeit die Wirksamkeit von Fake News dauerhaft vereiteln kann. Man nennt sie Journalisten, und sie sind in den Redaktionen von Zeitungen, Fernsehsendern und Nachrichtenportalen tätig. Da hat Springer-Chef Mathias Döpfner schon recht, wenn er sagt: »Die beste Methode, die Leute vom Konsum von ›Fake News‹ abzubringen, ist ... durch gute Recherche die Wahrheit ans Licht bringen und sie veröffentlichen, auch wenn es unbequem ist.«[82]

Und was die Social Bots betrifft, so können wir deren Missbrauch zwar nicht grundsätzlich verhindern. Doch zumindest für demokratische Parteien sollte selbstverständlich sein, die manipulativen Meinungsroboter nicht einzusetzen. Denn sie richten sich gegen die politische Selbstbestimmung der Staatsbürger. Weil ich mich aber auf den Anstand der neuen Rechten nicht verlassen möchte, halte ich es für überlegenswert, bei diesem Thema auf unser Parteiengesetz zurückzugreifen. Dieses Gesetz stellt strikte Regeln auf, was Parteien in Deutschland dürfen und was nicht – und wir könnten es erweitern, um die Nutzung von Social Bots im Wahlkampf zu verbieten.

Was wir tun können

Recht und Gesetz müssen wir auch im Internet durchsetzen. Was offline verboten ist, ist auch online nicht erlaubt. Strafbare Hass-Postings und rechtswidrige Fake News gehören nicht ins Netz. Sie müssen gelöscht und ihre Urheber zur Verantwortung gezogen werden. Dabei ist die Justiz gefordert, aber auch die Unternehmen müssen mehr dafür tun, dass ihre sozialen Netzwerke nicht missbraucht werden. Wer sich für die Geltung von Recht und Gesetz im Internet einsetzt, betreibt keine »Zensur«, sondern verteidigt unseren Rechtsstaat gegen Gesetzesbrecher.

Die wichtigste Strategie gegen Hass, Lügen und Manipulationen im Netz lautet Aufklärung. Wenn wir als Nutzer lernen, Fake News von echten Nachrichten zu unterscheiden, wenn uns bewusst wird, wie Filterblasen entstehen, und wenn wir ein gesundes Misstrauen gegen Postings entwickeln, die in ausfälligem, aufgebrachtem Ton daherkommen – dann kann die neue Rechte das Internet nicht mehr als Brandbeschleuniger missbrauchen. Heute können bereits Kleinkinder ein Smartphone bedienen. Aber es reicht nicht, nur den Umgang mit der Technik zu erlernen. Deshalb gehört auf den Lehrplan der Schulen auch das, was etwas hochtrabend Medienkompetenz genannt wird. Wir brauchen unser eigenes Urteilsvermögen, wir müssen uns im kritischen Denken üben. Je mündiger wir als Bürger im Netz sind, desto geringer die Chancen der Populisten.

Wir können lernen, Social Bots zu enttarnen. Wenn zum Beispiel die Profilbeschreibung eines Accounts leer ist oder nur sinnlos zusammengestoppelte Sätze enthält, handelt es sich oft um einen Meinungsroboter. Auch auf die Zahl und Geschwindigkeit von Tweets sollte man achten. Mehr als

50 Tweets pro Tag und Retweets in Sekundenschnelle sind ein Zeichen dafür, dass hier kein Mensch, sondern eine Maschine am Werk ist. Am einfachsten aber lassen sich Maschinen entlarven, wenn man ihnen Fragen stellt, die Kontextwissen oder auch simples räumliches Denken erfordern. Auf die Frage: Was ist unter deinen Füßen? können Roboter nur selten eine Antwort geben.

Fake News lassen sich oft bereits am Inhalt erkennen: Manche Nachricht ist schon im wahrsten Sinne des Wortes unglaublich. Aber manchmal reicht es nicht, sich auf sein Misstrauen zu verlassen. Dann kann man prüfen: Welche Quellen werden für die Nachricht genannt? Gibt es diese Quellen überhaupt? Auch das Gegenchecken von Bildern und Texten im Netz hilft. Wenn sich die Nachricht nicht auch auf den Seiten von seriösen Fernsehsendern und Zeitungen finden lässt, spricht das für Lügen statt Fakten. Und wenn ein angeblich aktuelles Ereignis mit einem Foto belegt werden soll, das schon seit Jahren im Netz kursiert, ist das ebenfalls ein recht sicheres Zeichen für Fake News.

Bei Hass im Netz ist kluges Handeln nötig. Wo rassistische und beleidigende Kommentare die Debatte bestimmen, zieht sich die Mehrheit der Vernünftigen schnell zurück. Allerdings sollten wir nicht zulassen, dass die Streitkultur in den digitalen Medien von Fanatikern dominiert wird. »Don't feed the troll«, heißt es zwar völlig zu Recht. Doch sie nicht zu füttern bedeutet nicht, dass wir die Trolle gewähren lassen sollten. Wenn sie ein Forum oder einen Newsfeed mit Hass und Verleumdungen überziehen, müssen wir ihnen nicht antworten. Aber wir sollten uns schon die Mühe machen, sie aufzuhalten – zum Beispiel, indem wir strafbare Inhalte melden und löschen lassen.

Es ist gut, dass sich auch im Netz viele Menschen engagieren. Ich denke an Anti-Hass-Gruppen wie #*Ichbinhier* oder *We're watching you*. Die Seite *mimikama.at* gibt Tipps, wie man Fake News erkennt, und enttarnt verbreitete Lügenmeldungen. Solche Initiativen leisten zu der Art von Aufklärung, die wir brauchen, um die Brandstifter auszubremsen, einen äußerst wichtigen Beitrag.

Wir können die Rechten kaum daran hindern, sich im Netz ihre Biotope, ihre hasserfüllten Separees einrichten. Aber wir können etwas dagegen tun, dass sie auch die offenen, demokratischen Bereiche des Netzes kapern, dort Hass und Lügen streuen und damit Vorurteile und Ängste schüren. Dass die zuvor eher versprengten Hasserfüllten durch das Internet viel sichtbarer werden, muss nicht nur schlecht sein. Einerseits bestärkt es sie zwar. Andererseits macht es uns aber auch deutlich, dass wir eine Haltung entwickeln müssen – dass eben, online wie offline, die schweigende Mehrheit nicht länger schweigen darf.

7 Die neue soziale Frage

*Die da oben kümmern sich überhaupt nicht um uns hier
unten.* Und: Wir *wehren uns jetzt gegen die.* Das sind zwei
Grundbausteine der rechtspopulistischen Ideologie. Die
Wortführer der neuen Rechten inszenieren sich als Fürsprecher der kleinen Leute, der »besorgten Bürger«, eben
des Volkes.

Wie verlogen diese Selbstdarstellung ist, führt einmal
mehr in der für ihn charakteristischen Unverfrorenheit US-
Präsident Donald Trump vor. Im Wahlkampf spielte er sich
als Kandidat des »echten Amerikas« auf, der handfesten,
einfachen Menschen, die von den Eliten im Land die Nase
voll hatten. Sein Kabinett hat er dann aus Milliardären und
Multimillionären zusammengestellt.

Ähnlich unlauter geht es zu, wenn bei uns die neue Rechte
behauptet, sie vertrete die Interessen der kleinen Leute. Das
Grundsatzprogramm der AfD bleibt in der Wirtschafts-
und Sozialpolitik weitgehend auf der Linie ihrer marktradikalen Gründer um Bernd Lucke und Hans-Olaf Henkel.
Der gesetzliche Mindestlohn soll ein »Jobkiller«[83] sein, die
Mietpreisbremse gilt bei den Rechtspopulisten als »Plan-
wirtschaft«[84], und das Rentenalter wollen sie am liebsten
auf 70 Jahre heraufsetzen. Wenn sie von Leistung reden,
meinen sie ausschließlich Wirtschaftsleistung. Als »zentrale
Prinzipien« führt das AfD-Programm »Eigentum, Eigen-

verantwortlichkeit und freie Preisbildung« auf.[85] Da wird
unbeirrt auf das Recht des Stärkeren gesetzt, und die sozial
Schwachen können sehen, wo sie bleiben. Einer der AfD-
Gründungssprecher sann sogar öffentlich darüber nach,
Arbeitslosen das Wahlrecht zu entziehen – als »unproduk-
tiver« Teil der Bevölkerung hätten sie kein Recht, die Ge-
schicke unseres Landes mitzubestimmen.[86]

Die AfD fordert, die Bundesagentur für Arbeit zu schließen und deren Aufgaben komplett auf die Kommunen ab-
zuwälzen.[87] Das käme einer Rückkehr in die ersten Jahre
der Weimarer Republik gleich. Dass 1927 in Deutschland
die Arbeitslosenversicherung eingeführt wurde, hatte eben
seinen Grund darin, dass die Kommunen mit der Versorgung der Arbeitsuchenden überfordert waren. Schon
damals. Und heute, in Zeiten der Globalisierung, wieder
zur kommunalen Arbeitsvermittlung zurückzukehren wäre
völlig abwegig.

Die Vorschläge der Rechtspopulisten für »Vereinfachun-
gen« und für ein »Ende der Überregulierung« im Wirt-
schaftsleben zielen allesamt darauf ab, die Arbeitnehmer zu
schwächen. Sie höhlen den betrieblichen Arbeitsschutz aus,
verringern die Mitbestimmung, sabotieren den Datenschutz
für die Beschäftigten. Und sei es, dass sie eine Vermögensteuer verhindern, Erbschaftsteuern abschaffen und bei der
Einkommensteuer einen Stufentarif einführen will – allent-
halben entpuppt sich die AfD in ihren wirtschafts- und
sozialpolitischen Vorstellungen als Recyclinghof für ideologische Rezepte, deren Untauglichkeit zulasten der kleinen
Leute längst erdrückend bewiesen ist.

Dazu passt auch ihr Leitsatz: »Je mehr Wettbewerb und
je geringer die Staatsquote, desto besser für alle.«[88] Das ist
purer und offensichtlich unbelehrbarer Neoliberalismus.

Als hätte es die Krisen und Verwerfungen des »entsicherten Jahrzehnts« nie gegeben und als hätte der Deregulierungswahn nicht auch in Deutschland verheerende Folgen gezeitigt – von prekären Leiharbeitsmodellen einerseits bis zu den Bonus-Exzessen in den Vorstandsetagen andererseits –, sodass die Schere zwischen Arm und Reich heute viel breiter klafft, als sie es in einem sozial gerechten Staat tun sollte. In den aktuellsten Zahlen des Bundessozialministeriums ausgedrückt: Die wohlhabendsten zehn Prozent der deutschen Bevölkerung verfügen über 53 Prozent des Privatvermögens. Hingegen entfällt auf die »unteren« 50 Prozent der Bevölkerung nur noch ein Prozent des Privatvermögens.[89] Angesichts dieser Entwicklung nach einem weiteren Rückzug des Staats zu rufen, ist blanker Hohn.

»Je mehr Wettbewerb und je geringer die Staatsquote, desto besser für alle« – das stimmt eben nicht. Ein schwacher Staat kommt allein den Reichen zugute. Um die wirtschaftspolitischen Vorschläge der AfD umzusetzen, müssten staatliche Dienste und Leistungen drastisch gekürzt oder gleich ganz abgeschafft werden. Wer heute noch die marktradikale Heilslehre verkündet, hat eines ganz sicher nicht im Sinn: das Wohl der einfachen Leute.

Kein Wunder, denn die führenden Politiker der neuen Rechten kommen selbst aus der Elite. In der Gründungszeit der AfD dominierten Wirtschaftsprofessoren und ein ehemaliger Präsident des Bundesverbands der Deutschen Industrie. Heute haben ein pensionierter Staatssekretär, eine gebürtige Herzogin und viele Beamte das Sagen. Und im Berliner Abgeordnetenhaus sitzen in keiner anderen Fraktion mehr Abgeordnete mit Doktortitel als in der AfD-Fraktion.[90] Dass gerade dieses Führungspersonal den Lebenswelten der kleinen Leute nahestehe, kann niemand ernstlich behaupten. Dennoch besagt ein Klischee über die neue Rechte, sie fange die »Abgehängten« unserer Gesellschaft auf. Das Klischee hält sich hartnäckig, und besonders gern wird es in bildungsbürgerlichen Kreisen bemüht. Es greift nicht nur zu kurz, sondern ist zudem heikel, weil da ein Dünkel mitschwingt. Nach dem Motto: *Nur Arme und Ungebildete können den rechten Parolen auf den Leim gehen.*

Um es klar zu sagen: Diese Haltung bringt uns überhaupt nicht weiter, wenn wir uns gegen die Rechtspopulisten zur Wehr setzen wollen. Unsere Gesellschaft neigte in den letzten zwei Jahrzehnten in einem unguten Maß dazu, ganzen Bevölkerungsteilen einen abwertenden Stempel zu verpassen und sie auf diese Weise praktisch aufzugeben. So geschah es, als in den Nullerjahren Millionen von Menschen in Deutschland zum »Prekariat« erklärt wurden, bei dem so gut wie keine Hoffnung bestehe, dass es aus einem bildungsfernen, fürsorgefinanzierten Dämmerzustand je herausfinden würde. So geschah es, als bestimmte, stark von islamischem Fundamentalismus oder auch von Bandenkriminalität geprägte Migrantenmilieus als Parallelgesellschaften ohne jede Aussicht auf Integration eingeordnet wurden. Und so geschieht es heute, wenn man den Wählern der neuen Rechten pauschal das Etikett »abgehängt« anheftet.

Manche Journalisten verfallen ins gegenteilige Extrem und titeln »In Dresden marschiert die Mittelschicht«, wenn sie über Pegida berichten.[91] Als sei die demografische Zusammensetzung der »Abendspaziergänge« identisch mit der allseits beschworenen Mitte der Gesellschaft, gerade so, wie es die neue Rechte uns weismachen will. In solchen Schlagzeilen schwingt eine publizistische Lust am Untergang mit, die ebenso fragwürdig ist wie der Abstempel-Dünkel: als stünden wir gerade vor einem gesamtgesellschaftlichen Rechtsruck der Art, wie ihn Ungarn, Polen oder die USA in diesen Jahren durchmachen. Davon aber sind wir, bei aller angebrachten Besorgnis über den Aufstieg der neuen Rechten, weit entfernt. Es stimmt, viele Pegidisten gehören dem Mittelstand an – doch sie repräsentieren nicht *die Mittelschicht*, sondern eben einen Teil der Mittelschicht, der für rechtspopulistisches Denken anfällig ist. Dieser Teil bildet bei uns nicht die Mehrheit, weder in der Mittelschicht noch in anderen sozialen Schichten.

Wir dürfen uns dem Hang zu Verallgemeinerungen, gleich ob in der einen oder in der anderen Richtung, nicht hingeben. Erstens können wir auf diese Weise das Problem des Rechtspopulismus in unserer Gesellschaft nicht erfassen. Und zweitens tun wir damit letztlich nichts anderes als die neue Rechte selbst, die ihr ganzes Weltbild auf diskriminierenden Verallgemeinerungen aufbaut. Dieser Strategie dürfen wir uns nicht anpassen. Was wir tun müssen, ist genau hinsehen. Differenzieren.

Da es sich bei jeder Umfrage wieder herausstellt, sollte es sich inzwischen auch herumgesprochen haben: Einen Großteil ihrer Unterstützung erhalten die Rechtspopulisten nicht von tatsächlich Benachteiligten, sondern von Menschen, denen es objektiv betrachtet nicht schlecht geht. Zwar belegt die *Mitte*-Studie der Friedrich-Ebert-Stiftung für 2016 eine gewisse Zunahme beim Anteil der Einkommensschwachen unter den AfD-Sympathisanten[92] (nachdem eine Erhebung des Instituts der Deutschen Wirtschaft Köln von 2014 noch ergeben hatte, dass gut ein Drittel der AfD-Anhänger zu den reichsten 20 Prozent der Bundesbürger zählte[93]). Doch nach wie vor lebt die Hauptklientel der neuen Rechten in überdurchschnittlich gesicherten Verhältnissen.

Allerdings *befürchtet* sie weitaus stärker als andere Bevölkerungsgruppen, dass sich die Dinge zum Schlechteren wenden könnten. Das ist der entscheidende Punkt. Eine eher diffuse Angst vor Verschlechterung der eigenen Lebensverhältnisse treibt die »besorgten Bürger« um. 45 Prozent der Deutschen insgesamt, aber 78 Prozent der AfD-Wähler empfinden die Globalisierung als Bedrohung. Und 34 Prozent der Deutschen insgesamt, aber 49 Prozent der AfD-Wähler bezeichnen sich selbst als »wirtschaftlich verunsichert«. Diese Zahlen wiederum stammen aus der *eupinions*-Studie der Bertelsmann-Stiftung aus dem November 2016.[94]

Solche Befürchtungen macht sich die neue Rechte zunutze und spielt hemmungslos auf der Klaviatur von Neid und Abstiegsängsten, am liebsten verbunden mit rassistischen Unterstellungen. Überdeutlich wird diese Masche in den ständigen Verweisen auf Flüchtlinge, denen angeblich »alles« bezahlt wird, während »das Volk« sich mit zusammengestrichenen Sozialleistungen und maroder Infrastruktur zu plagen habe.

Ein flüchtiger Blick ins AfD-Programm zeigt, wie ernst es den Rechtspopulisten mit dem Schimpfen über soziale Schieflagen in unserer Gesellschaft ist: nämlich kein bisschen. Ein Mangel an staatlicher Unterstützung für die wirtschaftlich Schwachen muss in der neurechten Rhetorik nur dann herhalten, wenn sich damit Stimmung gegen die Flüchtlingspolitik der Bundesregierung machen lässt. Hingegen weht im Parteiprogramm der eisige Wind des »marktförmigen Extremismus«, um einen Begriff aus der *Mitte*-Studie zu verwenden.[95] Gemeint ist damit eine Haltung, die radikale Wettbewerbsideologie, eine Bewertung von Menschen nach Kosten-Nutzen-Maßstäben und Ressentiments gegen Minderheiten verbindet.

Die Sorgen der kleinen Leute sind für die neue Rechte allein da von Interesse, wo sie sich für Propaganda zulasten der noch Schwächeren ausschlachten lassen: zulasten der Flüchtlinge, die oft alles verloren haben und aus für »besorgte Bürger« kaum vorstellbaren Notlagen zu uns kommen. Wenn es gegen die Geflüchteten geht, ist es den AfD-lern jederzeit recht, eine Neiddebatte anzuzetteln. Handelt es sich aber um die Frage nach einer Vermögensteuer, um die Reichsten im Land angemessener an den gesellschaftlichen Aufgaben zu beteiligen, oder um die Frage nach Arbeitnehmerrechten und einer verlässlichen Regelung beim Mindestlohn, dann soll das Volk gefälligst alle Zumutungen hinnehmen, die die Führungsriege der »Alternative für Deutschland« aus der neoliberalen Mottenkiste hervorkramt.

Ein Lieblingsargument derer, die finden, man solle sich der neuen Rechten möglichst verständnisvoll nähern, lautet: Wir müssen die Ängste der Leute ernst nehmen. Auf den ersten Blick ein vernünftiger Satz, aber Ängste ernst zu nehmen heißt zu erforschen, was ihre tieferen Gründe sind. Anstatt sich neurechte Töne und Kurzschlüsse zu eigen zu machen, sollten die Kräfte der Demokratie auch über die akuten Ereignisse und Angstauslöser hinaus besser hinschauen, wo die Sorgen liegen, die von den Rechtspopulisten für ihre Stimmungsmache ausgenutzt werden. Warum haben Menschen Zweifel, dass wir auch in Zukunft weiter gut leben werden?

Ich meine, wir müssen die soziale Frage wieder stellen. Die Frage nach der Verteilungsgerechtigkeit in unserer Gesellschaft. Die Frage nach anständigen Löhnen, nach bezahlbarem Wohnraum, nach gesicherter Versorgung im Alter. Wenn die Politik in den letzten beiden Jahrzehnten versäumt hat, Sorgen der Bevölkerung ernst zu nehmen, dann vor allem diese. Zugleich haben wir zugelassen, dass Rechtspopulisten die echten Sorgen verschleiern, indem sie sie durch herbeigeredete Ängste ersetzen.

Es ist keine »Islamisierung des Abendlands« zu befürchten. Trotz der Bedrohung durch den Terror ist Deutschland keineswegs ein sicherer Hafen für Terroristen. Unser Land wird auch nicht von notorisch kriminellen Flüchtlingen in einen Zustand der Rechtlosigkeit getrieben. All dies sind Schreckgespenster, die von der neuen Rechten genutzt werden, um die Bürger für ihre feindselige Ideologie zu gewinnen – und mit denen sie die wirklich drängenden Themen unserer Gesellschaft verdeckt. Wenn Teile der Bevölkerung Angst vor kriminellen Asylbewerbern bekunden, vor dem Islam oder gar vor einer »Abschaffung« Deutschlands, dann heißt solche Ängste ernst zu nehmen nicht, sie wider besseres Wissen zu bestätigen. Solche Ängste ernst zu nehmen kann vielmehr nur bedeuten, die realen Probleme zu lösen, unbegründete Sorgen konsequent wieder abzubauen – und ein Bewusstsein für die tatsächliche Lage im Land zu schaffen.

Hass und Misstrauen gegen das »Fremde« anzufachen, diejenigen zu verachten, die als nicht dazugehörig betrachtet werden, ist seit jeher ein Merkmal radikal rechter Ideologien. Wenn ihre Feindbilder in Teilen der gesellschaftlichen Mitte verfangen, ist das aber kein Indiz dafür, dass eben doch etwas Wahres dran wäre – sondern lediglich dafür, dass die rechten Demagogen mit ihrer Augenwischerei Erfolg gehabt haben. Es gelingt ihnen, reale Sorgen an vorgeschobenen Problemen oder Sündenböcken festzumachen. Diesen Mechanismus müssen wir aufzeigen und vereiteln. Und wir müssen uns den echten Problemen widmen anstatt den bloß eingeredeten.

Dass immer mehr Menschen in Deutschland ihre Miete nicht bezahlen können: Das ist ein echtes Problem. Dass Familien immer öfter zwei Einkommen brauchen, um über die Runden zu kommen; dass viel zu viele Menschen jahrelang auf Hartz IV hängen bleiben und dann als stigmatisiert gelten; dass diejenigen, die Arbeit haben, häufig nur befristete Verträge bekommen, obendrein zu oft in Leih- und Zeitarbeitsmodellen, die das Leitbild der sozial abgesicherten, dauerhaften Beschäftigung aushöhlen; dass Alleinerziehende ein erhöhtes Armutsrisiko trifft; dass viele Rentner nur so gerade das Existenzminimum haben: Das sind echte Probleme.

Und es sind Themen, die in den großen politischen Diskussionen der letzten 20 Jahre in der Tat vernachlässigt wurden. Geblendet vom neoliberalen Deregulierungs- und Privatisierungswahn, der leider auch Teile der SPD phasenweise befiel, verlor die Politik die soziale Frage aus dem Blick. Im Rausch der entfesselten Marktkräfte galt es, platt gesagt, als uncool, sich noch mit den Belangen der Schwachen und Hilfsbedürftigen zu befassen. Das waren eben Modernisierungsverlierer, und für Verlierer hatte eine Ideologie der Siegertypen und der Win-win-Situationen nichts übrig.

Die weltweite Sause des Neoliberalismus ist inzwischen weitgehend im Katzenjammer versackt, der Karren wurde bekanntlich katastrophal gegen die Wand gefahren. Und auf einmal riefen all die Staatsverächter nach staatlicher Hilfe. Da mussten Banken »gerettet« und »systemrelevante«

Unternehmen mit reichlich Steuergeldern vor der Pleite bewahrt werden, während Volkswirtschaften tief in die Krise stürzten und – siehe die anhaltend katastrophal hohe Jugendarbeitslosigkeit in Griechenland, Italien und Spanien – ganze Generationen um eine gedeihliche Zukunft gebracht wurden. Im Vergleich zu anderen Ländern kam Deutschland, wie wir wissen, sehr glimpflich davon. Doch die Verwerfungen der Finanzkrise haben auch bei uns das Vertrauen der Bürger in die Politik nachhaltig erschüttert. Als eine Langzeitfolge dieser Krise hat sich im Bewusstsein der Bevölkerung ein überbordendes Gefühl von Ungerechtigkeit festgesetzt, das sich nicht unbedingt an der eigenen wirtschaftlichen Lage bemisst: ein Gefühl, dass die Reichen reicher werden und die Armen zahlreicher.

Grundsätzlich mag es sich bei diesem Eindruck um ein ähnliches Phänomen handeln wie beim subjektiven Sicherheits- bzw. Bedrohungsempfinden, das in Deutschland das Ausmaß der tatsächlichen Bedrohung oft übersteigt. Hinsichtlich der Ungerechtigkeit aber zeigt die gewachsene Kluft zwischen Arm und Reich: So ganz trügt der Schein nicht. Oder ist es etwa gerecht, dass seit dem Jahr 2000 in Deutschland die Einkommen aus Vermögen und unternehmerischer Tätigkeit um 30 Prozent gestiegen sind, das durchschnittliche Arbeitseinkommen aber nur um fünf Prozent?[96]

Und ein weiteres, vielleicht noch mulmigeres Gefühl schließt sich an – das Gefühl, dass das Primat der Politik nicht mehr gelte. Dass sie ihre Gestaltungsmacht an Konzerne und Spekulanten abgetreten habe, dass sie keine wirksame Kontrolle mehr ausübe. Dass die demokratischen Institutionen und die gewählten Regierungen das Spiel gegen einen entfesselten Kapitalismus des digitalen Zeitalters verloren hätten.

Einerseits möchte ich da energisch widersprechen: Nein, die Politik hat das Spiel noch nicht verloren! Andererseits: Die Gefahr besteht, dass sie es verliert. Ein alarmierendes Beispiel finden wir sogar innerhalb der EU – Griechenland, das seit Beginn der Krise am Tropf internationaler Gläubiger hängt und dessen Handlungsspielräume vor allem in der Wirtschafts- und Finanzpolitik infolgedessen so stark eingeengt sind, dass seine demokratische Souveränität auf dem Spiel steht.

Es ist durchaus bizarr, wie oft im Hinblick auf die Flüchtlingspolitik der Bundesregierung das Angstwort vom »Kontrollverlust« bemüht wurde – und wie selten im Vergleich dazu der tatsächliche Kontrollverlust Thema war, den die Banken- und Eurokrise seit 2008 für demokratische Regierungen bedeutet hat. Die These scheint mir nicht ganz abwegig, dass hier eine Verschiebung vorliegt. Über den einen, den wahrhaft gefährlichen Kontrollverlust wird eher geschwiegen. Dafür beschreit man einen anderen Kontrollverlust, um das Gefühl, die Politik habe die Zügel nicht mehr in der Hand, einmal nach Kräften zu artikulieren. Und natürlich ist es viel einfacher, viel fassbarer, die damit verbundenen Sorgen an einer »fremden« Minderheit festzumachen als an unverständlichen, abstrakten Vorgängen des internationalen Wirtschaftslebens.

Der großen Frage nach der Globalisierung – und wie wir mit ihr umgehen sollen – wird sich das nächste Kapitel widmen. Bleiben wir vorerst bei der sozialen Frage. Das Klima der Verunsicherung, das die Rechtspopulisten für ihren Aufstieg brauchen, haben sie zu einem wesentlichen Teil der Finanzmarktkrise von 2008 – genauer gesagt: dem seither vorherrschenden Krisengefühl – zu verdanken. Und obwohl die sozialpolitischen Angebote, die sie machen, hanebüchen bis nicht vorhanden sind, gelingt es ihnen, die Unzufriedenheit der Bürger mit den etablierten politischen Kräften für ihre Zwecke zu nutzen. Eben bis hin zu der paradoxen Situation, dass in Deutschland ausgerechnet die Partei mit der gewissenlosesten neoliberalen Agenda, nämlich die AfD, als Auffangbecken für die Verunsicherten gilt. Mit dem Anliegen einer gerechten Gesellschaft hat die AfD, wie überhaupt die neue Rechte, nichts am Hut. Ihre Vision von Deutschland ist ausgrenzend, antidemokratisch und zutiefst unsozial. Sie läuft den Interessen der kleinen Leute zuwider, sie hat dem Volk nichts zu bieten außer einer Flucht in Ressentiments.

Was die Rechtspopulisten mit ihrer Rhetorik bedienen, ist eine Sehnsucht nach Stärke. Nach Übersichtlichkeit, nach klaren Verhältnissen, nach simplen Antworten. Wenn etwas nicht gut läuft im Land oder wenn sich Sorgen breitmachen, dann sind daran die »Fremden« schuld. Und die »Altparteien«. So einfach ist das angeblich.

Unsere große Aufgabe, was die soziale Frage betrifft, ist nicht nur, für unsere Zeit befriedigende und auch dauerhaft tragfähige Antworten zu finden. Sondern erst einmal, die soziale Frage überhaupt wieder deutlich hörbar zu stellen. Und nicht zuzulassen, dass sie *verstellt* wird. Unsere Gesellschaft muss wieder über ihre wirklich drängenden Themen diskutieren, über Mietwucher, über prekäre Beschäftigungsverhältnisse, über Armut und Armutsrisiken, über faire Steuern und Chancen für alle – anstatt sich von den Rechtspopulisten deren Scheinthemen aufdrängen zu lassen.

Was wir tun können

Politisch gilt es hier nach wie vor einiges zurechtzurücken. Die neoliberale Wirtschafts- und Gesellschaftspolitik der letzten Jahrzehnte hat unübersehbare soziale Schieflagen verursacht, und diese Tendenz ist noch längst nicht ausreichend korrigiert. Wir müssen den Mut aufbringen, uns in der politischen Debatte nicht mehr vor sozialen Themen zu drücken. Wir müssen uns auch von der Ausrede verabschieden, diese Themen seien nicht zeitgemäß. Nie waren sie dringlicher als heute.

Da, wo wir schon eingegriffen und Verbesserungen erzielt haben – sei es mit dem gesetzlichen Mindestlohn, der Mietpreisbremse oder der Eindämmung der Leiharbeit –, sollten wir das Erreichte selbstbewusst vertreten und energisch publik machen; allerdings auch geduldig erklären, wer blockiert hat, weshalb wir nicht noch mehr erreicht haben.

Da, wo weiterhin sozialpolitischer Handlungsbedarf besteht, müssen wir die Probleme klar beim Namen nennen – und sie angehen. Zum Beispiel das nach wie vor zu undurchlässige Bildungssystem in Deutschland, das dazu beiträgt, prekäre Lebensverhältnisse über Generationen hinweg zu zementieren, anstatt sie zu überwinden. Ein Bildungssystem, in dem die Lebenswege viel zu einseitig von den frühen Weichenstellungen bestimmt werden und das den Menschen allzu selten später eine zweite Chance gibt.

Auch der Frage, wie wir verhindern können, dass unsere Gesellschaft »überaltert« und die jüngeren Generationen auf Dauer die Last der Renten nicht mehr tragen können, müssen wir uns widmen. (Und werden dabei übrigens sehr schnell beim notwendigen Einwanderungsgesetz landen, zu dem unser Zuwanderungsgesetz von 2002 ausgebaut werden müsste, das die CDU/CSU aber leider aus kurzsichtigen Motiven verhindern will.)

Ein wichtiges Schlagwort ist: mehr Leistungsgerechtigkeit. Wir müssen sicherstellen, dass die Arbeitenden bei uns angemessen entlohnt werden. Dass auf der einen Seite die unteren und mittleren Einkommen nicht überproportional mit Abgaben belastet und auf der anderen Seite die Wohlhabenden ihrer Wirtschaftskraft entsprechend an den gesellschaftlichen Aufgaben beteiligt werden. Weiter zurückdrängen müssen wir die Leih- und Zeitarbeitsmodelle, die ein Hauptsymptom für die neoliberale Prekarisierung des Arbeitsmarkts sind.

Als ein Motto sollte gelten: Gegen Steuerflüchtlinge vorgehen anstatt gegen Flüchtlinge zu hetzen! Selbst der jeden Linksdralls unverdächtige *Focus* beziffert die Summe, die dem deutschen Fiskus pro Jahr durch Steuerflucht entgeht, auf 100 Milliarden Euro.[97] Das ist ein Vielfaches der Kosten, die dem Staat durch Flüchtlinge aus Kriegs- und Krisengebieten entstehen. Doch ausgerechnet beim steuerlichen Bankgeheimnis – das für Steuerhinterzieher die wichtigste Verdunklungsmöglichkeit bildet und dringend abgeschafft gehört – entdeckt die AfD plötzlich ihr Herz für den Datenschutz.[98]

Auch abseits der Politik können wir einiges tun, um dem Missverständnis, die neue Rechte kümmere sich um die Belange der kleinen Leute, entgegenzuwirken. Die AfD mit ihrem knallhart unsozialen Grundsatzprogramm macht es uns leicht, die Widersprüche zwischen dem Anspruch »Wir sind die Partei des Volkes« und der marktradikalen Agenda aufzuzeigen. Was wir dabei aber vermeiden sollten, sind stigmatisierende Verallgemeinerungen in Bezug auf jene, die sich von der neurechten Mogelpackung verführen lassen. Das Gerede über Abgehängte bringt uns auf den falschen Weg. Ausgrenzende Pauschalurteile sollten wir grundsätzlich den Rechten überlassen, unsere eigene Rhetorik muss konstruktiv bleiben. Wir schreiben niemanden ab, wir geben jedem die Chance, sich auf die Werte der Demokratie zurückzubesinnen.

Den Zusammenhang zwischen der weltweiten Finanzkrise und der Populismuswelle sollten wir ohne Scheu benennen und ergründen. Denn das ist die beste Methode, um zu entlarven, wie die Rechtspopulisten Scheinprobleme an die Stelle echter Probleme und herbeigeredete Bedrohungen an die Stelle realer Gefahren setzen.

Wenn sie wieder über einen angeblich außer Kontrolle geratenen Ansturm von Flüchtlingen zetern, können wir ruhig auch nachfragen, wie sie es denn mit dem tatsächlich außer Kontrolle geratenen Abstrom von Steuerflüchtlingen halten. Und wenn sie wieder darauf herumreiten, dass das Volk von der Zuwanderung überfordert sei, können wir uns durchaus einmal bei ihnen erkundigen, was eigentlich ihr Konzept zum Umgang mit der auf den Kopf gestellten Alterspyramide sei? Das AfD-Programm hält dazu genau zwei Vorschläge bereit. Erstens, unser Renteneintrittsalter soll immer weiter nach hinten verschoben werden.[99] Und zweitens, die »deutschstämmigen Frauen« sollen mehr Kinder bekommen.[100] Sind das Bausteine für eine künftige Gesellschaft, in der wir leben wollen?

Wenn sich die Rechtspopulisten als Anwälte der kleinen Leute aufspielen, kann die Gegenstrategie ganz schlicht lauten: ihnen selbst die soziale Frage stellen.

8 Wie gehen wir mit den »Monstern« um?

Die EU mit ihrer labyrinthischen Bürokratie, ihren schwerfälligen Entscheidungsprozessen und all ihren scheinbar so kleinlichen Regelungen. Die Globalisierung von Handel, Kommunikation und Konzernmacht. *Big Data* und die grenzüberschreitende Massenüberwachung durch Geheimdienste wie die amerikanische NSA oder das britische GCHQ. Viele der Themen, mit denen sich die Politik heute befassen muss, haben monströse Ausmaße. Da ist die Versuchung groß, sie auch zu Monstern zu erklären – zu gigantischen, undurchschaubaren Bedrohungen für unsere nationale Selbstbestimmung und Eigenart. Zu Monstern, gegen die man sich entweder verbarrikadiert oder die einen auffressen werden.

Auf dieser Monstererzählung baut die neue Rechte weite Teile ihrer Ideologie auf. Hinter der Sehnsucht nach einfachen Lösungen, nach Übersichtlichkeit und Homogenität, wie die Populisten sie nähren, steht immer eine Angst vor dem Unverständlichen: vor dem, was vertraute Grenzen überschreitet und sich nicht in gewohnte Kategorien fassen lässt – oder diese infrage stellt.

Eine gewohnte Kategorie kann zum Beispiel Deutschland als Nationalstaat sein. Oder auch die Deutschen als Leute, die allesamt so ähnlich aussehen, sprechen und leben wie man selbst. Wenn es sich so verhält, dann sind das Unverständliche dementsprechend die »Fremden« – und eben die internationalen oder supranationalen Organisationen, an die der Nationalstaat Zuständigkeiten abtritt.

Dieses Buch ist nicht der Ort, um zu diskutieren, ob das Festhalten am Altbekannten und das Misstrauen gegen Veränderungen etwas Natürliches sind oder kulturell bedingt. Darüber herrscht ja auch unter Wissenschaftlern keineswegs Einigkeit. Auf dem Feld der Politik aber gilt so oder so: Wir haben es mit einer Welt zu tun, deren Gestalt von Menschen bestimmt ist und die sich unentwegt wandelt. Diesen Wandel können wir nicht leugnen, sondern es ist unsere Aufgabe, ihn zu gestalten.

Wie wir ihn gestalten – zum Beispiel ob wir es als eine Entwicklung hin zum Besseren betrachten, wenn traditionelle, geschlossene Gesellschafts- und Rollenbilder an Einfluss verlieren, oder ob wir finden, man müsse sich in bewegten Zeiten vor allem ans Bewährte halten –, das hängt davon ab, wo wir politisch stehen. Gemeinsam ist den Kräften der Demokratie aber die Einsicht, dass es ums Gestalten geht.

Die neue Rechte sieht das anders. Sie möchte gesellschaftlichen Wandel gar nicht gestalten, sondern ihn verhindern beziehungsweise rückgängig machen. Oder zumindest möchte sie ihren Anhängern vorgaukeln, das sei möglich. Aus der Angst vor dem Unvertrauten speist sie die Vorurteile und die Wut, mit denen sie ihre Klientel mobilisiert. Die neue Rechte lebt davon, dass sie Monster heraufbeschwört, gegen die sie angeblich zu Feld zieht.

Das Monster »Kanzlerinnendiktatur« ist dabei nur die erste Stufe. Jenseits der deutschen Grenzen lauert der »Moloch Brüssel«[101]: ein Ungeheuer, das sich ständig in nationale Belange einmischt. Mit seiner Regelungswut pfuscht es in unsere Lebensweise hinein, es will uns vorschreiben, wie krumm unsere Gurken sein und wie viel Strom unsere Kaffeemaschinen verbrauchen dürfen, und es will – so predigen die rechten Kritiker – Deutschland damit nicht nur um heilige Hoheitsrechte, sondern um seine eigene, unverwechselbare Identität bringen.

An die Stelle der souveränen Nationalstaaten, die der natürlichen Einteilung der Völker in Lebensräume gemäß seien, wolle der »Moloch Brüssel« einen von ihm und seiner grauen Beamtenarmee beherrschten seelen- und sittenlosen riesigen Zentralstaat setzen: die »EUdSSR«, also eine *Europäische Union der sozialistischen Sowjetrepubliken.*[102]

In diesem Schmähbegriff, in der sprachlichen Kombination von Stalins Völkergefängnis mit der friedlichen Einigung Europas, offenbart sich der höchste Grad an neurechter Wortspielkunst. Er erfüllt zwei rhetorische Zwecke: Auf grelle und griffige Weise drückt er ein Unbehagen mit dem Projekt einiges Europa aus. Und zugleich brandmarkt er das »Monster EU« als eine linke, eine gar kommunistische Zeiterscheinung, die es, wie schon die Sowjetunion, abzuwickeln gelte.

Wer »EUdSSR« sagt, erhebt sich über das Anliegen, den Kontinent wirtschaftlich und politisch zusammenzuführen. Falls er Geschichtsbewusstsein simulieren will, wird er noch behaupten, der heutige Moloch habe mit den hehren Ideen von Adenauer und de Gaulle nichts mehr gemein. Oder der Wunsch, die Völker Europas zu einigen, sei naiv und angesichts der gegenwärtigen Bedrohungen nicht mehr zeitgemäß.

Meist aber versuchen die Rechtspopulisten bei ihrem Europa-Bashing gar nicht erst, eine historisch informierte Haltung einzunehmen. Sie begnügen sich damit, pauschal zu unterstellen, dass die EU gegen die Interessen der Deutschen arbeite. Und wenn ein AfD-Mann sein persönliches Glückwunschvideo zum Brexit dreht, dann klingt das so: »Liebe Briten, ihr seid Vorbild für uns, Vorbild im Kampf für ein freies Land, für ein souveränes Volk.« Der Gratulant fährt fort: »Unser Kampf wird so lange andauern, bis die deutschlandabschaffende Kamarilla in Berlin von Claudia Roth über Joachim Gauck, Wolfgang Schäuble bis Angela Merkel in den unverdienten politischen Ruhestand verabschiedet wird.«[103]

Da ist es also wieder, das Kartell der »Altparteien«, das von der CDU bis zu den Grünen reicht. Angeführt von der »Kanzlerdiktatorin« tut die »Kamarilla in Berlin« das, was die »EUdSSR« verlangt: Sie gibt die Souveränität des Volkes preis und betreibt die Abschaffung Deutschlands. Als »Kamarilla« bezeichnet man übrigens eine Gruppe von Günstlingen eines Herrschers – in diesem Fall wohl des »Molochs Brüssel« –, die es sich ohne echte Legitimation anmaßt, Macht auszuüben. Indem sie diesen Begriff auf Politiker anwenden, die durch freie Wahlen ins Amt gekommen sind, machen die Rechten einmal mehr deutlich, was sie von der parlamentarischen Demokratie halten.

Hinter der Pseudologik – dass die Einigung Europas voranzutreiben heiße, die Völker um ihre Freiheit zu bringen – verbirgt sich, wie so oft bei AfD-Funktionären, die rechtsextreme Mogelpackung des »Ethnopluralismus«. Ich bin im Zusammenhang mit der »identitären Bewegung« schon kurz darauf zu sprechen gekommen. Der »Ethnopluralismus« ist ein neumodisches Gewand für die Rassenideologie. Sie kommt nun ohne das Reizwort *Rasse* aus, bleibt ansonsten aber ganz die alte. Jedes Volk habe seinen Platz, an den es gehöre, verkünden die »Ethnopluralisten«

und ziehen aus dieser These den Schluss, die Kulturen dürften sich nicht vermischen. Wenn man einem Volk zumute, dass Fremde sich auf seinem angestammten Territorium ausbreiten, müsse es sich, um seiner Selbsterhaltung willen, gegen diese Fremden zur Wehr setzen.[104] Warum das (auch abgesehen vom latenten Aufruf zur Gewalt) Pseudologik ist? Erstens wird so getan, als seien Ethnien und ihre Territorien etwas Naturgegebenes. Das sind sie aber nicht – sie sind das Ergebnis unablässiger Migrationsbewegungen, teils freiwilliger, teils unfreiwilliger Art. Angestammt ist da wenig. Staatsgebiete sind durch politische Entscheidungen, durch Feldzüge, Kriege und Verträge entstanden; manche wurden zusammenerobert, andere zusammengeheiratet.

Zweitens ist die Forderung nach Reinheit – auch wenn man vorgibt, man spreche dabei nicht von Rassen, sondern von Kulturen – schlicht haltlos. Bevölkerungen und ihre Kulturen haben sich fast überall auf der Welt (außer in sehr abgelegenen Gebieten) aus jahrhunderte-, wenn nicht jahrtausendelanger Mischung unterschiedlicher und ihrerseits auch bereits gemischter Gruppen ergeben. Die Geschichte endet nicht. Ein Volk ist nie eine unveränderliche Größe, sondern immer eine Gemeinschaft im Wandel. Und wie gesagt, unsere Aufgabe als Politiker ist es, diesen Wandel im Sinn unserer demokratischen Werte friedlich zu gestalten, nicht jedoch, ihn zu bekämpfen.

Die neue Rechte baut auf der einen Seite Monster auf, um die Angst vor dem Unvertrauten anzuheizen, und auf der anderen Seite stellt sie einen Popanz vom »Eigenen« als Gegenbild hin. Dieses Eigene ist nicht irgendwie nachvollziehbar definiert. Es ist einfach das, was man als »besorgter Bürger« vertraut findet und als unbedrohlich einstuft.

Um seine Souveränität zu wahren, soll sich das Volk gegen die Außenwelt abschotten – Grenzen dicht, internationale Verträge aufkündigen, aus der EU austreten (auch wenn die AfD bei diesem Thema einen ihrer unzähligen Eiertänze aufführt: Die Position »Ihr Briten seid unser Vorbild« ist in der Partei keine Einzelmeinung).

Haarsträubend ist, dass die Rechten den Rückzug in die Kleinkrämerei, den sie propagieren, auch noch mit den Attributen frei und souverän versehen. Wie ein trotziges Kind, das sich in seinem Zimmer einschließt und sagt: »Hier darf ich wenigstens ganz allein bestimmen.«

So verständlich man die Sehnsucht nach überschaubaren Verhältnissen finden mag, an diesem Punkt sollte man sich ein paar Fragen stellen. Wo hat die Öffnung nach Europa mir Freiheiten entzogen – und wo hat sie mir Freiheiten gebracht? Wo schaden mir die internationalen Verflechtungen – und wo profitiere ich davon?

Wer selbstgenügsam auf einem Territorium verweilen will, sein Lebensumfeld und seinen Speiseplan konsequent mit heimischen Erzeugnissen ausstattet und an Begegnungen mit Menschen aus anderen Kulturkreisen kein Interesse hat, für den kann sich eine national abgeschottete Existenz vielleicht frei und souverän anfühlen. Für alle anderen nicht. Hingegen steht es dem Selbstgenügsamen doch frei, seinem Lebenskonzept auch dann treu zu bleiben, wenn sein Land sich der Welt öffnet.

Was Deutschland ja längst getan hat. Das dürfen wir nicht vergessen, wenn Rechtspopulisten beklagen, unser Eigenes sei bedroht. Wir genießen es (oder finden es selbstverständlich), innerhalb der 26 Staaten des Schengen-Raums ohne Grenzkontrollen reisen zu können und in der Eurozone nicht einmal Geld wechseln zu müssen. Unsere Haus-

halte, unsere Autos, unsere Kühlschränke und Kleider-
schränke sind voller Produkte aus aller Welt. Unsere
heutige Kultur – die westliche Kultur; man kann sie auch
die »Kultur des Abendlands« nennen – ist vom internationalen Austausch tief geprägt und ohne ihn gar nicht mehr
denkbar. Als Exportnation beruht unser Wohlstand zu
einem erheblichen Teil auf freiem Handel und offenen
Grenzen. Dem europäischen Binnenmarkt verdanken wir
zudem das Verbraucherrecht, das uns heute als Kunden und
Konsumenten schützt – von den Regeln gegen das unlautere
Kleingedruckte in Verträgen bis zum Widerrufsrecht bei
Online-Einkäufen. Die Abschaffung der Roaminggebühren
für die Handynutzung im Ausland, das Ende des Zuschlags
für die Kreditkartenbezahlung im Netz und die Aufhebung
des Geoblockings, damit wir unser Bundesliga-TV-Abo
bald auch am spanischen Urlaubsort nutzen können: All
das gäbe es ohne die EU nicht. Jeder einzelne Staat hätte
mit Rücksicht auf die Wettbewerbsfähigkeit seiner Unternehmen einen nationalen Alleingang gescheut – nur für die
Europäische Union als Ganze ließen sich diese Regeln
durchsetzen.

Und doch ist Deutschland nach wie vor Deutschland
und weit davon entfernt, sich »abzuschaffen«. Es sei denn,
es demontiert sich selbst, indem es der Welt den Rücken
kehrt. Wer sagt: »Wir wollen raus aus den internationalen
Verflechtungen«, der formuliert keine politische Vision, sondern eine Drohung an die eigene Bevölkerung.

Klimawandel und Umweltschutz, islamistischer Terrorismus und Kriegsverhütung, Spielregeln für digitale Welt und
globale Konzerne und, ja, auch die Begrenzung und Steue-
rung der Zuwanderung von außerhalb Europas: All das sind
Aufgaben, die nicht an nationalen Grenzen haltmachen.

Und grenzüberschreitende Probleme brauchen auch grenzüberschreitende Lösungen.

Hinter der Europäischen Union steht keineswegs ein Komplott, um den Deutschen oder anderen Völkern ihre nationale Identität zu rauben. Die EU dient dazu, nach dem Motto *Gemeinsam sind wir stark* ihren Mitgliedsstaaten eine möglichst gute Position innerhalb des globalisierten Wirtschaftslebens zu sichern. Der Nationalstaat hat nach wie vor eine starke identitätsstiftende Wirkung. Darum wollen wir ihn bewahren. Aber wir müssen ihn um Europa ergänzen – wie Martin Schulz zu Recht sagt: »als supranationale Ebene, die wir brauchen, um unsere Interessen durchzusetzen, weil wir allein zu klein sind. Wenn wir das schaffen, wird Europa eine Weltmacht.«[105]

Womit wir – Stichwort »Weltmacht« – beim größten der Monster wären, gegen die die Rechtspopulisten anzutreten vorgeben: bei der Globalisierung.

Hier ist allerdings noch ein kurzer Einschub fällig. Wenn wir zeigen wollen, dass die Monsterwarnungen der neuen Rechten in die Irre führen, dürfen wir nicht so tun, als seien sie völlig aus der Luft gegriffen. Sie sind maßlos übertrieben und verzerrend, aber sie haben eine reale Grundlage.

Die EU kann in mancher Hinsicht durchaus ein Ungetüm sein. Allerdings ein furchtbar behäbiges, das sich in Debatten verzettelt und bei drängend wichtigen Themen, zum Beispiel bei der Flüchtlingspolitik, keine Linie findet. Aus meiner eigenen Erfahrung kann ich zum Beispiel sagen, dass der EU-Justizministerrat nicht gerade ein Ausbund an Spritzigkeit und Aufbruchstimmung ist. Genauer besehen aber haben die Dinge, die in der EU schieflaufen, fast immer einen Mangel an europäischer Zusammenarbeit als Grund – und nicht etwa ein Zuviel an Brüsseler Macht.

In der Flüchtlingspolitik sind es nationale Egoismen, die verhindern, dass die humanitäre Verantwortung, die Geflüchteten zu versorgen, zu registrieren und über ihre Bleibeperspektive zu entscheiden, gerecht auf die EU-Mitgliedsstaaten verteilt wird.

Im Sicherheitsbereich, um ein weiteres, besonders drängendes Thema zu nennen, verfügt die EU mit dem sogenannten Schengener Informationssystem (SIS) theoretisch über ein kraftvolles Instrument zur internationalen Kooperation der Polizeibehörden. Praktisch aber bleibt dieses Instrument noch immer oft in entscheidenden Momenten ungenutzt – woran wiederum nicht die EU oder das Schengener Abkommen schuld sind, sondern die einzelnen Staaten, die es mit Daten speisen.

Der afghanische Staatsbürger etwa, der Ende 2016 in Freiburg eine Studentin tötete, war bereits in Griechenland wegen eines schweren Gewaltverbrechens auffällig geworden. Er hätte im SIS registriert sein müssen – dann wären die deutschen Behörden gewarnt gewesen. Aber er war nicht verzeichnet.

Und Anis Amri, der Attentäter vom Berliner Weihnachtsmarkt im Dezember 2016, der sich als Flüchtling getarnt hatte, war über die italienische Insel Lampedusa in die EU gekommen. Eigentlich müssen Flüchtlinge bei der Ersteinreise in der Datenbank EURODAC erfasst werden, damit klar ist, welches Land für ein Asylverfahren zuständig ist und wohin der Betroffene geschickt werden kann, wenn er in einem anderen Mitgliedsstaat aufgegriffen wird. Doch Amri fehlte in der Datei.

In beiden Fällen lag das Problem nicht bei der EU, sondern es waren nationalstaatliche Behörden, die Registrierungen versäumten.

Wenn die EU zu versagen scheint, dann fast immer da, wo sie sich wegen nationaler Egoismen selbst im Weg steht. Zum Beispiel beim Steuerrecht. Wie die Dinge heute liegen, kann der Steuervermeidungsdrang globaler Konzerne in Verbindung mit dem Steuerdumping in einzelnen EU-Staaten in der Tat monströse Ausmaße annehmen. Wenn Mitglieder der EU von der Gemeinschaft finanzielle Leistungen empfangen, sich aber gleichzeitig weigern, selbst ausreichend Steuern zu erheben, ist das alles andere als fair. Irland etwa hat mit dem Unternehmen Apple einen Deal geschlossen, der dazu führte, dass der Konzern im Jahr 2014 einen Steuersatz von gerade einmal 0,005 Prozent zu entrichten hatte.[106] Und wieder wird deutlich: Um sich gut weiterzuentwickeln, bräuchte Europa mehr echte Kooperation statt einer Renationalisierung der Politik.

Die EU ist ein Wirtschaftsraum mit 500 Millionen Bürgerinnen und Bürgern. Das bedeutet eine Marktmacht, die sich im Sinne der Menschen nutzen lässt – wie sich zum Beispiel beim Datenschutz zeigt. Mit der neuen Datenschutz-Grundverordnung von 2016 haben wir einheitliche Regeln für Europa geschaffen. So hat jetzt jeder Mensch das »Recht auf Vergessenwerden« im Internet, und die Verordnung schreibt das »Marktortprinzip« fest: Auch Unternehmen, die ihren Sitz außerhalb der EU haben, unterstehen künftig europäischem Recht, wenn sie ihre Dienste in der EU anbieten.

Ein unkritisches Loblied der Europäischen Union will ich gewiss nicht singen. Es bleibt vieles zu verbessern, was die Funktionsfähigkeit der Gemeinschaft betrifft. Aber es gehört eben auch zum Wesen der EU, dass sie kein abgeschlossenes Projekt ist. Die europäische Einigung bleibt eine große und sehr lohnende, aber auch eine sehr schwierige Aufgabe. Dem wichtigsten Teil dieser Aufgabe – dem Kontinent, dessen Geschichte von so viel Krieg und Unrecht geprägt ist und auf dem das Menschheitsverbrechen des Holocaust begangen wurde, endlich zu dauerhaftem Frieden zu verhelfen – werde ich mich im vorletzten Kapitel des Buchs noch gesondert widmen.

Bis vor wenigen Jahren herrschte unter demokratischen Politikern und Publizisten in Deutschland eine entschieden pro-europäische Haltung vor. Auf die EU zu schimpfen war immer schon leicht; viele gefielen sich darin. Doch die meisten stellten zugleich klar, dass sie trotzdem hinter dem Projekt Europa standen. Und wenn es über einen Politiker hieß, er sei ein überzeugter Europäer, so galt das als Lob und als Respektsbekundung.

Seit der sogenannten Eurokrise von 2010 aber scheint es angesagt, sich rhetorisch von Europa abzuwenden. Nicht jeder, der das tut, landet gleich beim neurechten Geschimpfe von »EUdSSR« und »europäischem Großstaat«[107]. Mancher beklagt die Ohnmacht, die Zahnlosigkeit der EU angesichts eben der globalen Zumutungen, gegen die sie uns eigentlich wappnen soll; andere empören sich über ein schädliches Ungleichgewicht in der Gemeinschaft. Die Empörung über das Ungleichgewicht kann wiederum aus zwei Blickwinkeln kommen: zum einen aus der Perspektive der Wohlhabenden *(Deutschland ist der Zahlmeister Europas)*, zum anderen aus der Perspektive der in Bedrängnis Geratenen *(Das Spardiktat macht uns kaputt)*.

Gerade wenn wir uns als überzeugte Europäer verstehen, können wir diese Einwände, Vorwürfe und Vorbehalte gegen die EU nicht abbügeln, sondern müssen ihnen konstruktiv und selbstkritisch begegnen. Dass die EU auch bei weitreichenden Entscheidungen fundamental falschliegen und ungerecht sein kann, zeigt, wie schon in Kapitel 2 ausgeführt, das Dublin-Verfahren. Und die Fälle, in denen die EU geopolitisch eine schwache, wenn nicht gar hilflose Figur abgibt, haben sich in den letzten Jahren geradezu niederschmetternd gehäuft: sei es der Krieg in Syrien, sei es die russische Annexion der Krim, sei es die Haltung gegenüber einer zunehmend entdemokratisierten Türkei. Doch aus solchen Fehlern und Unzulänglichkeiten sollten wir nicht den Schluss ziehen, die EU habe ausgedient. Es geht nicht darum, die EU abzubauen. Es geht darum, sie zu verbessern und zu stärken.

Alle, die die EU pauschal zum Monster oder auch zum Rohrkrepierer erklären, müssen sich fragen lassen: Glaubt ihr denn ernsthaft, dass wir uns gegen globale und wahrhaft monströse Bedrohungen wie den Terrorismus, die organisierte Kriminalität oder den Menschenhandel ohne eine enge Zusammenarbeit mit unseren Nachbarländern erfolgreich wehren könnten? Meint ihr wirklich, wir könnten mit einem Rückzug ins nationale Klein-Klein verselbstständigte Finanzmärkte unter Kontrolle bringen oder die Macht der Konzerne bändigen? Leider drängen diese Fragen zu sehr, als dass wir, um eine praktische Antwort zu erhalten, nun erst einmal in Ruhe abwarten könnten, was aus Großbritannien nach dem Brexit wird.

Die Einsicht, dass keine der großen Herausforderungen in Gegenwart und Zukunft noch allein auf nationaler Ebene zu bewältigen ist, ist und bleibt eines der wichtigsten Argumente für die Europäische Union. Die Probleme von heute lassen sich nicht mit den Mitteln von gestern lösen. Hingegen ermöglicht es uns gerade die EU – als ein Zusammenschluss, der die Souveränität seiner Mitgliedsstaaten nicht etwa aushebelt, sondern sie zu gemeinsamer Handlungsfähigkeit bündelt –, Monster zu bändigen und der Globalisierung vernünftige, gerechte Regeln zu geben.

An der Globalisierung ist zurzeit, um im Bild zu bleiben, so manches ungeheuerlich. Weltweit operierende Konzerne, die sich keinen Rechtsnormen und schon gar keinen Regulierungsbehörden mehr verpflichtet sehen; ein Netz von Steueroasen für Milliardäre, das den Planeten umspannt; internationale Schiedsgerichte, bei denen Großinvestoren zum Beispiel gegen staatliche Umweltauflagen klagen können; menschenunwürdige Bedingungen bis hin zu Kinderarbeit und Sklaverei in den Betrieben, die »unsere« Geräte und Kleidung herstellen; ein imperialistisches Gebaren der Kapitalmärkte; die außer Kontrolle geratene Datensammelwut von Wirtschaftsunternehmen und Geheimdiensten.

Die Liste ließe sich fortsetzen. Die Globalisierung – betrieben im Sinn einer neoliberalen Ideologie, die jahrelang wie eine Universalreligion daherkam – hat viel neues Unrecht in die Welt gebracht und einiges an altem Unrecht, das wir überwunden glaubten, in modernisierter Form wiederkehren lassen.

Die Bewegung der Globalisierungskritiker begann deshalb als eine linke Bewegung. Einschneidende Momente wie die geplatzte WTO-Konferenz in Seattle 1999 oder der Aufruhr beim G8-Gipfel in Genua 2001 galten ebenso wie einige Jahre später die *Occupy*-Proteste als Anzeichen, dass sich gegen die neoliberal ausgerichtete Globalisierung ein ebenfalls globaler Widerstand von links formierte. Nach dem Motto: Eine andere Welt ist möglich.

Viel scheint von dieser Bewegung zurzeit nicht übrig zu

sein. Stattdessen ist auch das Thema Globalisierungskritik von der neuen Rechten gekapert worden. Wobei wir einmal mehr mit den Begriffen vorsichtig sein müssen. Die linken Aktivisten zur Jahrtausendwende und auch die *Occupy*-Gruppen von 2011/12 waren globalisierungskritisch. Das heißt, sie wollten die Globalisierung nicht grundsätzlich verteufeln, sondern sie setzten sich für eine *andere* Globalisierung ein: für eine Globalisierung, die nicht dem neoliberalen Handbuch und damit einzig den Interessen der Konzerne folgt, sondern den Menschen in aller Welt zugutekommt.

Im Kontrast dazu sind viele Rechtspopulisten keine Globalisierungskritiker – sie sind Globalisierungsgegner. Ihr Ansatz besteht nicht darin, die Chancen für eine freiere und gerechtere Welt, die sich mit der Globalisierung bieten, einzufordern. Stattdessen wollen sie zurück in einen rein nationalen Bezugsrahmen. Eine solche Haltung spiegelt sich in Donald Trumps »America first«-Kampagne wider oder auch im lautstarken Protektionismus des Front National in Frankreich, angepriesen als »Rückeroberung der Souveränität«.

In diesen Weltbildern tritt die Globalisierung nur negativ in Erscheinung: in Form von Firmen, die ihre Produktion ins Ausland verlagern und heimische Arbeitsplätze streichen, oder von ausländischen Firmen, die die heimischen in die Pleite treiben; in Gestalt von Migranten, die das Land »überschwemmen«; und abermals, wie schon bei der Agitation gegen die »EUdSSR«, als Ursache für einen vermeintlichen Verlust nationaler Eigenständigkeit.

In Deutschland liegt der Fall einerseits ein wenig anders, da hier die aufstrebende rechtspopulistische Partei selbst ein marktradikales Fundament hat. Die AfD von Lucke und

Henkel hatte an einer Globalisierung zugunsten der Konzerne und der sehr Reichen wenig auszusetzen und predigte Härte gegen die Verlierer des neoliberalen Wandels. Wie schon ausgeführt, folgt auch das heutige AfD-Programm in weiten Teilen dieser Agenda.

Andererseits wird die AfD überwiegend von Menschen gewählt, denen die Globalisierung Angst macht. Aktuelle Zahlen hierzu bietet die europaweite Studie *eupinions* der Bertelsmann-Stiftung aus dem November 2016. Liegt deutschlandweit der Anteil derer, die die Globalisierung vornehmlich als Bedrohung sehen, genau im europäischen Mittel, nämlich bei 45 Prozent, so empfinden unter den AfD-Anhängern 78 Prozent die Globalisierung als Bedrohung. Das ist nicht nur der mit Abstand höchste Wert unter den größeren deutschen Parteien (auf Platz zwei rangiert Die Linke, deren Wähler zu 54 Prozent die Globalisierung bedrohlich finden; bei den weiteren im Bundestag vertretenen Parteien sieht eine klare Mehrheit der Anhänger die Globalisierung positiv) – dieser Wert liegt auch höher als bei allen anderen rechtspopulistischen Gruppen in den neun untersuchten Ländern, sogar etwas höher als beim Front National.[108]

Die AfD befindet sich also in der paradoxen Situation, dass sie mit einem neoliberalen Programm antritt für eine Wählerschaft, die zu über drei Vierteln die Globalisierung ablehnt. Als erste Konsequenz hat die AfD das Thema Globalisierung aus ihrem Grundsatzprogramm so gut wie ausgeklammert. Sie behandelt es nur an wenigen Stellen, etwa wenn es um den Einfluss von »Organisationen und international agierenden Konzernen […] auf die Innenpolitik anderer Länder oder deren Eliten«[109] geht oder um den Abbau von Handelsschranken.[110]

Diese Passagen, die auf Menschen mit Globalisierungssorgen kaum beruhigend wirken dürften, sind im Programmtext gut versteckt. In der politischen Praxis, sprich: in den Reden und Verlautbarungen von AfD-Funktionären, bilden Fragen der Globalisierung einen typischen Anlass, um schnell das Thema zu wechseln und einmal mehr auf die Flüchtlingskrise zu sprechen zu kommen. (Eine Taktik, die zumeist aufgeht; laut der *Mitte*-Studie »bestätigen die Befunde, dass jene, die zustimmen ›Die Globalisierung der Wirtschaft macht mir Sorgen‹, in der Tendenz eher auch eine negative Haltung zu Geflüchteten haben.«[111]) Berechtigte konkrete Forderungen, um Auswüchse der Globalisierung einzudämmen – etwa dagegen vorzugehen, dass Apple Europa um 13 Milliarden Euro Steuern geprellt hat[112], oder sicherzustellen, dass Amazon in Deutschland endlich faire Löhne bezahlt und sich der Sozialpartnerschaft mit den Gewerkschaften nicht länger verweigert –, wird man von AfDlern hingegen nicht hören.

Unter den Ängsten, die von der neuen Rechten geschürt werden, weil sie selbst sich von ihnen nährt, ist die Furcht vor den vermeintlichen Monstern nicht die abwegigste. Anders als die Themen »Kanzlerinnendiktatur« oder »Bevölkerungsaustausch« sind die Vorbehalte gegen die Globalisierung und auch gegen die EU nicht völlig aus der Luft gegriffen. Doch die neue Rechte hat auch in diesem Bereich keine brauchbaren Antworten zu bieten.

Ihre Vorschläge zum Ausstieg aus dem Euro und zum Rückbau der EU kämen unser Land teuer zu stehen – ihre Umsetzung würde in unserer exportorientierten Wirtschaft Millionen Arbeitsplätze vernichten. Die Pläne der Rechtspopulisten würden Deutschland in eine klägliche Isolation führen, sie hätten bestenfalls eine Dauerrezession zur Folge und schlimmstenfalls eine neue Epoche der Kriege in Europa.

In ihrer Haltung zur Globalisierung schwankt die neue Rechte zwischen marktradikaler Ideologie und einem irrlichthaften Dagegensein, das mit keiner erkennbaren Programmatik verbunden ist außer: Wie sichern wir uns die Stimmen der Politikverdrossenen? Denn die angeblichen Monster sind es, mit denen sich die »Denkzettel-Wähler« – also jene, die nicht unbedingt einem geschlossenen rechtspopulistischen Weltbild anhängen, sich aber von den etablierten Parteien unverstanden fühlen – am besten ködern lassen.

Wer die Globalisierung ablehnt, sollte sich besonders gründlich fragen, wo er selbst von ihr profitiert. Damit meine ich nicht nur beim Einkaufen oder beim Reisen. Die E-Mails voller Hass und Drohungen zum Beispiel, die ein Teil der neuen Rechten für eine akzeptable Form der Meinungsäußerung hält, werden vorzugsweise über das *Tor*-Netzwerk verschickt. Das heißt, sie laufen, ehe sie ankommen, über etliche Server rund um die Welt, damit der Absender nicht zu ermitteln ist. Entwickelt wurde das *Tor*-Netzwerk, damit Internet-Nutzer sich übergriffigen Geheimdiensten oder auch den Zensurbehörden in undemokratischen Staaten entziehen können. Als es 2011 mit dem Preis der Free Software Foundation ausgezeichnet wurde, hob die Jury hervor, dass *Tor* von entscheidender Bedeutung für die Oppositionsbewegungen zum Beispiel im Iran und in Ägypten gewesen sei.[113] Das Netzwerk bietet also ein Musterbeispiel für eine *andere*, eine gute Globalisierung. Dass es nun in Deutschland von rechten Globalisierungsfeinden genutzt wird, um anonym strafbare Hetze, Beleidigungen und Bedrohungen zu verbreiten, zeigt nicht nur, wie scheinheilig das Zetern der Rechten über die Monster ist – sondern auch, wie gern sie selbst Monster schaffen. Zum Beispiel das Monster der Hassstürme, mit dem sie Stimmung gegen all jene machen, die sich für Demokratie und Menschenwürde engagieren.

Was wir tun können

Gerade im Umgang mit den vermeintlichen und tatsächlichen Monstern müssen wir das Primat der Politik dringend wiederherstellen. Wir müssen deutlich machen, dass wir der Globalisierung nicht hilflos ausgeliefert sind, sondern ihren Fortgang beeinflussen können. Und wir sollten nicht nur in politischen Gremien, sondern viel mehr auch in und mit der Öffentlichkeit diskutieren, welche Art von Globalisierung wir wollen – und welche wir vermeiden wollen. Dem Gefühl vieler Bürger, dass Beschlüsse, die sich gravierend auf das Leben hier auswirken können, über ihre Köpfe hinweg getroffen werden, müssen wir entgegenwirken. Und ebenso dem Eindruck, dass über wirklich wichtige Dinge gar nicht mehr der Staat selbst zu entscheiden habe.

Das bedeutet auch, Unwuchten und Gefahren gerade im Bereich der globalen Wirtschaftsverflechtungen zu erkennen, zu benennen und mit der nötigen politischen Härte dagegen vorzugehen. Wenn Globalisierung heißt, dass Schiedsgerichte höher stehen als Umweltgesetze oder dass wir uns für den Sozialstaat entschuldigen sollen, dann läuft in der Tat etwas grundsätzlich schief, und das müssen wir klar sagen und geraderücken. Wenn der Datenschutz oder auch die Pflicht, Steuern zu zahlen, im internationalen Geschäftsleben nur noch als lästig und überflüssig empfunden werden, müssen wir das Bewusstsein der Öffentlichkeit dafür schärfen, wie unverzichtbar beides für freiheitliche und gerechte Gesellschaften ist.

Die Rechtspopulisten haben für die Herausforderungen der Globalisierung überhaupt keine Lösung zu bieten. Mit ihrem Programm eines Rückzugs aufs Nationale würden sie das Gegenteil von dem erreichen, was sie anzustreben behaupten. Deutschland würde Souveränität nicht hinzugewinnen, sondern einbüßen. Die Globalisierung können wir nicht aufhalten, wir können uns ihr auch nicht wirklich entziehen – wir würden uns bloß unserer eigenen Gestaltungsmacht berauben. Alles, was da monströs ist oder werden kann, würde sich weiterentwickeln, und wir hätten keinen Einfluss mehr darauf, wohin die Reise geht. Diese Konsequenz ihrer Fantasien von *Globalisierung? Ohne uns!* sollten wir den neurechten Ideologen beharrlich vor Augen halten.

Etwas anders sieht es mit der EU aus. Mit dem großen Zukunfts- und Hoffnungsprojekt für einen Kontinent mit grauenvoller Geschichte wird es nicht einfach weitergehen, wenn Deutschland sich ausklinkt. Der EU droht tatsächlich das Scheitern, wenn Staaten, die bisher als Motoren der Gemeinschaft agierten, nicht mehr dahinterstehen. Offene Grenzen, freier Handel und friedliche Nachbarschaft sind keine Selbstverständlichkeit – wir sollten uns wieder bewusster werden, wie wertvoll und wie bewahrenswert all dies ist. Die europäische Idee, also die Länder des Kontinents auf der Basis ihrer gemeinsamen Werte – Freiheit, Demokratie, Rechtsstaatlichkeit – zu einigen, müssen wir wieder mit Leben erfüllen. Sie darf nicht als Elitenprojekt erscheinen. Als gemeinsames Anliegen aller Europäer sollte sie ein Thema sein, bei dem sich kein Bürger ausgeschlossen fühlt.

Wir sollten also wieder viel mehr über Europa debattieren, viel offener darüber reden, was wir von Europa und mit Europa wollen.

Die EU muss nicht jede Kleinigkeit regeln, aber für das, was unseren Kontinent als Ganzen betrifft und bedroht, brauchen wir sie, und da muss sie handlungsfähig sein. Nur so können wir auch denen, die sich heute eine Furcht vor schwindender Souveränität einreden lassen, zeigen, dass die Europäische Union uns nicht unsere Identität raubt, sondern vielmehr sicherstellt, dass wir unsere Identität, unser europäisches Wirtschafts- und Sozialmodell auch im Zeitalter der Globalisierung aufrechterhalten können.

9 Machos in Panik: die Angst der Rechten vor den Frauen

Wenn sich die Wortführer der neuen Rechten darüber auslassen, was in der heutigen deutschen Gesellschaft alles
schieflaufe, landen sie immer schnell beim »Gender-Wahn«.
Als eine der kollektiven Gemütsstörungen, von denen das
angebliche linke Kartell befallen sein soll, bedroht der
»Gender-Wahn« laut neurechter Propaganda das Rollenverständnis von Mann und Frau und die deutsche Familie.

Was steckt dahinter? Zum einen zwei englische Begriffe,
bei denen im Sprachgebrauch der Rechten jeweils der zweite
Bestandteil durch »Wahn« ersetzt wird: *Gender Studies*
und *Gender Mainstreaming*. Und zum anderen die Angst
männlicher Traditionalisten davor, dass sie gesellschaftlich
entmachtet würden. Diese Angst wiederum ist eine weitere
Hauptkomponente im Bausatz der unguten Gefühle, aus
denen die Rechtspopulisten ihr politisches Programm zu-
sammensetzen.

Gerade die Gender Studies eignen sich vortrefflich als
Schreckgespenst. Sie sind der Forschungszweig der Sozio-
logie, Kulturwissenschaft und Anthropologie, der sich mit
den Fragen befasst, wie das menschliche Zusammenleben
vom Verhältnis der Geschlechter geprägt ist – und wie sich
umgekehrt das kulturelle Umfeld auf die Definition der
Geschlechter auswirkt. Manchmal wird diese Disziplin in

Deutschland auch Geschlechterforschung genannt. Gebräuchlicher aber ist die englische Bezeichnung, weil *gender* nicht das biologische Geschlecht bezeichnet, sondern Geschlecht als soziokulturelle Kategorie. Dafür gibt es im Deutschen kein eigenes Wort – und im Denken der Rechten keinen Platz.

Es besteht reichlich Anlass, über das Geschlechterverhältnis zu forschen. Zum Beispiel die Frage, warum der Frauenanteil in den Chefetagen unserer Wirtschaft so gering ist. Bei Ministern, Abgeordneten oder auch Richtern liegt er inzwischen bei rund 40 Prozent, nur in den Vorständen der deutschen Großunternehmen dümpelt er um die sechs Prozent.[114] Und weshalb eigentlich bekommen Frauen in der Bundesrepublik im Durchschnitt immer noch weniger Lohn als Männer, auch wenn sie die gleiche Arbeit machen?

Mit solchen unbestreitbar relevanten Themen befasst sich die Geschlechterforschung, aber davon wollen die Rechtspopulisten nichts wissen. Sie echauffieren sich lieber über ungewohnte Schreibweisen, mit denen die Vorherrschaft des Männlichen in der Sprache und die Einteilung der Geschlechter in ein striktes Entweder-Oder von weiblich und männlich überwunden werden sollen (»Student*innen und Professor*innen« etc.) – oder über Forderungen, für Menschen, die sich keinem der beiden herkömmlichen Geschlechter zuordnen, eigene Toiletten einzurichten. Aber sind solche Vorschläge wirklich eine Bedrohung oder gar ein Wahn, vor dem die neurechten Ritter der Übersichtlichkeit die deutsche Gesellschaft retten müssen?

Die AfD jedenfalls versichert in ihrem Grundsatzprogramm, sie sehe es »mit Sorge, wie die deutsche Sprache … ›gegendert‹ wird«[115], und fordert: »Bestehende Gender-Professuren sollten nicht mehr nachbesetzt, laufende Gender-Forschungsprojekte nicht weiter verlängert werden.«[116]

Noch größere Sorge aber löst bei den Rechtspopulisten das »Gender-Mainstreaming« aus. Denn dabei handelt es sich nicht um eine akademische Disziplin und auch nicht bloß um eine »Verunstaltung der Sprache«[117] – sondern es geht um das Anliegen, in der ganzen Gesellschaft die Gleichstellung der Geschlechter durchzusetzen. Eine Selbstverständlichkeit in einer modernen, aufgeklärten Demokratie, sollte man meinen.

Die AfD jedoch sieht eine »Gender-Ideologie« am Werk, die »naturgegebene Unterschiede zwischen den Geschlechtern« missachte und »traditionellen Wertvorstellungen und spezifischen Geschlechterrollen in den Familien« entgegenwirke.[118] Nicht einmal vor den Köpfen der deutschen Jugend, so behauptet die neurechte Propaganda, machten die Gender-Wahnsinnigen halt: »Das klassische Rollenverständnis von Mann und Frau soll durch staatlich geförderte Umerziehungsprogramme in Kindergärten und Schulen systematisch ›korrigiert‹ werden.«[119]

Was mit Umerziehungsprogrammen gemeint ist, verrät das AfD-Grundsatzprogramm nicht. Hauptsache, man hat wieder eine stammtischtaugliche Formulierung gefunden und dabei mit »Umerziehung« ein Reizwort verbraten, das schön nach Kommunismus klingt und unterstreicht, wie schrecklich es unter der Regie der »Altparteien« in Deutschland zugeht.

Diesem Sittenverfall begegnet die AfD mit einem »Bekenntnis zur traditionellen Familie als Leitbild«.[120] Statt »Gender-Wahn« soll es bei »naturgegebenen Unterschieden« und »spezifischen Geschlechterrollen« bleiben – sprich: Die gesellschaftliche Vorherrschaft des Mannes soll nicht angetastet werden. Zu den schädlichen Entwicklungen, die das Ideal von der deutschen Familie »untergraben«, zählen die Rechtspopulisten übrigens ausdrücklich auch »die generelle Betonung der Individualität«.[121] Man muss kein Experte im Zwischen-den-Zeilen-Lesen sein, um zu erkennen: Mit »generell« ist hier gemeint, dass auch Frauen ihre Individualität betonen und ein selbstbestimmtes, nicht ausschließlich der Familie gewidmetes Leben führen wollen.

Bei der Einordnung solcher Leitbilder dürfte es hilfreich sein zu wissen, dass die AfD, abgesehen von wenigen Alibi-Frauen, männerdominiert ist. Die meisten demokratischen Parteien bemühen sich mittlerweile, Kandidatenlisten paritätisch mit Männern und Frauen zu besetzen. Zur Bundestagswahl im September 2017 präsentiert dagegen die AfD Niedersachsen auf den ersten sechs aussichtsreichen Listenplätzen keine einzige Frau, die AfD Schleswig-Holstein auf den ersten sieben Plätzen keine Frau – und die AfD-Landeslisten von Thüringen und Brandenburg haben beide einen Frauenanteil von null Prozent. [122]

In den USA war rund um die Präsidentschaftswahl 2016 viel von den »angry white males« die Rede als den Hauptadressaten von Donald Trumps Wahlkampagne.[123] Diese wütenden weißen Männer sehen zum einen ihren Lebensstandard von der Globalisierung bedroht (ihre Arbeitgeber wandern ins Ausland ab oder ihre Produkte und Dienstleistungen sind nicht mehr konkurrenzfähig) und zum anderen ihr Weltbild von einer zunehmend liberalen Gesellschaft aus den Angeln gehoben. Einklagbare Gleichberechtigung von Frauen, die Öffnung der Ehe für alle oder Verständnis für Transmenschen, die sich weder als Frau noch als Mann im altbekannten Sinn fühlen: Solche Themen stehen für eine Wirklichkeit, in der sich diese Traditionalisten nicht mehr zurechtfinden. Sie reagieren mit Ablehnung und Zorn.

Die Anhänger der neuen Rechten in Deutschland pauschal mit den wütenden weißen Männern in den USA gleichzusetzen wäre zwar falsch. Dafür sind die beiden Gesellschaften zu unterschiedlich, nicht nur kulturell, sondern auch, was die wirtschaftlichen Probleme, die Gefahr, in Armut zu geraten, oder etwa den Einfluss fundamentalistisch-christlicher Strömungen betrifft. Gewisse Parallelen lassen sich aber feststellen.

Auch in Deutschland ist die Klientel der Rechtspopulisten größtenteils männlich: Nach Angaben von infratest dimap erreichte die AfD bei den acht Landtagswahlen, in denen sie bis einschließlich 2016 in Parlamente einzog, bei den Männern einen durchschnittlichen Stimmenanteil von 16 Prozent, bei den Frauen nur 11 Prozent[124]. Und diese Klientel wünscht sich ein überholtes Gesellschaftsmodell mit fester Rollenverteilung zurück. Verunsichert von Feminismus, Gender-Mainstreaming und von Bestrebungen, sexuelle Vielfalt gesellschaftlich zu akzeptieren, klammern sich die Anhänger der neuen Rechten nur umso fester an die Norm der »traditionellen Familie« – also Vater, Mutter und Kinder, wobei für die Kinder vor allem die Mutter zuständig ist. Und AfD-Agitatoren versichern ihnen, ihre Partei werde für die Beibehaltung »der natürlichen Geschlechterordnung« eintreten und »diese Geisteskrankheit namens Gender-Mainstreaming« zurückdrängen.[125]

Als »geisteskrank« gilt AfDlern also, wer die – durch Artikel 3 unseres Grundgesetzes garantierte – Gleichberechtigung der Geschlechter in der deutschen Gesellschaft endlich umfassend durchsetzen will. Denn nichts anderes ist mit »Gender-Mainstreaming« gemeint, auch wenn so ein

Anglizismus manchem Sprachpuristen vielleicht anrüchig vorkommt. Artikel 3 des Grundgesetzes für die Bundesrepublik Deutschland, nur noch einmal zur Erinnerung, lautet:

»(1) Alle Menschen sind vor dem Gesetz gleich.

(2) Männer und Frauen sind gleichberechtigt. Der Staat fördert die tatsächliche Durchsetzung der Gleichberechtigung von Frauen und Männern und wirkt auf die Beseitigung bestehender Nachteile hin.

(3) Niemand darf wegen seines Geschlechtes, seiner Abstammung, seiner Rasse, seiner Sprache, seiner Heimat und Herkunft, seines Glaubens, seiner religiösen oder politischen Anschauungen benachteiligt oder bevorzugt werden. Niemand darf wegen seiner Behinderung benachteiligt werden.«

Was die neue Rechte »geisteskrank« findet, ist eine der Staatsaufgaben, die in unserer Verfassung festgeschrieben sind. Wobei Artikel 3 zweifellos zu den Vorgaben des Grundgesetzes zählt, deren gesellschaftliche Umsetzung bisher am deutlichsten hinter dem Wortlaut zurückbleibt.

Die AfD tut so, als wäre das Gegenteil der Fall. In dem Deutschland, das sie beschreibt, verleitet ein »falsch verstandener Feminismus«[126] die Frauen zur Berufstätigkeit, statt dass sie, der »natürlichen Geschlechterordnung« gemäß, in ihrer Mutterrolle aufgehen. Anstelle der traditionellen Familie werde die »Einelternfamilie« als »fortschrittlicher oder gar erstrebenswerter Lebensentwurf« angepriesen.[127]

Wie in so vielen Bereichen lebt die neue Rechte auch, was die Frauen- und Familienpolitik betrifft, in ihrer eigenen Wirklichkeit. Wo in unserem Land tatsächlich Alleinerziehende gegenüber der traditionellen Familie bevorzugt werden, kann kein AfDler sagen, denn es gibt diese Bevorzugung nicht. Hingegen wird noch immer mittels Ehegattensplitting die Hausfrauenehe einseitig begünstigt, während die »Einelternfamilie« in Deutschland nach wie vor ein erhebliches Armutsrisiko bedeutet. Was wir brauchen, ist eine verantwortungsbewusste, zeitgemäße Gesellschaftspolitik, die jedem und jeder ermöglicht, selbst zu bestimmen, welches Familienmodell sie leben wollen – und zwar so, dass nicht eine Variante mit deutlich erhöhter Armutsgefahr einhergeht.

Die Thesen aus dem AfD-Programm und aus den Reden der Parteifunktionäre spiegeln einmal mehr bloß »gefühlte Realität« wider – nämlich die gefühlte Realität von Machos, die angesichts von Frauen, die sich nicht unterordnen wollen, in Panik geraten. Dabei haben doch die AfD-Männer, wenn sie Partnerinnen finden, die ihnen mit Freude viel Nachwuchs schenken und dem Gatten daheim den Rücken freihalten, das Recht, ebendieses traditionelle Familienmodell zu leben. Bloß kann es in einer modernen demokratischen Gesellschaft eben nicht die alleinige Norm sein und anderen Menschen aufgezwungen werden.

Im Programmtext hüllt die AfD ihre Ausrichtung als reaktionäre Männerpartei in einen Deckmantel des vorgeblichen Familien- und Kindeswohls. Doch unter dieser Hülle herrscht blanke Hysterie. Da wird die »Gender-Ideologie« ohne nachvollziehbaren Grund mit einer »Frühsexualisierung«[128] deutscher Kinder gleichgesetzt. Da lässt die Debatte darüber, in welcher Form sexuelle Vielfalt in den Lehrplänen von Schulen berücksichtigt werden sollte, einzig den Schluss zu, dass eine »einseitige Hervorhebung der Homo- und Transsexualität im Unterricht«[129] angestrebt sei. Da werden Frauenquoten »im Studium oder in der Arbeitswelt«

wütend abgelehnt, und zur Begründung dient nur das wackelige Argument, Quoten seien »leistungsfeindlich und ungerecht« und würden »andere Benachteiligungen schaffen«.[130] Benachteiligungen der Männer nämlich, die nach Meinung der AfD anscheinend einen naturgegebenen Anspruch auf gesellschaftliche Vorherrschaft haben.

Artikel 3 des Grundgesetzes zu verwirklichen bleibt eine große und wichtige Aufgabe für die deutsche Gesellschaft. Gerade in der Frauen- und Familienpolitik müssen wir unbeirrt an einer progressiven Agenda festhalten. Um den Grundsatz *Gleiches Geld für gleiche oder gleichwertige Arbeit* endlich zu verwirklichen, wollen wir Unternehmen per Gesetz zur Offenlegung ihrer Gehaltsstruktur verpflichten. Wir haben Frauenquoten für Aufsichtsräte geschaffen, damit es mehr Frauen in Führungspositionen und als Rollenvorbild gibt. Dass es – teils aus physischen, teils aus kulturell bedingten Gründen – bis auf Weiteres auch künftig Berufsfelder geben wird, auf denen entweder Männer oder Frauen überrepräsentiert sind, ist klar. Aber da, wo solche Einseitigkeiten die Folge von Ungerechtigkeit oder von überkommenen Machtverhältnissen sind, muss die Politik im Sinne unserer Verfassung eingreifen.

Wir dürfen diejenigen, die sich gegen das traditionelle Familienmodell entscheiden oder bei denen es zerbricht, ebenso wenig im Stich lassen wie diejenigen, die das traditionelle Familienmodell leben. Wir müssen unserer Gesellschaft die Freiheit zugestehen, verschiedene Formen des Zusammenlebens von Eltern und Kindern hervorzubringen, und wir sollten auch die innere Freiheit besitzen, diese verschiedenen Konstellationen des Füreinander-Sorgens als Formen von Familie zu akzeptieren.

Zugleich müssen wir das Betreuungsangebot für Familien – egal ob traditionell, ob Patchwork, ob Regenbogen – deutlich verbessern. Denn nur so können wir für Eltern in der Frage, wie sie Familie und Beruf vereinbaren wollen, tatsächlich die Wahlfreiheit schaffen, die bei den Rechtspopulisten bloß eine hohle Phrase ist.

Für die verunsicherten Machos wäre es dringend nötig, im Heute anzukommen Die AfD aber gaukelt ihnen vor, man könnte in die 50er-Jahre zurückspringen. Kämen die Rechtspopulisten je in die Lage, ihre Vorschläge zum Thema Frauen- und Familienpolitik in die Praxis umzusetzen – die Folgen für den sozialen Frieden in unserem Land wären fatal.

Wir sind mit der Umsetzung von Artikel 3 längst nicht fertig, doch einiges haben wir immerhin erreicht. Die »traditionelle« Benachteiligung von Frauen in der deutschen Gesellschaft ist durch Rechtsreformen in den letzten 60 Jahren abgebaut worden. Diese Errungenschaften auf dem Weg zur vollen Gleichberechtigung der Geschlechter wieder rückgängig zu machen, und sei es nur in Teilen, wäre ein Verrat an unserer Freiheit und würde aus dem Spalt, den die neue Rechte schon heute in unsere Gesellschaft getrieben hat, ein tiefes, dauerhaftes Zerwürfnis machen.

Es gibt allerdings auch eine – genau eine einzige – Situation, in der die Streiter gegen den »Gender-Wahn« sich plötzlich in glühende Frauenrechtler verwandeln. Nämlich dann, wenn es um muslimische Männer geht. Die zahlreichen Übergriffe auf Frauen in der Kölner Silvesternacht 2015/16 entsetzten zu Recht ganz Deutschland. Die Täter, so zeigen es die ersten Gerichtsurteile, stammten überwiegend aus Nordafrika.[131] Doch egal woher sie kamen: Ihre Taten waren abscheulich. Gerade weil die Gleichberechtigung der

Geschlechter zu den elementaren Werten unserer Gesellschaft gehört, darf es für derartige Übergriffe weder Verständnis noch Toleranz geben. Die Einzigen, die hier Mitgefühl und Hilfe brauchen, sind die betroffenen Frauen. Wer aber ihr Leid für seine politischen Zwecke ausnutzt, macht sie ein zweites Mal zum Opfer. Und eben das geschieht, wenn sich, wie die Journalistin Antonia Baum wenige Tage nach den Vorfällen schrieb, »plötzlich Männer für sexuelle Gewalt interessieren und empört sind, die sonst eigentlich immer im Stell-dich-nicht-so-an-Team waren und feministische Anliegen nervig fanden«.[132]

Frauen, die männlicher Gewalt ausgesetzt sind oder sich davor fürchten, werden für die Rechtspopulisten genau da schutzbedürftig, wo die Gewalt von muslimischen Zuwanderern ausgeht. Die blonde deutsche Frau[133] als Beute für den schwarzen oder schwarzhaarigen nichtdeutschen Mann: Was für eine Genugtuung muss es für neurechte Salonrassisten sein, ein solches Hetzbild aus unseligen Zeiten wieder aufleben lassen zu können.

Die Opfer von Köln werden hier für das Lieblingsmanöver aller rechten Demagogen missbraucht, nämlich ihr Zerrbild, dass »Fremde« ins Land kommen, um unsere Lebensweise zu zerstören – und dass sie Jagd auf »unsere Frauen« machen. Hilfsbereitschaft gegenüber (männlichen) Flüchtlingen aus islamischen Ländern ist nach dieser Sichtweise dann fehl am Platz. Und eine humanitäre Verpflichtung bestünde entsprechend nur gegenüber dem eigenen, von den Eindringlingen bedrohten Volk – verkörpert in der ikonischen Gestalt der blonden Frau.

Mit dem Engagement der Populisten für die Frauenrechte ist es also nicht weit her, selbst wenn es gegen die verfemten Muslime geht. Die Sorge um das Wohl der Frauen dient nur als ein Vorwand mehr, um fremdenfeindliches Ressentiment zu schüren. Und der berechtigte Aufschrei über sexuelle Übergriffe wird genutzt, um Menschen wegen ihrer Herkunft oder Hautfarbe unter Generalverdacht zu stellen.

Das knüpft nahtlos an die Propaganda aus dem AfD-Grundsatzprogramm an. Dort wird vor »konfliktträchtigen Multi-Minoritätengesellschaften« gewarnt, die Deutschland um seine »öffentliche Sicherheit« brächten.[134] Schuld daran sei die Bundesregierung, denn sie betreibe eine »Masseneinwanderung hauptsächlich aus islamischen Staaten« und damit einen »ethnisch-kulturellen Wandel der Bevölkerungsstruktur«.[135] So schleicht sich das rechtsextreme Schauermärchen von der »Umvolkung« ins AfD-Programm ein. Und die »deutschstämmigen Frauen« werden bei dieser Gelegenheit auch wieder einmal an ihre nach Meinung der Rechten wahre Bestimmung erinnert: Es gelte »eine höhere Geburtenrate der einheimischen Bevölkerung« zu erreichen.[136]

Ich bin selbst kein Freund der Sonnenscheinrhetorik. Es gibt in der Tat zu viele muslimische Männer, die sich mit der Gleichberechtigung der Geschlechter und der Selbstbestimmung ihrer Frauen und Töchter nach wie vor schwertun. Wer aber in Deutschland lebt, muss sich an unsere Regeln halten, an die Strafgesetze und an die Maxime unseres Grundgesetzes: »Männer und Frauen sind gleichberechtigt.«

Manche Integrationsprobleme sind ein soziales und ein Bildungsproblem – zum Teil aber eben auch ein kulturelles. Eine nicht unerhebliche Zahl der Zuwanderer nach Deutschland kommt aus Gesellschaften, in denen die Frau dem Mann untergeordnet ist und wo viele der bei uns üblichen Freiheiten (in der Kleidung, im Sozialverhalten) als frevelhaft gelten. Die derart kulturell geprägten Menschen in unsere Gesellschaft zu integrieren ist eine immense Herausforderung. Aber warum sollte das nicht gelingen? Es ist ja uns Einheimischen auch gelungen, patriarchalisches Denken schrittweise zu überwinden – zumindest den meisten.

Wenn sich die Rechtspopulisten über reaktionäre und frauenfeindliche Haltungen muslimischer Männer auslassen, so tun sie es ihrerseits aus einer reaktionären Haltung heraus. Auch ihr eigenes Weltbild fußt auf einer Vorherrschaft des Mannes. Und wenn sie Übergriffe gegen Frauen anprangern, dann nicht, weil ihnen die Selbstbestimmung und die Menschenwürde der Frauen sonderlich am Herzen lägen, sondern um solche Übergriffe für ihre Hetze gegen Migranten zu instrumentalisieren.

Was wir tun können

Das Frauenbild und die familienpolitischen Vorstellungen der neuen Rechten kommen bieder daher, bergen aber gewaltigen sozialen Sprengstoff. Zwar bleiben die meisten Vorschläge vage, doch hinter dem Gerede von der »traditionellen Familie« und der »natürlichen Geschlechterordnung« zeichnet sich eine Gesellschaftsvision ab, die bestenfalls an die Bundesrepublik der 50er-Jahre erinnert. Wer mit solchen Wunschbildern ankommt, dem sollten wir entgegnen: Wir können uns nicht in einen Heimatfilm flüchten, und die meisten von uns wollen das auch gar nicht.

Was die Gleichberechtigung der Geschlechter betrifft, haben wir schon viel, aber noch nicht genug erreicht. An dem Ziel der Selbstbestimmung sollten wir unbedingt festhalten und uns dabei vom Geschimpfe über »Gender-Wahn« keinesfalls beirren lassen. Denn hinter diesem Geschimpfe verbirgt sich nur die Furcht von Machos, ihre Vorrechte einzubüßen. Wir müssen immer wieder klar sagen und begreiflich machen, dass die Überwindung der alten Rollenklischees und des sozialen Machtgefälles zwischen Mann und Frau mehr Freiheit für alle bedeutet.

Dasselbe gilt für die Anerkennung sexueller Vielfalt. Niemand wird dazu gedrängt, homosexuell zu sein oder sich als Transmensch zu definieren. Hingegen werden viele immer noch gewaltsam oder durch sozialen Druck daran gehindert, sich zu ihrer von den traditionellen Leitbildern abweichenden Identität oder sexuellen Orientierung zu bekennen.

Die klassische Ehe ist nach wie vor das populärste Familienmodell in Deutschland, aber deswegen müssen wir es doch nicht allen Menschen vorschreiben. Wer anders leben möchte, sollte das Recht und die Freiheit dazu haben. Zugleich sollten wir endlich auch für gleichgeschlechtliche Paare die Möglichkeit der Ehe schaffen, wie es viele andere demokratische Länder ja schon getan haben. Damit würden wir eine Ungerechtigkeit beheben, die auf überholten Vorstellungen beruht – ohne dabei jemandem etwas wegzunehmen.

Allerdings ist auch der Gedanke angebracht, ob sich die eher linken Kräfte unserer Gesellschaft in den letzten Jahrzehnten vielleicht zu plakativ mit dem Schutz kleiner gesellschaftlicher Minderheiten beschäftigt, sich aber zu wenig um die großen Schieflagen gekümmert haben. Womit wir wieder bei der sozialen Frage wären, die der politische Zeitgeist lange verdrängt hat. Ich bleibe dabei: Die Rechte von

Minderheiten zu stärken ist richtig und notwendig. Doch die Frage der sozialen Gerechtigkeit für alle Menschen darf dabei nicht aus dem Blick geraten.

Wir werden überzeugender in unserem Widerspruch gegen die gefährlich rückschrittlichen Ansätze der Rechtspopulisten, wenn wir unsere eigene Agenda kritisch justieren. In gesellschaftspolitischen Fragen zählt für die Rechten nur das, was sie für Norm und Tradition halten. Die Freiheit aller, selbst über ihren Lebensentwurf zu entscheiden, und die Nöte von Minderheiten sind ihnen entweder gleichgültig oder zuwider. Wenn aber wir den Eindruck erwecken, wir würden unsererseits die Probleme der »Normalos« außer Acht lassen, können wir den Populisten schlecht Paroli bieten.

Wir müssen daher beides verbinden: engagierten Minderheitenschutz im Geist von Artikel 3 des Grundgesetzes und solide politische Angebote für unsere Gesellschaft insgesamt. Das sind zwei wesentliche Aspekte des großen Themas soziale Gerechtigkeit.

Den gesellschaftlichen Herausforderungen von heute ist nur ein Deutschland gewachsen, das sein Selbstbewusstsein aus dem Bekenntnis zu Gerechtigkeit, Toleranz und Offenheit schöpft – und nicht, wie es die neue Rechte propagiert, aus autoritären Anwandlungen und chauvinistischen Ressentiments.

Die AfD bringt es fertig, noch in ihre Verlautbarungen zur Familienpolitik rechtsextremes Gedankengut einzuflechten (»ethnisch-kulturelle Umstrukturierung der Bevölkerung«). Und wo sich ihre Funktionäre für Frauenrechte erwärmen, können wir sicher sein, dass es ihnen bloß um Stimmungsmache gegen Muslime geht. Wir sollten es so deutlich sagen, wie es ein ums andere Mal zutage tritt: Die neue Rechte ist ein reaktionärer Männerbund, der das Familienmodell der Adenauer-Jahre wieder zur Norm machen und uns – vor allem den Frauen – die Freiheit nehmen will, selbst zu entscheiden, wie wir leben wollen.

10 Vielfalt und Zusammenhalt

In was für einer Gesellschaft leben wir – und in was für einer Gesellschaft wollen wir leben? Diese Fragen stellen sich uns in Zeiten der Globalisierung mit besonderer Dringlichkeit. Wir sehen, wie sich die Welt in rasantem Tempo verändert, und vieles von dem, was uns lieb und wertvoll ist, wirkt auf einmal nicht mehr stabil.

Für Rechtspopulisten in aller Welt sind an diesem Wandel unweigerlich »die Fremden« schuld. Für Donald Trump sind es Mexikaner oder auch Chinesen, die das gewohnte Leben und Selbstverständnis der Amerikaner bedrohen. Deutsche Rechtspopulisten sehen unsere Lebensweise von Flüchtlingen bedroht, von Muslimen, von »den Ausländern«.

Aber was macht denn das Deutschland aus, das wir bewahren wollen? Geht es uns um eine Gesellschaft, die den Wert eines Menschen an seiner Herkunft oder Religion bemisst? Oder um ein Land, in dem alle die gleichen Chancen haben? Ist Zusammenhalt nur in einer Gemeinschaft möglich, in der alle an den gleichen Gott glauben und ähnlich aussehen? Oder geht echter Zusammenhalt nicht eher aus einer Haltung hervor, die gerade angesichts der Vielfalt der Menschen betont: Wir sind zwar nicht alle gleich, aber alle gleich viel wert?

An diesen Fragen scheiden sich die Geister nicht nur zwischen Demokraten und Rechtspopulisten, sondern auch innerhalb des demokratischen Spektrums. Die neue Rechte tut so, als gäbe es dazu in unserer Gesellschaft keine Auseinandersetzung – als hätten sich die politischen Kräfte der Demokratie einhellig gegen »das Volk« verschworen, um die »Abschaffung Deutschlands« und die »Islamisierung des Abendlands« zu betreiben. Diesem Schreckensbild halten die Rechtspopulisten eine Vision von Deutschland in den geistigen Grenzen eines rückwärtsgewandten westdeutschen Mannes der Adenauer-Jahre entgegen. Sie möchten uns weismachen, dass wir heute einzig zwischen zwei Szenarien die Wahl hätten: Untergang des Abendlandes oder Rückkehr in eine idyllisierte deutsche Einförmigkeit.

Mit der sozialen Wirklichkeit im heutigen Deutschland hat das rechte Gesellschaftsbild wenig tun. Schon im Jahr 1964 wurde in der alten Bundesrepublik mit großem Tamtam der millionste »Gastarbeiter« begrüßt. Trotzdem hat die Politik diese Realität jahrzehntelang ignoriert und gebetsmühlenhaft wiederholt, Deutschland sei kein Einwanderungsland. Mit dieser politischen Lebenslüge hat erst das rot-grüne Zuwanderungsgesetz von 2002 Schluss gemacht. Heute leben rund neun Millionen Menschen mit einem ausländischen Pass in Deutschland, 17 Millionen haben einen »Migrationshintergrund«. Diese Zusammensetzung unserer Bevölkerung ist kein Betriebsunfall der Demografie. Wir wollten und wollen das so. Wir wollten ausländische Arbeitskräfte, weil sie ein Gewinn für unsere Wirtschaft waren. Wir wollten deutschstämmige Aussiedler aus Osteuropa, weil das ein Akt der Solidarität mit unseren Landsleuten war. Wir wollen die Freizügigkeit innerhalb der EU, weil Grenzen und Mauern uns lange genug getrennt haben.

Und wir wollten die Flüchtlinge des syrischen Bürgerkriegs aufnehmen, weil Hilfe für Menschen in Not eine Lehre aus einer deutschen Geschichte voller Krieg und Vertreibung ist.

Dass Flüchtlinge und Zuwanderer für die neurechte Propaganda das weitaus größte Thema sind, ist kein Wunder. Seit jeher bildet die Fremdenfeindlichkeit den Kern radikal rechter Ideologien. Die Vision vom Volk als einer von Blut und Boden gestifteten Schicksalsgemeinschaft ist angewiesen auf eine Abgrenzung gegenüber »den anderen«, die dem Volk vermeintlich schaden, es bedrohen und jedenfalls nicht dazugehören können. Zusammenhalt gibt es laut neurechter Ideologie nur da, wo man unter seinesgleichen bleibt. Deshalb glaubt AfD-Vize Gauland mit rassistischen Tönen punkten zu können, wenn er mit Blick auf einen dunkelhäutigen deutschen Fußballnationalspieler sagt: »Sie wollen einen Boateng nicht als Nachbarn haben«[137] – und schießt damit zum Glück nur ein Eigentor.

Vor allem da, wo das Thema nicht Zuwanderer im Allgemeinen, sondern Flüchtlinge im Besonderen sind, ist die rechtspopulistische Agitation gekennzeichnet von einem krassen Sozialdarwinismus. Schließlich will die neue Rechte ihren Anhängern einreden, Deutschland stünde am Rand einer Katastrophe, und für diese Untergangspropaganda ist ihr so ziemlich jedes Mittel recht. Da redet etwa die AfD-Vorsitzende am Tag der Deutschen Einheit in Stuttgart vom »Lumpenproletariat der afro-arabischen Welt«, das den »Transferempfängern« hierzulande die staatlichen Leistungen streitig machen wolle.[138] Das ist die Art, wie sich die AfD als »Partei der Abgehängten« in Szene setzt: Sie versucht die sozial Schwachen im Land gegen noch Schwächere aufzuhetzen, gegen jene, die alles verloren haben und als Geflüchtete zu uns kommen.

Mit den komplexen Ursachen für die heutige Zusammensetzung der deutschen Gesellschaft will sich die neue Rechte nicht abgeben. Denn das würde ja heißen, dass sie die Wirklichkeit selbst als komplex begreifen müsste, und damit wären auf einen Schlag all ihre politischen Rezepte hinfällig. Also verleugnet sie entweder die Realität (nämlich dass unsere Gesellschaft grundsätzlich Zuwanderung braucht und von ihr profitiert), oder sie biegt sie sich nach ihren Bedürfnissen zurecht. Dann soll zum Beispiel nicht mehr Zuwanderung an sich Deutschland bedrohen, sondern eine bestimmte, und zwar die derzeit größte Gruppe von Zuwanderern. Oder wie es im AfD-Grundsatzprogramm heißt: »Der Islam gehört nicht zu Deutschland. In seiner Ausbreitung und in der Präsenz einer ständig wachsenden Zahl von Muslimen sieht die AfD eine große Gefahr für unseren Staat, unsere Gesellschaft und unsere Werteordnung.«[139]

In Deutschland herrscht Religionsfreiheit. Das heißt, der Islam gehört zu Deutschland wie jedes andere Glaubensbekenntnis auch – und ebenso die Freiheit, keine Religion zu haben.

Als politische Partei pauschal über die Anhänger einer Religion zu urteilen verstößt nicht nur gegen die Grundwerte unserer freiheitlichen Demokratie, sondern ist unfassbar borniert. Um das zu begreifen, reicht ein kurzer Blick auf die religiösen Traditionen des »Abendlands«. Ich selbst zum Beispiel gehöre einer Religion an, die vom Ausland aus gelenkt wird, die Frauen und Homosexuelle leider immer noch diskriminiert, die nicht demokratisch organisiert ist, die ihre Gottesdienste zum Teil in einer fremden Sprache abhält und deren Oberhaupt als unfehlbarer Stellvertreter Gottes auf Erden gelten will. Klingt besorgniserregend? Keine Sorge, ich bin eben Katholik. Trotzdem kann ich natürlich ein guter Deutscher und ein überzeugter Demokrat sein. Warum? Weil ich 2000 Jahre alte Schriften nicht Zeile für Zeile wörtlich zu nehmen versuche und weil ich mir nicht alles zu eigen mache, was meine Kirchenoberen verkünden. Bei Christen halten wir die Fähigkeit für selbstverständlich, zwischen »reiner« religiöser Lehre und Lebenspraxis, zwischen alten Schriften und modernen Gesetzen zu unterscheiden. Und wenn religiöse Fanatiker gegen diese Grundsätze verstoßen – wenn etwa Sekten im Namen eines vermeintlichen Urchristentums Kinder misshandeln –, dann geht der Rechtsstaat mit der nötigen Härte gegen sie vor. Aber niemand würde von solchen grausamen Fundamentalisten auf »die Christen« insgesamt schließen. Warum sollte das bei Muslimen anders sein?

Die AfD schiebt ihren Unterstellungen im Grundsatzprogramm eine der unter sogenannten Islamkritikern üblichen Einschränkungsphrasen hinterher: »Viele Muslime leben rechtstreu sowie integriert und sind akzeptierte und geschätzte Mitglieder unserer Gesellschaft.«[140]

Aber was sollen wir daraus schließen? Muslime gelten der AfD grundsätzlich als Gefahr für Deutschland, und die »Rechtstreuen und Integrierten« unter ihnen sind demzufolge nicht die Regel, sondern die Ausnahme. AfD-Funktionäre ziehen zur Rechtfertigung dieser Haltung gern das Argument heran, der Islam sei »eher eine Ideologie als eine Religion«[141]. Durch eine dreiste Umetikettierung versuchen sie ihre Partei dem Vorwurf der religiösen Ausgrenzung zu entziehen – wieso, man rede hier ja nicht von einer Religion, sondern von einer Ideologie. Bloß würde kein seriöser Religionswissenschaftler so eine Aussage stützen. Und die Vorstellung, dass seit 1400 Jahren Milliarden von Gläubigen eine Ideologie mit einer Religion verwechselt haben sollen, weshalb sie nun von ein paar rechtspopulistischen Hobby-Welterklärern eines Besseren belehrt werden müssen, ist grotesk.

Das Zusammenleben in einer von Migration (mit)geprägten Gesellschaft ist kein Karneval der Kulturen. Es muss sozial ermöglicht, politisch unterstützt und rechtlich geregelt werden. Dafür brauchen wir kein Gerede von »Leitkultur«, wohl aber müssen wir darauf bestehen, dass unsere Gesetze eingehalten und die Grundrechte geachtet werden.

Unterdrückerisches Frauenbild, archaisch-aggressiver Ehrbegriff, religiöse Unduldsamkeit: zu leugnen, dass es diese Muster gibt, dass sie in vielen islamischen Ländern noch immer gesellschaftsprägend sind und dass sie mit dem Zuzug von Menschen aus diesen Ländern auch in Deutschland gehäuft auftreten, wäre unlauter. Viele Menschen kommen gerade wegen der Gleichberechtigung der Geschlechter, der Religionsfreiheit und des Pluralismus zu uns – aber gewiss nicht alle. Die Integration von Zuwanderern ist daher eine große und schwierige Aufgabe. Aber es ist eine Aufgabe, die wir uns nur noch schwerer machen, wenn wir sie feindselig und vorurteilsbeladen angehen. Einmal mehr gilt: Anstatt Ressentiments zu schüren, müssen wir genau hinsehen und gezielt handeln.

Die Gründe für die typischen Probleme vor allem mit jungen männlichen muslimischen Migranten sind vielschichtig. Es gibt keine einfache Ursache dafür, schon gar nicht »den Islam«. Es geht um kulturelle Gewohnheiten, die zum Teil religiös begründet werden, es geht um widerstreitende Auslegungen des Koran (so wie wir im Christentum und in jeder großen Religion widerstreitende Versionen der religiösen Lehre kennen) – oft geht es auch um mangelnde Bildung, fehlende Perspektiven, fortgesetzte Kränkungserfahrungen, gewaltaffine soziale Umfelder, um die Befangenheit in Macho-Klischees. All diese Einflüsse können gravierend sein, doch sie sind nicht unveränderlich. Sie bilden im heutigen Deutschland eine erhebliche gesellschaftliche Herausforderung. Doch wir sind auch dieser Herausforderung gewachsen – und der Untergang des Abendlands steht ohnehin nicht bevor.

Selbstverständlich müssen strafbare Handlungen – ganz gleich, wer sie verübt – unserem Rechtssystem gemäß konsequent geahndet werden. Und sebstverständlich gehört zu einer verantwortungsvollen Flüchtlingspolitik auch, dass diejenigen, die als Flüchtlinge zu uns gekommen sind, nach rechtsstaatlicher Prüfung aber keine Bleibeperspektive in Deutschland haben, unser Land tatsächlich wieder verlassen.

Bei allen unleugbaren Problemen, die die Ankunft von Hunderttausenden Menschen aus Kriegs- und Krisengebieten für eine Gesellschaft bedeutet, dürfen wir aber auf keinen Fall die Gleichsetzung von Flüchtlingsaufnahme und Terrorgefahr unwidersprochen lassen, mit der die Rechtspopulisten Stimmungsmache betreiben. Für die Art von Attentaten, für die seit einigen Jahren jedes Mal das Terror-Franchise-Unternehmen IS die Verantwortung übernimmt, sind keine Flüchtlinge im Land nötig. Es reicht ein fanatisierter Einzeltäter mit Kontakten zu Dschihadisten im Internet. Es kann ein Mensch mit oder ohne Migrationshintergrund sein, im muslimischen Glauben aufgewachsen oder konvertiert, einer gewalttätig-radikalen Auslegung des Islam verfallen oder diese nur als Vorwand nutzend, in einem Terrorcamp im Nahen Osten ausgebildet oder bloß imstande, einen Lastwagen zu steuern. Der Attentäter vom Berliner Breitscheidplatz im Dezember 2016, der Tunesier Anis Amri, kam nicht als hilfsbedürftiger Flüchtling. Er war ein Terrorist. Er hat sich verschiedentlich als Flüchtling getarnt, aber dass er nach Deutschland gelangen konnte, hatte nichts mit der Entscheidung der Bundesregierung 2015 zu tun, syrische Kriegsflüchtlinge aufzunehmen – denn Amri ist bekanntlich schon 2011 über Italien in die EU gekommen.

Vermutlich gibt es auch potenzielle Terroristen, die über die Flüchtlingsrouten vom IS nach Europa eingeschleust werden. Tatsächlich hat der IS ein strategisches Interesse daran, den Westen glauben zu machen, die Flüchtlinge brächten den Terror mit. Den Dschihadisten geht es, wie sie selbst sagen, darum, die Länder des Westens zu destabilisieren und in Schrecken zu versetzen – ursprünglich mit dem Ziel, sich im Irak und in Syrien unbehelligt ihr »Kalifat« zusammenerobern zu können. Inzwischen sind sie dort ja wieder weit zurückgedrängt worden. Umso wichtiger aber scheint es ihnen zu sein, durch weltweit in ihrem Namen verübte Anschläge weiterhin Stärke zu demonstrieren. Die Dschihad-Strategen wünschen sich, dass der Terror die westlichen Gesellschaften dazu bringt, sich ihrerseits zu radikalisieren und sich selbst zu zerrütten. Und den Gefallen möchte die neue Rechte ihnen gern tun.

Keine Frage: Den Terrorismus zu stoppen zählt zu den dringlichsten Aufgaben, die sich unserem Staat heute stellen. Die Politik ist gefordert, alles dafür zu tun, dass sich ein Fall Amri in Deutschland in der Form nicht wiederholen kann. Die beste Antwort auf Hass und Terror ist und bleibt ein wehrhafter Rechtsstaat – mit mehr Personal, guten Gesetzen, stärkerer internationaler Kooperation und mehr Prävention. Darum kümmern wir uns. Justiz- und Sicherheitsbehörden werden erheblich verstärkt. Von 2015 bis 2020 wird allein die Bundespolizei mehr als 7000 zusätzliche Stellen erhalten. Auch die Bundesländer sollten nachziehen, einige tun dies bereits.

Mit härteren Strafen wird man keinen potenziellen Selbstmordattentäter abschrecken – aber neue Gesetze können es dem Staat ermöglichen, früher einzugreifen. Deshalb haben wir die Finanzierung von Terrorismus unter Strafe gestellt und ebenso die Ausreise aus Deutschland zum Terrorkampf oder zur Ausbildung in Terrorcamps. Damit trocknen wir die Finanzquellen des Extremisten aus und verhindern, dass junge Menschen als Terrorrückkehrer zur Gefahr in Deutschland werden. Wenn Terrorverdächtige nach einer Haft entlassen werden müssen, wollen wir sie mit der elektronischen Fußfessel stärker überwachen und damit den Sicherheitsbehörden die Arbeit erleichtern. Und wir müssen auch dafür sorgen, dass die Strafverfolger technisch auf der Höhe der Zeit bleiben – zum Beispiel darf die verschlüsselte Kommunikation im digitalen Zeitalter für die Ermittler keine *black box* bleiben.

Besonders wichtig ist die internationale Zusammenarbeit. Die potenziellen Täter sind sehr mobil, sie wechseln häufig die Wohnorte und haben oft Kontakte in ganz Europa. In einem Europa ohne Binnengrenzen müssen auch die Sicherheitsbehörden grenzüberschreitend zusammenarbeiten. Nicht alle EU-Staaten beteiligen sich bisher in dem Maß am Datenaustausch, in dem dies rechtlich möglich ist. Viele

Datenbanken sind noch nicht miteinander vernetzt. Da muss die Kooperation enger werden. Ebenso in der Zusammenarbeit mit Drittstaaten: Ausländische Extremisten, die Hass verbreiten oder Gewalttaten planen, sollten wir in unserem Land nicht dulden. Wenn Herkunftsstaaten ihre Bürger, die bei uns kein Aufenthaltsrecht haben, nicht oder nur zögerlich zurücknehmen, müssen wir diesen Staaten gegenüber resoluter auftreten. Schließlich wenden wir uns nicht als Bittsteller an sie, sondern um Völkerrecht durchzusetzen.

Ich betone all dies nicht, um möglichst große Härte zu demonstrieren – sondern es ist mir wirklich ein Hauptanliegen. Unsere Bevölkerung hat in den letzten Jahren sehr große Hilfsbereitschaft für Menschen in Not gezeigt. Umso wichtiger ist es, dass nun Extremisten und Kriminelle diese Hilfsbereitschaft nicht ausnutzen können, um unsere Sicherheit zu gefährden! Der Terrorist vom Berliner Breitscheidplatz brauchte keinen Schutz und keine Hilfe in Europa. Er hatte vor dem Anschlag auf den Weihnachtsmarkt schon zahlreiche Straftaten begangen. Unsere Bevölkerung muss die Gewissheit haben, dass Verbrecher wie er bestraft und abgeschoben werden, bevor sie hier auch noch Terrorakte verüben können.

Wir werden im Kampf gegen den Terror aber nur dann erfolgreich sein, wenn wir auch die Herzen und Köpfe der Menschen erreichen. Mehr Engagement bei der Prävention, mehr Einsatz bei der Deradikalisierung sind nötig – schließlich stammt ein Großteil der sogenannten Gefährder aus unserem eigenen Land.

In den USA haben staatliche Stellen es lange Zeit vermieden, von »islamistischem Terrorismus« zu sprechen, um sich den Missbrauch der Religion durch die Extremisten nicht zu eigen zu machen. Ich finde, man darf keine Gruppe unter Generalverdacht stellen, aber es bringt uns der Lösung des Problems auch nicht näher, wenn wir Zusammenhänge sprachlich beschönigen. In der Prävention gegen religiösen Fanatismus sind nun einmal auch – und ganz wesentlich – die Religionsgemeinschaften gefordert.

Ob es um die Integration von Zuwanderern geht oder um die Aufrechterhaltung unserer öffentlichen Sicherheit: Wir sind bei diesen Aufgaben auf den Zusammenhalt unserer Gesellschaft angewiesen. Und zwar auf den Zusammenhalt unserer vielfältigen Gesellschaft von heute und nicht auf eine ausgrenzende Erzählung vom deutschen Volk, das erst einmal alle vom Hof jagen muss, die der neuen Rechten nicht ins Bild passen, ehe es sich mit wirklichen Problemen befassen kann. Der Zusammenhalt gegen Mord und Terror bedeutet deshalb auch ein Zusammenstehen von Christen und Muslimen: Moscheegemeinden dürfen religiösen Extremisten in ihren Reihen keinen Fußbreit Platz geben, aber ebenso müssen wir jeder pauschalen Stimmungsmache gegen Muslime entschlossen entgegentreten. Wir brauchen ein Aktionsprogramm gegen den Salafismus, doch das muss ein Programm sein, das jenen, die sich von der extremistischen Lehre abwenden, eine offene Tür bietet.

Präventionsarbeit brauchen wir nicht zuletzt für die Geflüchteten in den Notunterkünften. Heimatlos geworden, oft von traumatischen Erfahrungen belastet und ohne Zukunftsperspektiven allzu lange sich selbst überlassen, können sie zur leichten Beute für dschihadistische Propaganda werden. Es ist in unserem eigenen Interesse, dass wir diesen Menschen rechtzeitig den Zugang zu unserer Gesellschaft ermöglichen. Wir dürfen sie nicht außen vor lassen, am Rand, wo die Extremisten lauern.

Wenn wir angesichts der terroristischen Bedrohungen unsere Politik auf den Prüfstand stellen, sollten wir immer die mutigen Worte im Hinterkopf haben, die der damalige norwegische Ministerpräsident Jens Stoltenberg 2011 nach den Mordanschlägen in Oslo und Utøya sprach:»Noch sind wir geschockt, aber wir werden unsere Werte nicht aufgeben. Unsere Antwort lautet: mehr Demokratie, mehr Offenheit, mehr Menschlichkeit. Aber nie Naivität.« Den Terroristen – das haben die Dschihad-Fanatiker mit dem rechtsextremen Massenmörder Breivik in Norwegen gemeinsam – geht es um Attentate auf unsere Freiheit und gegen den Zusammenhalt unserer Gesellschaft. Entsprechend muss es uns bei unseren Anti-Terror-Maßnahmen darum gehen, unsere Freiheit zu sichern und eine Spaltung zu verhindern. Und nicht bei dem Versuch, Sicherheit zu schaffen, Freiheiten abzubauen und Vorurteile zu schüren.

Die AfD will den Eindruck erwecken, auch sie hätte ein sicherheitspolitisches Konzept. Wenige Tage nach dem Anschlag auf dem Berliner Breitscheidplatz veröffentlichte ihre Vorsitzende einen Artikel mit Forderungen, die auf den Umbau Deutschlands zu einem Polizeistaat hinauslaufen würden. Da sollen Polizisten»für den Infanteriekampf« ausgebildet, Polizei und Geheimdienste zusammengelegt werden und Soldaten der Bundeswehr überall dort gegen Terroristen kämpfen,»wo sie ihre Aktionen planen«.[142] Es sind Vorschläge, die darauf abzielen, demokratische Strukturen durch autoritäre zu ersetzen. An der tatsächlichen Bedrohungslage gehen sie weit vorbei. Um islamistische Fanatiker aufzuspüren und zu überwachen, braucht der Staat subtilere Mittel als Infanterie. Und Militär auf den Straßen – das würde genau jene Bürgerkriegsatmosphäre in unseren Städten schaffen, die der IS herbeimorden möchte. Mit solchen Forderungen weist man keinen Weg zur Wehrhaftigkeit, sondern macht sich zum Büttel der terroristischen Eskalationslogik.

Aber die neue Rechte will ja auch gar keine echten Konzepte anbieten. Wer unablässig eine Katastrophe beschwört und mit diesen Szenarien seine Anhängerschaft bei der Stange hält, ist darauf angewiesen, dass auch wirklich schlimme Ereignisse eintreten. Sonst wird er unglaubwürdig. Das ist ein Hauptunterschied zwischen Rechtspopulisten und verantwortungsbewussten Demokraten: Die einen beschwören die Katastrophen und sehnen sie herbei, die anderen versuchen sie abzuwenden. Die richtige Reaktion auf die terroristische Bedrohung besteht darin, die gemeinsamen Werte zu betonen, aber auf keinen Fall bestimmte Gruppen – sei es wegen ihrer Religion, sei es wegen ihrer Herkunft – unter Generalverdacht zu stellen. Denn nur in diesem Zusammenhalt kann eine friedliche, sichere und freiheitliche Zukunft für unser Land liegen.

Was wir tun können

Flüchtlinge, Zuwanderung und die Sorge um die innere Sicherheit sind das, worüber die Rechtspopulisten am liebsten und am lautesten reden. Sie schüren rassistische Vorurteile, sie bauen ihre Propaganda auf Ängsten auf, und ihre einzige Vision vom gesellschaftlichen Zusammenhalt beruht auf Ausgrenzung.

Die große Mehrheit der Bevölkerung teilt diese Haltung nicht. Die Muslimfeindlichkeit ist laut der *Mitte*-Studie in Deutschland seit Anfang des Jahrtausends insgesamt rückläufig.[143] Unter AfD-Anhängern sind muslimfeindliche Tendenzen allerdings mehr als dreimal so hoch wie in der Gesellschaft insgesamt.[144] Die neue Rechte spricht mit ihrer Hetze gegen Muslime also nicht, wie sie behauptet, dem Volk aus der Seele. Sie bedient nur die Ressentiments einer Minderheit.

Was den Islam betrifft, ist allerdings noch etwas anderes zu sagen: nämlich dass er in der Berichterstattung und überhaupt im öffentlichen Diskurs fast nur als radikaler Islam vorkommt. In den Medien ist das kaum zu vermeiden, denn Schlagzeilen macht das, was Probleme macht – und die nicht radikalen Ausprägungen des Islam, denen die große Mehrheit der Muslime in Deutschland angehört, bereiten nun einmal keine Probleme. Doch das Schwergewicht in der Berichterstattung erzeugt ein Zerrbild, was man auch daran bemerkt, dass die Bundesbürger laut einer repräsentativen Umfrage von Ende 2016 den Anteil an Muslimen in Deutschland weit überschätzen. Sie veranschlagen ihn durchschnittlich auf 21 Prozent. Tatsächlich sind aber selbst nach der Aufnahme der Geflüchteten im Herbst 2015 weniger als sechs Prozent der Menschen in Deutschland Muslime.[145] Und den Terrorismus lehnen die allermeisten von ihnen ebenso ab wie die allermeisten Menschen aus dem Rest der Bevölkerung.

Keineswegs mehrheitsfähig ist auch die Stimmungsmache der Rechten gegen Flüchtlinge. Hierzu sei noch einmal die *Mitte*-Studie zitiert: »Die Mehrheit der deutschen Bevölkerung äußert sich im Sommer 2016 wohlwollend oder zumindest in der Tendenz positiv zur Aufnahme von Geflüchteten in Deutschland. Über die Hälfte der Befragten (56 Prozent) findet die Aufnahme gut, weitere 24 Prozent zumindest teils-teils gut. Nur 20 Prozent finden es explizit

›eher nicht‹ oder ›überhaupt nicht‹ gut, dass Deutschland so viele Flüchtlinge aufgenommen hat.«[146]

Diese 20 Prozent, die sich mit der Aufnahme der Flüchtlinge nicht einverstanden erklären, entsprechen dem derzeitigen rechtspopulistischen Potenzial in unserem Land. Ganz sicher keine Zahl, bei der wir uns zurücklehnen können. Wir müssen all unsere Überzeugungskraft daran setzen, sie so weit wie möglich zu verringern. Ein Schritt dazu kann aber auch sein, energisch auf die andere Seite dieser Zahl hinzuweisen: 80 Prozent der Menschen in Deutschland finden die Aufnahme der Flüchtlinge richtig – auch wenn sich die Mehrheitsverhältnisse bei Pegida-Kundgebungen, bei AfD-Veranstaltungen oder in neurechten Facebook-Filterblasen ganz anders anfühlen mögen. Auf diese 80 Prozent müssen wir bauen. Das heißt aber, dass die 80 Prozent sich viel deutlicher als bisher bemerkbar machen müssen.

Die Rechten wollen ihr feindseliges Denken und ihre verächtliche Sprache zum Normalfall in Deutschland machen. Ihre Wortführer wissen ebenso gut wie wir um die 80 Prozent, die ihnen bislang nicht auf den Leim gehen. Durch ihre Taktik des größtmöglichen Lärms, der schrillstmöglichen Panikmache und des höchstmöglichen Maßes an öffentlicher Aufmerksamkeit versuchen sie die Stimmung im Land zu drehen.

Dass so ein Abkippen tatsächlich zu befürchten ist, wenn es an demokratischer Gegenwehr und politischer Standfestigkeit mangelt, zeigt sich in einem Bundesland: in Sachsen. Eine Umfrage im Auftrag der Staatsregierung ergab Ende 2016, dass 58 Prozent der Bewohner Sachsens Deutschland für »gefährlich überfremdet« halten und dass sogar 69 Prozent muslimfeindliche Ansichten hegen.[147]

Im Zusammenhang mit Pegida und mit Angriffen auf Flüchtlingsunterkünfte ist oft über eine Sonderrolle Sachsens diskutiert worden. Gegenwärtig droht der Freistaat – der mit vier Prozent den drittniedrigsten Ausländeranteil aller Bundesländer hat, knapp unterboten nur noch von Thüringen und Sachsen-Anhalt – zu einer Art riesiger Echokammer zu werden, in der radikal rechtes Gedankengut um sich greift und harte Fakten gegen die »gefühlte Realität« der Demagogen immer weniger Chancen haben. Wir sollten für unsere Strategie gegen Rechts aus dem Beispiel Sachsen lernen, einen wichtigen Umkehrschluss zu ziehen: Die Rechten streben kulturelle Hegemonie an. Also müssen wir die bestehende kulturelle Hegemonie der demokratischen Kräfte verteidigen und ausbauen. Das vielfältige, pluralistische und tolerante Deutschland muss sich wehrhaft zeigen gegen die Versuche, seinen Zusammenhalt zu zerstören. Es muss aktiv für sich werben. Dazu muss auch der Bund noch mehr Mittel zur Verfügung stellen, um demokratiefördernde Projekte vor Ort zu stärken.

Wir dürfen die rechte Propaganda nicht unbeantwortet lassen. Wenn es zum Beispiel wieder heißt, die viel beschworene Million Flüchtlinge würde dem deutschen Volk die Identität nehmen oder ihm die Haare vom Kopf fressen, sollten wir hartnäckig mit dem Vergleich von dem Saal kontern, in dem 80 Menschen versammelt sind. Einer kommt neu dazu, und einige fangen an zu schreien: »Der passt hier nicht mehr rein!«, »Der nimmt uns alles weg!« oder »Dieser Saal schafft sich ab!« Wir müssen klar sagen, wie falsch das ist, aber auch wie niederträchtig. Denn es hat allein zum Ziel, unsere Gesellschaft zu entzweien, um rechte Antidemokraten ihrem Traum von der Macht näher zu bringen.

Zu sehr neigt die Politik bisher dazu, Parolen der Rechtspopulisten zu übernehmen, anstatt sie zu zerlegen. Das Gerede von einer »Obergrenze« für den Flüchtlingszuzug etwa ist doppelt schädlich. Zum einen steht es im Widerspruch zum Asylrecht – dessen Kern allen Verschärfungen zum Trotz weiter besteht und bestehen muss. Und zum anderen suggeriert es, Deutschland würde in der Tat, wie die Rechtspopulisten behaupten, »unbegrenzt« Menschen aufnehmen. Dabei gibt es faktische Obergrenzen, ohne dass man diese mit einer symbolischen Zahl verbinden müsste. Natürlich nehmen wir nicht mehr Menschen auf, als Deutschland verkraften kann. Wir machen eine vernünftige Flüchtlingspolitik, mit der wir unserer humanitären Verantwortung nachkommen und unser Grundgesetz einhalten. Es wäre zwar dringend nötig, dass eine derartige Politik nicht nur von Deutschland, sondern auch von unseren Partnern in der EU vertreten würde. Doch zu behaupten, Deutschland würde »mit Einwanderern geflutet« und Ähnliches, ist nichts als Hetze und sollte auch konsequent so genannt werden. Selbst mit der Ausnahmesituation vom Herbst 2015, als ganz Europa die Flüchtlinge im Stich ließ, sind wir – diese deutsche Gesellschaft, in ihrer Vielfalt und durch ihren Zusammenhalt – gut fertig geworden. Trotz des ständigen Störfeuers von rechts.

Der Herausforderung der Integration muss die Politik mit vernünftigen Leitlinien begegnen. Und mit Vertrauen in die Überzeugungskraft unserer demokratischen Werte. Ein umfassendes Deutschkurs-Angebot statt »Leitkultur«-Forderungen; die Aussicht auf soziale Teilhabe statt Symboldebatten wie die um ein Burkaverbot.

Und wir brauchen solide Sicherheitskonzepte, um unsere Gesellschaft vor Terrorismus zu schützen. Solide können diese Konzepte aber nur sein, wenn sie unsere Gesellschaft insgesamt einbeziehen. Und nicht nur deren scheinbar homogenen Ausschnitt, den die neue Rechte für deutsch hält.

11 Kultur und Stammtisch

Zu einer demokratischen Gesellschaft gehört eine lebendige, vielfältige und von keiner Obrigkeit gegängelte Kulturszene. Kunst und Musik, Text und Bühne sind immer schon die Felder gewesen, auf denen die Menschen ihre geistige Freiheit entdeckt und erkundet, eingefordert und ausgelebt haben. Längst zählen Foto und Film und auch die digitale Welt dazu. Die Möglichkeiten, Kultur zu schaffen und sich für Kultur zu begeistern, sind unerschöpflich – und gerade diese wunderbare Bandbreite macht die Kultur in der Demokratie aus. Sie kann uns trösten oder verunsichern, bestärken oder infrage stellen, beruhigen oder verstören. Sie kann uns auf immer wieder neue Gedanken bringen, aber auch provozieren und ärgern. Sie kann uraltes Erbe bewahren und uns neue Horizonte erschließen. Sie kann uns fremd bleiben, und sie kann uns das Fremde nahebringen. Sie kann uns überfordern. Sie kann uns kaltlassen oder berauschen. Sie kann unseren Blick auf die Welt verändern.

Kurz: Die Kultur macht uns zu mündigen Menschen, und ohne die Freiheit der Kultur gibt es keine freie Gesellschaft. Diese Erkenntnis sollte die Grundlage bilden für die Kulturpolitik eines demokratischen Staates.

Die Rechtspopulisten sehen das anders. Auch sie reden zwar gern von Kultur, allerdings immer in Schwarz-Weiß-

Manier. Für sie gibt es gute Kultur und schlechte, und was gute Kultur ist, wollen sie allein bestimmen. Wer nun jedoch erwartet, dass diese rigorose Haltung der neuen Rechten wenigstens mit entsprechend klaren Vorstellungen einhergeht, sprich: mit einem vielleicht antiliberalen, aber zumindest durchdachten kulturpolitischen Gegenentwurf zu dem, was sie als das »linksrotgrün versiffte 68er-Deutschland«[148] beschimpft, wird enttäuscht. Auch im Bereich Kulturpolitik haben die Rechtspopulisten außer heißer Luft und der Pose »Wenn wir kommen, wird aufgeräumt«[149] wenig anzubieten.

Kultur, so heißt es hochtrabend im AfD-Grundsatzprogramm, sei »die zentrale Klammer, in der sich auch ein neues Politikverständnis sehen muss. Unser aller Identität ist vorrangig kulturell determiniert. Sie kann nicht dem freien Spiel der Kräfte ausgesetzt werden. Vielmehr soll ein Bewusstsein gestärkt werden, welches kulturelle Verbundenheit wahrnimmt, fördert und schützt.«[150]

Das ist die Art von Sätzen, bei denen es nicht darum geht, sie zu verstehen. Sie sollen bloß feierlich und gelehrt klingen. Sie sollen den Eindruck vermitteln, Kultur sei eine ernste Angelegenheit und sehr wichtig für Deutschland, und die AfD-Leute würden sich damit auskennen.

Fangen wir also gar nicht erst damit an, uns zu fragen, was denn wohl eine zentrale Klammer sein mag, vom freien Spiel welcher Kräfte die Rechtspopulisten hier vor sich hin raunen und ob Leute, die Identität für determiniert halten, sich wirklich als Kulturpolitiker eignen. Behalten wir das Wortgeklingel aus dem Programmtext im Hinterkopf, und wenden wir uns den konkreten Situationen zu, in denen die AfD kulturpolitisch Stellung bezieht.

Die Parteivorsitzende bemängelt, dass Deutsche als Geburtstagslied *Happy Birthday* anstimmen, denn das ist ja nicht deutsch.[151] Und ihr Vize sagt: »Ich will nicht akzeptieren, dass es in der Schule kein Schweinefleisch mehr gibt. Morgen kommt einer auf die Idee, dass man Weihnachten nicht mehr feiern darf.«[152] Das ist AfD-Logik vom Feinsten – wer von der kulturellen Errungenschaft »Schweinefleisch in der Schulkantine« abrücken will, dem ist zuzutrauen, dass er im nächsten Schritt versucht, uns das Weihnachtsfest zu verbieten. Ein nachvollziehbarer Sinnzusammenhang? Egal, gesagt ist gesagt, und Hauptsache, es geht wieder gegen die Muslime. (Wobei die Nachfrage nach Schweinefleisch ja auch deshalb sinken könnte, weil einfach immer mehr Eltern und Schüler Wert auf eine ausgewogene Ernährung legen oder sich um die Zustände in der Massentierhaltung sorgen.)

Noch schlimmer wird es für die Rechtspopulisten, wenn »kultur- und raumfremde Menschen«[153] in Deutschland auch noch mitmischen dürfen beim kulturellen Angebot. Im Herbst 2016 schoss sich die AfD Sachsen-Anhalt auf ein Theaterstück namens *Das Fremde – so nah* ein. Unterstützt vom Anhaltischen Theater in Dessau hatten einheimische Jugendliche und junge syrische Migranten gemeinsam eine Tanz- und Schauspielaufführung zum Thema Fremdsein entwickelt. Ein AfD-Landtagsabgeordneter sah darin »ein manipulatives Theaterprojekt, das darauf abzielt, Jugendlichen den Sinn für die Differenz zwischen dem Eigenen und dem Fremden abzuerziehen«, und fragte laut, ob sich die öffentliche Förderung für solche »linksversifften Stücke« nicht streichen ließe.[154] Einer seiner Parteifreunde, Vorsitzender der »Patriotischen Plattform« innerhalb der AfD, legte noch nach: Theatern, die ein »zu buntes Agitprop-Repertoire mit Regenbogen-Willkommens-Trallala auf die

Bühne bringen«, müsse man generell die Subventionen entziehen.[155]

Und was für ein Theater wünscht sich die AfD stattdessen? »Die Bühnen sollen … stets auch klassische deutsche Stücke spielen und sie so inszenieren, dass sie zur Identifikation mit unserem Land anregen«, heißt es bei ihrem Landesverband Sachsen-Anhalt.[156] Und: »Das Theater muss ganz einfach wieder zu einem volkspädagogischen Anspruch zurückfinden.«[157]

Angesichts solcher Forderungen – die Theater als Erziehungsanstalten, die dem Volk gefälligst das korrekte Deutschlandbild beibringen und sonst kurzerhand »zugemacht werden« sollen[158] – liest sich ein weiteres Schlagwort aus dem AfD-Grundsatzprogramm wie blanker Hohn. Es lautet »Kultur und Kunst von Einflussnahme der Parteien befreien« und dient als Überschrift zu dem Absatz, in dem die »aktuelle Verengung der deutschen Erinnerungskultur auf die Zeit des Nationalsozialismus« gegeißelt wird.[159]

In der Kulturpolitik der AfD geht alles durcheinander. Kulturangeboten, die den Rechtspopulisten unliebsam sind, soll die Politik den Geldhahn zudrehen. Aber zugleich nehmen die Parteien angeblich bisher zu viel Einfluss auf »das Kulturleben«, und deshalb wird in Deutschland dauernd an den Nationalsozialismus und viel zu selten an »die positiven, identitätsstiftenden Aspekte deutscher Geschichte«[160] erinnert.

Mit der Realität hat das nicht viel zu tun. Unsere Auseinandersetzung mit den dunkelsten Kapiteln der deutschen Vergangenheit, mit dem Nationalsozialismus, mit dem Holocaust, ist ein Fundament unseres demokratischen Selbstverständnisses. Dass dieses Geschichtsbewusstsein keineswegs eine »Einengung« unserer Erinnerungskultur bedeutet, kann jeder überprüfen, indem er sich einmal die Ausstellungen im Bonner Haus der Geschichte oder im Deutschen Historischen Museum in Berlin ansieht. Vielleicht tut es – wie der Schriftsteller Marko Martin anregt[161] – auch schon ein Besuch in einem der vielen Heimatmuseen im ganzen Land oder zum Beispiel bei einer der zahllosen Veranstaltungen zum Luther-Jubiläums-Jahr 2017.

Aber geht es der AfD bei ihrer Forderung, Kultur und Kunst von der Einflussnahme der Parteien zu befreien, wirklich um die Freiheit der Kunst und um die Unabhängigkeit der Kultureinrichtungen? Schließlich will die AfD selbst, wie aus jedem ihrer Statements zu Theater, Liedgut oder Fernsehprogramm ersichtlich wird, massiv Einfluss auf Kultur und Kunst nehmen. Anscheinend meint sie mit »Parteien« in ihrer Überschrift nur die anderen, nicht sich selbst; also diejenigen, die sie sonst gern »Altparteien« nennt. Ihnen gibt sie die Schuld, wenn Kunst und Kultur ihr nicht in den Kram passen.

Dass Kulturschaffende nicht auf Anweisung von Parteien handeln, wenn sie bei ihrer Arbeit andere Schwerpunkte setzen als die »Identifikation mit unserem Land« und den »volkspädagogischen Anspruch«; und dass auch die Jurys, die über die Vergabe öffentlicher Fördermittel für Kunst und Kultur entscheiden, in aller Regel keiner Partei unterstehen: Das will die neue Rechte nicht wahrhaben. Sie spricht von Freiheit, aber Kunst, die nicht irgendwie von Parteien gelenkt wird, kann sie sich kaum vorstellen. Und so lässt sich der Widerspruch zwischen der Forderung »Kultur und Kunst von Einflussnahme der Parteien befreien« und dem Wunsch, darüber bestimmen zu dürfen, welche Kunst »linksversifft«[162] und welche gut für Deutschland sei, nur in einer antidemokratischen Formel auflösen: Kunst und Kultur sollten nicht unter dem Einfluss »der Parteien« stehen, sondern unter dem Einfluss einer einzigen Partei.

Die öffentlich-rechtlichen Sender möchte die AfD übrigens nicht befreien, sondern faktisch abschaffen. Schließlich ist die GEZ eines ihrer Lieblingsfeindbilder. Mit den »Zwangsgebühren«, so unterstellt die neue Rechte, würden systematisch Sendungen finanziert, die linke Propaganda verbreiteten und die wahren Interessen des Volkes missachteten. An die Stelle des gebührenfinanzierten Angebots will die AfD ein verschlüsseltes Bezahlfernsehen setzen, für das dann nicht mehr jeder Gerätebesitzer Geld zu entrichten hätte, sondern nur noch »freiwillige Zahler«.[163]

Wie aber sollte sich in einem solchen System – rein werbefinanzierte Privatsender für Gebührenmuffel plus Bezahlfernsehen für Bildungsbürger – ein »volkspädagogischer Anspruch« gegenüber den Kulturschaffenden durchsetzen lassen? Der AfD schweben Kontrollgremien vor, die allerdings, anders als die heutigen Rundfunkräte, »von den Zuschauern gewählt werden. Nur dann ist das Prädikat ›staatsfern‹ auch gerechtfertigt.«[164]

Da wird also das neoliberale Credo »Weniger Staat!« verbunden mit einer Aussicht auf direkte Demokratie. Das Volk (beziehungsweise das Segment der freiwilligen Zahler) soll selbst bestimmen, wer die Arbeit der nicht privaten Sendeanstalten prüft. Ganz abgesehen von der Frage, ob sich ein Bezahlfernsehen nach diesem Modell überhaupt tragen könnte: Die von der AfD ebenfalls erhobene Forderung, das, was vom öffentlich-rechtlichen Programmangebot dann übrig bliebe, habe sich »auf wertvolle Inhalte wie hochwertige Berichterstattung, Bildung, Kunst und Kultur zu konzentrieren«[165], wäre in einer auf solche Art staatsfernen Struktur nicht zu gewährleisten. Es sei denn, den Kontrollgremien der Sender wäre noch eine zentrale Zensurbehörde übergeordnet. Das alles natürlich nur zum Wohl des deutschen Volkes.

Wie man es auch dreht und wendet: Am Ende sind die kulturpolitischen Vorstellungen der neuen Rechten mit den Prinzipien unserer Demokratie unvereinbar. Kein Wunder, dass aus dem sachsen-anhaltischen Landesverband der AfD schon Rufe nach einer Abschaffung von Artikel 5 des Grundgesetzes, dem Grundrecht der Kunstfreiheit, ertönen.[166] Und dass ein Zusammenschluss von 19 Kulturinstitutionen Sachsen-Anhalts vor der Landtagswahl 2016 einen Appell mit dem Titel »Für die Freiheit von Kunst und Kultur! Deshalb gegen die AfD!« veröffentlichte.[167]

An den eigenen Widersprüchen stört sich die neue Rechte ja grundsätzlich wenig. Und so, wie die Flüchtlinge, die nach Deutschland kommen, bei ihr wahlweise »Lumpenproletariat« genannt werden oder gar keine »echten« Notleidenden sind, weil sie ja sonst nicht imstande wären, die kostspielige illegale Einreise zu finanzieren, kann sie gleichzeitig das Ende der parteipolitischen Einflussnahme auf die Kultur und ein Ende der unabhängigen kritischen Kunst verlangen. Ob ihre Forderungen schlüssig sind, spielt keine Rolle. Entscheidend ist allein, ob sie die Ressentiments ihrer Klientel bedienen: sei es gegen Kunst, die nicht das richtige Deutschlandbild vermittelt, oder gegen Gebühren für ein öffentlich-rechtliches Fernsehen und Radio, das den Auftrag hat, gesellschaftliche Vielfalt abzubilden.

Man mag in der Widersprüchlichkeit, im willkürlichen Aneinanderreihen von »Wir sind dagegen!«-Parolen eine typische Eigenschaft des »gärigen Haufens« sehen, als den ein Parteivize die AfD bezeichnet[168]: ein Stadium der Selbstfindung einer jungen Partei, die vorerst eh nur Fundamentalopposition machen will. Doch mich erinnert das Gepolter der Rechtspopulisten über Kulturthemen immer wieder an die Klischeefigur des grimmigen alten Mannes, der in den 50er- und 60er-Jahren darüber schimpfte, dass die Jugend »Negermusik« höre und nicht mehr zum Friseur gehe, und der überall, wo Kunst nicht seinen Vorstellungen entsprach, Sittenverfall und Perversion am Werk sah.

Noch wer, wie ich, in den ersten Jahren der Kohl-Regierung in Westdeutschland erwachsen wurde, war mit diesem Klischee vertraut – auch wenn es bereits in einige Ferne gerückt schien und der grimmige alte Mann keine gesellschaftliche Macht mehr darstellte, gegen die sich Kulturschaffende durchsetzen und an der sich kunst- oder musikbegeisterte Jugendliche abarbeiten mussten. Er giftete nun eher am Stammtisch herum als in der Öffentlichkeit.

In seiner Reportage »Wie ich auszog, die AfD zu verstehen« beschreibt der Journalist Malte Henk, wie die »geistig-moralische Wende«, die Helmut Kohl bei seiner Wahl zum Bundeskanzler ausrief, zwar eintrat, aber in ganz anderer Weise, als es sich die Konservativen damals vorgestellt hatten: »Das Land hat sich seitdem verändert, unter Schwarz-Gelb wie unter Rot-Grün. Die Parteien haben sich verändert, die Medien, die Universitäten, die Erwartungen daran, wie man öffentlich auftritt, was man sagen sollte und was lieber nicht, all das, was man Gesellschaft nennt.«[169]

Das öffentliche Klima in Deutschland, so der Tenor in Henks Reportage und auch in vielen anderen Texten zum rechtspopulistischen Wählerpotenzial, habe sich in den

8oern und 9oern in einem nie zuvor gekannten Maß liberalisiert. Ein Teil der Konservativen im Land aber habe, anders als die Unionsparteien, den Wandel nicht mitgemacht. Und jene Traditionalisten hätten nun in der AfD eine neue politische Heimat gefunden.

Ich teile diese Deutung nicht vorbehaltlos. Sie ähnelt mir zu sehr der bei der neuen Rechten so beliebten Argumentation, die Unionsparteien seien nach links gerückt, und deshalb müsse es nun die AfD geben. Auch wenn die AfD den Eindruck erwecken will, sie fülle bloß eine konservative Lücke im Land: Sie ist zugleich bestrebt, rechtsextremes und demokratieverächtliches Gedankengut mainstreamtauglich zu machen. Und das lässt sich weder mit einer Linksdrift der konservativen Parteien noch mit politisch heimatlos gewordenen Traditionalisten rechtfertigen. Außerdem blendet die Deutung aus, dass die gesellschaftliche Liberalisierung vor allem in den 9oer-Jahren mit einer politischen Neoliberalisierung einherging – als deren letzte unbeirrte Fürsprecherin ja nun auch wieder die AfD auftritt.

Eingeschränkt auf die Kulturpolitik würde ich aber zustimmen, dass unsere Gesellschaft in den letzten drei Jahrzehnten viel freiheitlicher und freizügiger geworden ist. Etliches, was Anfang der 8oer noch randständig war, zählt heute zur Alltagskultur. Politische Symbole wurden ironischer Pop (sodass irgendwann die Junge Union mit einem Slogan von Rosa Luxemburg warb), Tätowierungen sehen nicht mehr nach Seefahrt oder Knast aus, sondern sind längst bürokompatibel, und zerlöcherte Jeans gelten nicht mehr als Punk, sondern sind Teil von Modekollektionen. Es herrscht ein anderer öffentlicher Hedonismus vor, eine andere Lockerheit als in der nüchternen Bundesrepublik oder gar der grauen DDR von damals. Was den Abbau gesellschaftlicher Steifheiten betrifft, haben die 68er beziehungsweise ihre kulturellen Erben tatsächlich viel erreicht. Und wie gesagt: In mancher Hinsicht macht sich auch die neue Rechte Errungenschaften der kulturellen Auflockerung zunutze. Die »Identitären« imitieren linke Agitprop-Methoden, wenn sie aufs Brandenburger Tor klettern. In Mecklenburg-Vorpommern erzielt die AfD ihren Wahlerfolg mit einem hemdsärmeligen Ex-Radioplauderer als Spitzenkandidaten.

Zugleich aber lassen die Rechtspopulisten die Attitüde des grimmigen alten Mannes aus den Nachkriegsjahrzehnten aufleben – und verwandeln sie in eine oppositionelle Haltung. Anfangs verkörperte der grimmige Alte das Establishment (es war die Zeit, als man in der Bundesrepublik mit dem Slogan »Keine Experimente!« Wahlen gewann). Bis in die 8oer-Jahre überdauerte der grimmige Alte als zumindest eine Erscheinungsform des Establishments. Und heute erlebt er ein unverhofftes Revival als derjenige, der gegen ein, aus Sicht der Rechten, mittlerweile »linksrotgrün« umgemodeltes Establishment aufbegehrt.

Die neue Rechte findet, dass dem grimmigen alten Mann die Deutungshoheit über Kultur und Kunst in Deutschland niemals hätte entzogen werden dürfen. Denn er und kein anderer artikuliert ihrer Meinung nach die Bedürfnisse des Volkes. Die Rechten würden sich natürlich auch dagegen verwahren, dass es sich bei ihrer Gewährsperson um einen grimmigen alten Mann handelt. Sie würden sagen, er sei ein »besorgter Bürger«, ein ganz normaler Deutscher, eben das Volk schlechthin.

Wenn sich seine Fürsprecher von der AfD dann zum Beispiel über Theaterinszenierungen ereifern, greifen sie aber nur zum Schein das Muster auf, nach dem seit Unzeiten

rituell über das Theater geschimpft wird (zu viel Nacktheit und zu viel Geschrei auf der Bühne, zu wenig Werktreue...).
Die Rechtspopulisten haben Größeres im Sinn als kulturpessimistisches Stammtischgejammer. Sie wollen Kunst, die sie politisch unliebsam finden, tatsächlich unterbinden und ihre Vorstellungen von guter deutscher Kultur durchsetzen – als Teil ihres autoritären Umbauprogramms für unsere Gesellschaft.

Sie wissen, dass sie bisher bei Weitem in der Minderheit sind, also setzen sie bei ihren Äußerungen auf maximalen Effekt. Wenn sie fordern, dass Kunst der nationalen Erbauung zu dienen habe und dass die Subventionen für Werke, die »den Sinn für die Differenz zwischen dem Eigenen und dem Fremden« verwirren, gestrichen werden sollten, wollen sie Wähler locken, die sich im heutigen Deutschland zwar nicht wirtschaftlich, wohl aber kulturell abgehängt fühlen. Die Kulturpolitik eignet sich ähnlich gut wie die Frauen- und Familienpolitik, um mit plakativen Sprüchen Ressentiments im bürgerlichen Lager anzustacheln. Endlich wieder die guten alten deutschen Tugenden anstatt »Gender-Wahn« und »Willkommens-Trallala«!

Wie schäbig es ist, wie im Fall des Stücks *Das Fremde – so nah* in Dessau, gerade eine Arbeit mit Jugendlichen auszuwählen, um medienwirksam darauf herumzuhacken, scheint die Sittenwächter von der AfD nicht zu kümmern. Vielleicht weil es am rechten Rand Tradition hat, sein Mütchen an möglichst Wehrlosen zu kühlen. So fügt sich die Polemik gegen das Dessauer Jugendtheaterprojekt in ein Panorama der Niedertracht ein, das von der Belagerung eines Busses voller verängstigter Flüchtlingskinder und ihrer Eltern in Clausnitz bis zur Feigheit der anonymen Hassstürme im Internet reicht.

Kommen wir zurück auf die Frage, was die Rechten eigentlich meinen, wenn sie von Kultur sprechen. Es gibt darauf noch eine andere Antwort als die Umschreibung: das, was entweder zur Identifikation mit Deutschland anregt oder aber »linksversifft« ist. Diese andere Antwort vertreten innerhalb des neurechten Spektrums am unverhohlensten die »Identitären«. Sie spukt aber auch zwischen den dürren Zeilen herum, die das AfD-Grundsatzprogramm zum Thema Kultur aufbietet. Und sie kann dort die verquasten Formulierungen von der zentralen Klammer und vom Determiniert-Sein verständlich machen – allerdings in einer besorgniserregenden Weise.

Die Antwort, die ich meine, lautet: Kultur ist der neurechte Ersatzbegriff für Rasse. In den Kapiteln 5 und 8 war ja schon kurz davon die Rede. Die Verfechter des »Ethnopluralismus«, die der Meinung sind, jedes Volk könne und müsse unvermischt auf einem angestammten Gebiet leben, sprechen immerzu von Kulturen, um zu verschleiern, dass sie eine Rassenideologie verfechten. Es ist ein alter Trick. Schon als Theodor W. Adorno in den 50er-Jahren für seine Arbeit *Schuld und Abwehr* Gespräche mit jungen deutschen Rechtsradikalen auswertete, stellte er fest: »Das vornehme Wort Kultur tritt anstelle des verpönten Ausdrucks Rasse, bleibt aber ein bloßes Deckbild für den brutalen Herrschaftsanspruch.«[170]

Ebendiesen Etikettenschwindel führen heute die »Identitären« fort. Kultur als scheinbar unverfänglicher Begriff dient ihnen dazu, eine rassistische Weltanschauung rund um das kostbare »Eigene« und das unwillkommene »Fremde« zu propagieren.

Was die AfD betrifft, so wäre es zwar böswillig, ihr pauschal zu unterstellen, sie verwende den Begriff Kultur gleichbedeutend mit Rasse. Doch zumindest Äußerungen einzelner Parteifunktionäre legen diesen Verdacht immer wieder nahe. Manch prominenter AfD-Politiker liebäugelt, wie wir gesehen haben, auch offen mit den »Identitären«. Wenn so ein Einpeitscher heute Gift und Galle über ein Jugendtheaterprojekt mit Geflüchteten ausspuckt, wirkt er wie ein Wiedergänger des grimmigen alten Mannes aus der Nachkriegszeit, der mit der Faust auf den Stammtisch hämmerte und knurrte: »Unter Adolf hätte es das nicht gegeben.«

Die Kulturpolitik ist eines der Felder, auf denen es der neuen Rechten am schlechtesten gelingt, sich gegen Rechtsextreme abzugrenzen. Es kann einem zwanghaft vorkommen, wie ihre Wortführer bei Kulturthemen regelmäßig vom Leder ziehen – wie sie sich, offenbar ohne Berührungsängste vor Nazipropaganda, als Anwälte eines »gesunden Volksempfindens« aufspielen, das gegen die Vorherrschaft eines dekadenten »68er-Deutschlands« in Stellung gebracht werden müsse.

Und so ausfällig sie gegen Kulturprojekte werden, die ihnen zuwider sind, so glühend beschwören die Rechten eine »deutsche kulturelle Identität als Leitkultur«[171], die es zu verteidigen gelte. Worin genau diese Identität bestehen soll, sagen sie allerdings nicht. Das wird der »besorgte Bürger« ja selbst am besten wissen – schließlich ist deutsche Kultur nichts anderes als das, was er dafür hält. Und Hauptsache, die Feinbilder sind klar. Hier noch ein Zitat aus dem AfD-Grundsatzprogramm: »Die Ideologie des Multikulturalismus, die importierte kulturelle Strömungen auf geschichtsblinde Weise der einheimischen Kultur gleichstellt und deren Werte damit zutiefst relativiert, betrachtet die AfD als ernste Bedrohung für den sozialen Frieden und für den Fortbestand der Nation als kulturelle Einheit.«[172]

Diesen Satz sollten wir der AfD eigentlich jedes Mal vorhalten, wenn es um Kultur oder Kulturpolitik geht. Denn er lässt überhaupt keinen Unterschied erkennen zum verbrämten Rassismus der »Identitären«. Da steht die »Nation als kulturelle Einheit« gegen den »Multikulturalismus«, und da wird eine »einheimische Kultur« postuliert, der gegenüber »importierte kulturelle Strömungen« minderwertig und obendrein bedrohlich seien. Auf das Kulturleben im heutigen Deutschland angewandt, ergibt der Satz keinen Sinn. Es sei denn, man möchte selbst die von der neuen Rechten sonst so gepriesene deutsche Romantik in Misskredit bringen (schließlich ist sie ohne Kulturimporte wie Shakespeare und Cervantes undenkbar) oder Mozarts italienischsprachige Opern von den Spielplänen nehmen.

Doch um Schöngeistiges geht es in dem Satz eh nur zum Schein. Die Kultur dient als Vorwand, um gegen eine offene, vielfältige Gesellschaft zu agitieren. Der geschmähten »Ideologie des Multikulturalismus« hält die neue Rechte keine debattierbare eigene Vision von deutscher Kultur entgegen – sondern bloß eine teils als deutschnationale Kulturbeflissenheit und teils als Stammtischweisheit maskierte rassistische Ideologie.

Deshalb ist es auch kein Wunder, dass AfD-Funktionäre kaum von Kultur sprechen können, ohne gleich in Tiraden gegen die »deutsche Erinnerungskultur« zu verfallen. Diese Erinnerungskultur wird ja nach Meinung der Rechten fälschlicherweise auf die Zeit des Nationalsozialismus verengt. Und Björn Höcke demonstrierte in seiner berüchtigten Dresdner Rede im Januar 2017 eindrücklich, dass zumindest ein Teil der AfD, was den Umgang mit der deutschen Vergangenheit betrifft, voll auf Line ist mit den

Rechtsextremisten, gegen die sie sich doch dauernd abzugrenzen versucht. Höcke bescheinigt den Deutschen den »Gemütszustand eines total besiegten Volkes« und sieht darin die Folge einer »nach 1945 begonnenen systematischen Umerziehung«. Als Gegenmaßnahme fordert er eine »erinnerungspolitische Wende um 180 Grad«, nicht ohne dabei das Denkmal für die ermordeten Juden Europas in Berlin als Hauptbeleg für eine »dämliche Bewältigungspolitik« anzuführen.[173] Solche Töne sind nicht konservativ und schon gar nicht liberal – solche Töne sind offen rechtsextrem. Wem das nicht gleich einleuchtet, der stelle sich bloß einmal vor, wie im Hinblick auf den Holocaust, auf die Verbrechen der Nationalsozialisten eine »erinnerungspolitische Wende um 180 Grad« aussehen würde.

Dass Höcke auch nach der Dresdner Rede von großen Teilen der AfD weiterhin unterstützt wird, zeigt deutlicher als jede weichgespülte Verlautbarung aus deren (pseudo-) bürgerlichem Flügel, wo diese Partei politisch steht.

Was wir tun können

Die Kulturpolitik ist ein typisches »weiches« Thema, bei dem die Rechtspopulisten mit Appellen an ein konservatives Bauchgefühl in der gesellschaftlichen Mitte auf Stimmenfang gehen. Sie setzen sich als Bewahrer guter Traditionen in Szene, als Sprachrohr all jener, denen es im Theater zu bunt wird (oder die zumindest davon gehört haben, dass es im Theater zu bunt werde) und die sich vom unübersichtlichen Kulturangebot einer modernen freiheitlichen Gesellschaft überfordert fühlen.

Wir müssen niemanden überreden, verkopfte Kunst oder

interkulturelle Bühnenprojekte gut zu finden. Aber wir müssen begreiflich machen, dass auch die Freiheit der Kunst ein Fundament unserer Demokratie bildet und dass eine blühende Kulturszene etwas ist, worauf eine Gesellschaft stolz sein kann. Jeder Versuch, die Freiheit der Kunst zu beschneiden, ist zugleich ein Angriff auf die Demokratie. Unerbittlich sollten wir die Widersprüche aufzeigen, in die sich die neue Rechte mit ihren Thesen zur Kultur verwickelt. Sie will mehr deutschsprachige Musik im Radio, aber bloß keine Quote[174] (außerdem schwebt ihr bei deutschsprachiger Musik vermutlich eher der *Musikantenstadl* vor als zum Beispiel Jennifer Rostocks Spottlied *Wähl die AfD* oder *Schrei nach Liebe* von den Ärzten). Sie will den Fernsehsendern die ideologische Ausrichtung ihrer Programme vorschreiben und verlangt zugleich größtmögliche Staatsferne der Sendeanstalten. Die AfD wütet gegen ein »staatlich verordnetes Neusprech«[175] (womit sie die keineswegs staatlich verordneten Bestrebungen verschiedener Institutionen, vor allem Hochschulen, meint, einen vorurteilsfreien Sprachgebrauch durchzusetzen), und gleichzeitig spielt sie sich selbst als Sprachpolizei auf, die Anglizismen im Deutschen zurückdrängen will.

Eine Sehnsucht nach Zensur und Dirigismus bricht sich da Bahn, in absurder Verbindung mit neoliberalen Denkschablonen. Nur zu gern würden die Rechtspopulisten bestimmen, was Kultur in Deutschland ist. Zugleich aber soll der Staat die Kultur nicht sponsern, sondern sich heraushalten.

Die Kulturpolitik ist eines der besonders sensiblen Felder, auf denen die Rechtspopulisten die Freiheit des Denkens und die Vielfalt unserer Gesellschaft bekämpfen. Gern reden sie von der Kulturnation Deutschland. Doch dass diese

Kulturnation nicht allein von einem Kanon leben kann, den auch ein wilhelminischer Gymnasialprofessor abgesegnet hätte, sondern dass sie das bunte, provokante, experimentelle Angebot von heute braucht, wenn sie mehr sein soll als eine Mumie, das wollen die Rechtspopulisten nicht begreifen.

Wenn wir darauf hinweisen, wie unausgegoren und wirr die kulturpolitischen Ansätze der neuen Rechten sind, dürfen wir sie damit nicht als harmlos abtun. In dem Gemisch aus Stammtischparolen und feierlichen Bekenntnissen zur großen deutschen Kulturgeschichte verbirgt sich vielmehr rechtsextremes Denken. Der Begriff Kultur wird missbraucht, um Ausgrenzung zu betreiben und das »Fremde« gegenüber dem vermeintlich »Eigenen« abzuwerten.

In der Tat zeigt sich nirgendwo deutlicher als in ihren Ansichten zur Kultur, wie sehr die neue Rechte, auch die AfD, von rechtsextremem Gedankengut durchdrungen ist. Gerade die Kulturpolitik, in der sie sich bei aller zur Schau gestellten Volksnähe zugleich so schön feingeistig und geschichtsbewusst geben kann, dient der neuen Rechten als Einfallstor für autoritäre Posen und totalitäre Fantasien.

Anders als die Rechten glauben, ist das Gedenken an den Holocaust kein Zeichen nationaler Schwäche. Im Gegenteil – indem wir die Erinnerung an die Menschheitsverbrechen des Nationalsozialismus wachhalten, stellen wir sicher, dass wir heute wachsam bleiben gegenüber Rassismus, Antisemitismus und Menschenrechtsverletzungen. Und diese Wachsamkeit ist keine Schwäche, sondern eine Stärke.

Es ist genau umgekehrt, als die Rechtspopulisten es uns weismachen wollen: Nicht sie treten an, um die deutsche Kultur zu bewahren, sondern wir müssen die deutsche Kultur vor ihnen bewahren. Sie wollen das kulturelle Angebot in Deutschland auf einen ihnen genehmen Ausschnitt beschränken. Wir brauchen aber die deutsche Kultur in ihrer ganzen Vielfalt und Lebendigkeit.

12 Die gefährliche Sehnsucht nach dem starken Mann

Einer, der weiß, was zu tun ist, und sagt, wo es langgeht. Einer, der handelt, statt nur zu reden. Einer, der die Interessen des Volkes vertritt und sich nicht von irgendwelchen Lobbyisten etwas einflüstern lässt. Einer, der durchregiert, statt faule Kompromisse zu schließen. Einer, der mit Problemen kurzen Prozess macht, statt sie auf die lange Bank zu schieben. So stellt sich die neue Rechte einen guten Regierungschef vor. Dass sich die Stellung solch eines starken Mannes mit demokratischen Grundsätzen nicht vereinbaren ließe, ficht viele der Populisten nicht an. Unter den AfD-Anhängern befürworten laut der *Mitte*-Studie fast 21 Prozent sogar eine Diktatur.[176]

Und obwohl die große Mehrheit der Deutschen von der Demokratie grundsätzlich sehr überzeugt ist, besteht auch über neurechte Kreise hinaus einige Skepsis, was die Handlungsfähigkeit der demokratischen Parteien betrifft. Mehr als die Hälfte der Bundesbürger stimmt der Aussage zu, die demokratischen Parteien würden Probleme nicht lösen.[177] Diese Skepsis wollen sich die Rechtspopulisten zunutze machen. Also setzen sie der Besorgnis um die Handlungsfähigkeit demokratischer Parteien noch einen drauf: Die Parteien seien nicht bloß unfähig, sondern voll böser Absicht. Sie hätten sich zusammengeschlossen, um dem Volk zu schaden und Deutschland »abzuschaffen«.

Womit wir wieder bei der zentralen Verschwörungstheorie der neuen Rechten sind – der Erzählung vom Kartell der »Altparteien« und dem geplanten Untergang Deutschlands. Sie hat für die Populisten eine ganze Reihe von Vorteilen. Erstens soll sie, wie schon in Kapitel 4 gezeigt, rechtfertigen, dass die Neurechten die Debattenkultur torpedieren und sich jeder sachlichen Auseinandersetzung verweigern. Zweitens lässt sich mit dem behaupteten drohenden Untergang fast jeglicher Verstoß gegen demokratische Grundsätze legitimieren – von Verstößen gegen den politischen Anstand ganz zu schweigen. Und drittens stellt die Erzählung den Vorwand für eine autoritäre Heilsbringer-Rhetorik her, die sich kein überzeugter Demokrat gestatten würde. So droht der Vorsitzende der AfD-Jugendorganisation: »Wenn wir kommen, dann wird aufgeräumt, dann wird ausgemistet, wird wieder Politik für das Volk und nur für das Volk gemacht – denn wir sind das Volk!«[178] Und dazu passt auch der ebenfalls schon zitierte Ausruf »Wir haben keine Zeit, jetzt jahrelang intensiv Parlamentarismus zu spielen!«[179] Die angeblich bevorstehende, vom Kartell der »Altparteien« eingefädelte nationale Katastrophe wird zum Vorwand genommen, um antidemokratische Wunschträume hinauszuposaunen.

Den einen starken Mann, auf den sich die Hoffnung der Verunsicherten in Deutschland richten soll, gibt es bei den hiesigen Rechtspopulisten zwar nicht. Zum einen, weil die Zuspitzung auf eine überhöhte Führerfigur vermutlich auch vielen AfD-Anhängern angesichts der deutschen Vergangenheit zu heikel wäre. Und zum anderen, weil es schlichtweg keine Person bei der neuen Rechten gibt, die sich für so eine Rolle eignen würde. Stattdessen konkurrieren diverse ehrgeizige Funktionäre darum, in der AfD den Ton anzugeben. Wenn die neue Rechte in Deutschland schon keinen eigenen starken Mann aufbietet, begeistert sie sich aber ersatzweise umso mehr für Staatschefs mit autokratischen Neigungen in anderen Ländern. Immer wieder betont die AfD ihre Nähe zu Wladimir Putins Russland. Gern im Gestus der scheinbaren Besonnenheit (»Drohungen und Sanktionen gegen Russland schaden nur uns selber«[180]) lobt sie »den Wert der putinschen Realpolitik«[181] und erklärt damit en passant einen völkerrechtswidrigen Akt wie die Annexion der Krim zum Beleg für politische Vernunft. Dass Präsident Putin sich wahlweise als kerniger Macher in Szene setzt, der große Tiere jagt und großes Gerät steuert, oder als mal zürnender, mal gnädiger Zar auftritt; dass er jegliche Opposition in Russland kaltgestellt hat und die Regierungsgeschäfte demonstrativ im Alleingang führt: All das weist ihn für die AfD als Realpolitiker aus. Ähnlich freundliche Gefühle weckt bei der neuen Rechten, die sonst einen wohlfeilen Antiamerikanismus pflegt, US-Präsident Donald Trump. Nun übernehme in Amerika »ein wertkonservativer, starker Mann das Zepter«, jubelte der AfD-Landesvorsitzende in Sachsen-Anhalt am Morgen nach der Präsidentschaftswahl.[182] Und Frauke Petry gratulierte den US-Bürgern herzlich zum »politischen Neuanfang«.[183] Die Liste der starken Männer, auf die die AfD voller Wohlwollen blickt, lässt sich fortsetzen. Die Parteivorsitzende preist Ungarns Viktor Orbán dafür, wie er »die EU-Außengrenzen sichert«[184]. Der Einzige unter den medienwirksamen Neu-Autokraten der letzten Jahre, dem die AfD nicht huldigt, ist der türkische Präsident Recep Tayyip Erdoğan – denn der setzt zwar den Abbau der Demokratie noch rigoroser um, als es die Regierungen in Ungarn oder Polen gerade tun, doch er hat für die abendländischen Rechtspopulisten eben einen entscheidenden Makel: Er ist Muslim.

Die Schwärmerei für den Politikertyp des charismatischen Führers ist aber nur ein äußerliches Symptom der neurechten Sehnsucht nach Stärke. Den Ausschlag geben bestimmte Haltungen, die den politischen Stil solcher Kraftmeier prägen und in denen die Anhänger der Rechtspopulisten den Ausweg aus ihrer Unzufriedenheit mit dem demokratischen System sehen. Sie betrachten sich selbst zwar auch als Demokraten, aber sie haben kein Verständnis für den Rechtsstaat. Demokratie aber bedeutet eben nicht eine Diktatur der Mehrheit. Sonst wären die ersten freien Wahlen in aller Regel auch die letzten.

Staatliche Macht darf niemals schrankenlos und unkontrolliert sein. Deshalb funktioniert die Demokratie nur als freiheitliche Demokratie. Deshalb muss politische Opposition legitim sein. Deshalb werden Minderheitenrechte garantiert, deshalb ist eine freie Presse unabdingbar, deshalb gibt es unabhängige Gerichte. Und deshalb existiert im Rechtsstaat eine Verfassungsgerichtsbarkeit, die darüber wacht, dass die Mehrheit die Spielregeln der freiheitlichen Demokratie einhält und dass Minderheiten nicht unterdrückt werden.

Die politischen Anführer, die von der neuen Rechten verehrt werden, stehen mit der freiheitlichen Demokratie und dem Rechtsstaat hingegen auf Kriegsfuß. Sie glauben, eine gewonnene Wahl mache sie so gut wie allmächtig, nichts und niemand dürfe den Volkswillen, den sie zu vollstrecken vorgeben, stoppen. Aus diesem Grund sind die Verfassungsgerichte in Polen und Ungarn kaltgestellt worden, in Ungarn gibt es nur noch wenig regierungskritische Medien, in der Türkei sind zahllose Richter abgesetzt, oppositionelle Abgeordnete verhaftet und kritische Journalisten zum Schweigen gebracht worden. Auch viele Reaktionen Donald Trumps auf Kritik an seiner Politik zeigen, wie wenig dieser US-Präsident zu akzeptieren bereit ist, dass zur Demokratie Opposition und Widerspruch gehören.

Für die Populisten ist der Rechtsstaat nur hinderlich. In ihm, so finden sie, wird alles zerredet. Es wimmelt von Instanzen, die nur den Betrieb aufhalten oder denen, die wirklich etwas bewegen wollen, Knüppel zwischen die Beine werfen. Immerzu mischt sich ein Parlament ein, ist ein lästiger Gerichtsbeschluss im Weg, wollen irgendwelche Interessenvertreter ein Wörtchen mitreden oder nervt der Föderalismus. Wie soll man in solch einem zähen politischen Gefüge überhaupt regieren?

Eine Blaupause für diese Art von Klagen über die Mühen der demokratischen Politik lieferte in den 1990er-Jahren der Industrielobbyist Hans-Olaf Henkel – damals noch BDI-Vorsitzender, später Mitgründer der AfD. Er erkannte im Grundgesetz einen »Standortnachteil« für die Bundesrepublik.[185] Es war die Zeit, als der Fetisch vom »Standort Deutschland« gerade besonders hoch im Kurs stand, und Henkel schreckte nicht davor zurück, diesen Fetisch sogar noch über die Staatsverfassung zu stellen. Der Föderalismus mit der Aufteilung der Befugnisse zwischen Bund und Ländern, die Mitwirkung des Bundesrats an der Gesetzgebung und das Verhältniswahlrecht mit dem Zwang zu Koalition und Kompromissen – in alledem erkannte Henkel einen Standortnachteil. Das Grundgesetz, so erklärte er, schaffe ein Umfeld, das per se nicht »entscheidungsfreudig«

sei; im rasanten globalen Wettbewerb könne Deutschland mit einer derart umständlichen Staatskonstruktion nur zurückbleiben. Deshalb sei es höchste Zeit für eine »Systemdebatte«.

Sicher, wer den demokratischen Rechtsstaat mit manch prosperierenden Regimen Asiens oder der arabischen Halbinsel vergleicht, dem kommen Entscheidungen bei uns vielleicht langsam vor. Aber besagte Regime sind keine Demokratien. Eine ausgedehnte Bürgerbeteiligung entfällt da, wo Menschen keine Bürger, sondern lediglich Untertanen sind. Wo Enteignungen per Bulldozer vollzogen werden und renitente Bewohner oder ihre Anwälte kurzerhand im Gefängnis verschwinden, lassen sich Investitionen und Infrastrukturvorhaben sicher viel schneller realisieren als im Rechtsstaat. Dass solche Verhältnisse trotzdem kein Vorbild für Deutschland sein können, wissen allerdings auch die meisten deutschen Manager. Ihre größte Sorge, wenn sie in autokratischen Staaten Geschäfte machen, ist nämlich stets der Mangel an Rechtssicherheit. Es hat eben seinen Wert, wenn man sich auf Recht und Gesetz verlassen kann und nicht von den Launen örtlicher Potentaten oder Parteifunktionäre abhängig ist.

Henkels Attacke gegen das Grundgesetz macht anschaulich, wie der Nexus von neoliberalem und neurechtem Denken funktioniert: Die große Gemeinsamkeit zwischen dem Neoliberalismus und der Ideologie der neuen Rechten besteht darin, freiheitliche Demokratie und rechtsstaatliche Institutionen als hinderlich aufzufassen. Der Vulgärliberalismus will ein radikal freies Spiel der Marktkräfte und reduziert die Bürgerrechte auf Eigentum und Gewerbefreiheit; die Rechtspopulisten träumen von einer Vulgärdemokratie mit ungebremster Entfaltung politischer Macht – für sie selbst.

Und die Erlösung vom jeweiligen Leiden am »System«
läuft auf ein gemeinsames Schlagwort hinaus: Deregulie-
rung. Fort mit den Kontrollmechanismen, die den Durch-
marsch der eigenen Weltanschauung vereiteln könnten!
Was geschaffen wurde, um für einen fairen Ausgleich unterschiedlicher politischer Interessen zu sorgen respektive um
der Marktwirtschaft eine feste Komponente der sozialen
Verantwortlichkeit hinzuzufügen, wird als schädlicher Bal-
last verworfen.

Die AfD bildet mit ihren marktradikalen Grundsätzen
allerdings eine Ausnahme im internationalen Panorama der
rechtspopulistischen Parteien. Weitaus verbreiteter sind
protektionistische Bestrebungen, die dem Wunsch folgen,
die heimische Wirtschaft gegen ausländische Konkurrenz
und gegen die Macht der globalisierten Konzerne abzu-
schirmen. Dafür steht etwa die Agenda von Marine Le Pen
in Frankreich oder Donald Trumps »America first« (ein Slogan, den Trump übrigens von amerikanischen Antisemiten
übernommen hat, die 1941 mit dem scheinheiligen Schlagwort »America first« gegen den Eintritt der USA in den
Krieg gegen Hitlerdeutschland agitierten[186]). Auch das
AfD-Programm weist ja neben seinen neoliberalen Bau-
steinen immer wieder dirigistische Komponenten auf – zum
Beispiel in der Familien- und in der Kulturpolitik – und
verwickelt sich damit in Widersprüche.

Dass solche Widersprüche aber nicht nur der neuen
Rechten herzlich egal sind, sondern der ökonomische Neoliberalismus sie ebenfalls gern in Kauf nimmt, wenn es hart
auf hart kommt, zeigte sich, als er 2008 gegen die Wand
fuhr. Plötzlich hatten die Enthusiasten der entfesselten
Marktkräfte sehr viel dafür übrig, dass Banken und Kon-

zerne, die sich in die Insolvenz spekuliert hatten, als »systemrelevant« oder als »too big to fail« eingestuft und mit öffentlichen Mitteln gerettet wurden. So funktioniert die Logik der Staatsverächter, gleich ob in der Wirtschaft oder in der Politik: Sie lehnen den Staat da ab, wo er ihnen selbst Grenzen setzt. Da hingegen, wo er ihren eigenen Zwecken dienlich ist, finden sie es selbstverständlich, ihn auszunutzen, sich auf ihn verlassen zu können – und seine Befugnisse sogar auszuweiten.

Das ist die Position, von der aus die Rechtspopulisten ihre Forderungen nach politischer Stärke und Härte stellen. Und so fantasiert die AfD in ihrem Grundsatzprogramm vom »sicherheitspolitischen Befreiungsschlag«[187], ganz so, als bedürfe es nur der einzigen großen rettenden Tat, um mit einem Schlag die Kriminalität und den Terrorismus samt ihrer vielfältigen Ursachen zu beseitigen. Die Rechtspopulisten haben sich nach eigenem Bekunden die »Wiederherstellung unseres Rechtssystems« zum Ziel gesetzt[188], aber in Wahrheit wollen sie es schleifen. Rechtsmittel, also die Möglichkeiten, gegen fehlerhafte Urteile vorzugehen, wollen sie einschränken[189] – die Schnelligkeit einer Entscheidung ist ihnen offenbar wichtiger als die Richtigkeit. Wer eines Verbrechens verdächtigt wird, soll künftig in Untersuchungshaft genommen werden können – unabhängig davon, ob ein Haftgrund wie Fluchtgefahr oder die Gefahr der Vernichtung von Beweismitteln vorliegt.[190] Die verfassungsmäßige Unschuldsvermutung und den Grundsatz der Verhältnismäßigkeit ignorieren die Populisten. Die AfD will das Strafmündigkeitsalter von 14 auf zwölf Jahre herabsetzen (wie es das Reichsjugendgerichtsgesetz von 1943 tat), weil sie glaubt, nur so »den verloren gegangenen Respekt bei jugendlichen Serientätern« zurückgewinnen zu können.[191] Datenschutz wird durchweg als Täterschutz verhöhnt. Nur Bank- und Steuerdaten gelten der AfD als »sensibel« und schützenswert[192] – ein Schelm, wer Böses dabei denkt.

Wer sich von diesem Cocktail aus Law-and-Order-Forderungen, Diskreditierung von Bürgerrechten und der permanenten Unterstellung, die Bundesrepublik würde als Staat nicht mehr funktionieren, berauschen lässt, der schluckt dann auch die These, die AfD sei »die letzte evolutionäre Chance« für Deutschland.[193] Wenn diese letzte evolutionäre Chance vertan würde, dann käme, so soll man das wohl verstehen, unweigerlich die Revolution. Ein erstaunlich dreister politischer Erpressungsversuch. Wobei sich die Vision von einem »vollständigen Sieg der AfD« ja auch offensichtlich nicht mehr in einem demokratischen Staat abspielt.[194]

Um es noch einmal klar zu sagen: Wenn unser Land, egal wie unübersichtlich oder unsicher die Zeiten gerade sein mögen, eines ganz bestimmt nicht gebrauchen kann, dann eine Politik, die den Rückbau der Demokratie oder des Rechtsstaats anstrebt.

Was wir tun können

Das, was die Rechtspopulisten als Schwäche von Demokratie und Rechtsstaat empfinden, sind exakt deren Stärken. Das sollten wir deutlich machen, um der Sehnsucht nach dem starken Mann und dem Verlangen nach einer Politik der Härte entgegenzutreten.

Wenn die Rechtspopulisten einen Gegensatz zwischen dem Volk und den Parteien behaupten[195], dann sollten wir zurückfragen: Wer ist denn genau gemeint mit »dem Volk«? Nur die Anhänger einer einzelnen Partei? Und wenn sich die AfD als »Partei des gesunden Menschenverstandes« bezeichnet[196], können wir darauf hinweisen, dass darüber, was politisch gesund ist oder nicht, in Deutschland wohl ebenso viele Ansichten bestehen wie über die richtige Aufstellung und Taktik der Fußballnationalmannschaft.

Wenn dem Gemeinwohl der Lobbyismus von Einzelinteressen entgegengesetzt wird, ist festzustellen: Lobbyisten sind immer nur die anderen. Die Interessen, die man selbst nicht teilt, werden als Lobbyismus geschmäht – aber die Wortführer der eigenen Belange sind natürlich stets die Stimme des Volkes. Wir sollten deutlich machen, dass 80 Millionen Bürger eines Staates vielleicht in dem Wunsch nach Sicherheit, Wohlstand und Gerechtigkeit übereinstimmen, aber eben ganz unterschiedliche Meinungen dazu haben, wie diese Ziele am besten zu erreichen sind. Genau das ist gelebter Pluralismus.

Politischer Streit ist deswegen kein »Parteiengezänk«, sondern Ausdruck von Interessenvielfalt und Meinungsfreiheit. Und wenn Medien auf Fehler und Skandale hinweisen, ist das kein Verfall der Demokratie, sondern hilft vielmehr, sie zu verbessern: »Die fortwährende Abfolge von Fehlern und dem Beheben von Fehlern ist ein Kennzeichen von Demokratie«, sagte schon Alexis de Tocqueville. Das stimmt! Nur in einem totalitären Regime läuft nie etwas falsch und stehen in den Zeitungen nur Erfolgsmeldungen.

Politische Kompromisse sind kein »Verrat«, sondern eine demokratische Tugend, weil sie breitere Akzeptanz für eine Entscheidung schaffen. Föderalismus und Verhältniswahlrecht zivilisieren den politischen Diskurs: Wer in einer

Koalition mit einer anderen Partei zusammenarbeiten muss, kann nicht jeden, der die eigene Weltsicht nicht teilt, gleich zum »Feind« erklären.

Wenn es um den Rechtsstaat geht, sollten wir deutlich machen, dass »kurzer Prozess« keine Garantie, sondern eine Gefahr für die Gerechtigkeit ist. »Strafmaß rauf« und »Strafmündigkeitsalter runter« sind keine tauglichen Mittel, um jugendliche Täter zu stoppen, denn die handeln in der Regel spontan und ungeplant und überlegen kaum, welche Konsequenzen ihre Tat haben könnte. Das ist übrigens bei der »Weiße-Kragen-Kriminalität« ganz anders.

Der Forderung nach strafrechtlicher Härte und Vergeltung können wir entgegenhalten: Die demokratische Politik hat im Kampf gegen den Terrorismus an manchen Stellen das Strafrecht verschärft und den Sicherheitsbehörden neue Befugnisse verschafft. Aber sie tut das mit klaren Kopf und kühlem Verstand. Auch nach dem schrecklichen Anschlag im Dezember 2016 auf den Berliner Weihnachtsmarkt halte ich mich an einen Satz von Helmut Schmidt aus dem Jahr 1977, zur Hochzeit des RAF-Terrorismus: »Die Mörder wollen ein Gefühl der Ohnmacht erzeugen ... Sie hoffen, dass ihre Gewalt eine bloß emotional gesteuerte, undifferenzierte, unkontrollierte Gegengewalt hervorbringt ... Diese Erwartungen werden sich nicht erfüllen. Der Rechtsstaat bleibt unverwundbar, solange er in uns lebt.«[197]

Wir müssen deutlich machen, dass die Garantien unseres Rechtsstaats nicht den Täter, sondern den Unschuldigen schützen, nämlich davor, zu Unrecht verfolgt zu werden. Der Schutz der Menschen vor Terror und Verbrechen – das ist seit jeher die Aufgabe des Staates, das war aber auch schon die Aufgabe des obrigkeitlichen Polizeistaats. Die große Leistung des Rechtsstaats und sein hoher Wert liegen darin, dass er Sicherheit so organisiert, dass dabei zugleich die individuelle Freiheit als Grundlage unseres Gemeinwesens geachtet und geschützt wird. Diese Freiheit dürfen wir niemals aufgeben – nicht für eine »gelenkte Demokratie« à la Putin und auch nicht für eine »illiberale Demokratie« nach den Ideen eines Viktor Orbán.

13 Wer rettet das europäische Friedensprojekt?

Von meiner Heimatstadt Saarlouis sind es gut 40 Kilometer bis zur Ortschaft Schengen in Luxemburg. Mit dem Auto braucht man für die Strecke eine halbe Stunde, wenn es auf der A8 keinen Stau gibt. Schengen ist ein altes Winzerdorf am westlichen Moselufer – und dafür, dass dieser Ort in ganz Europa bekannt ist, ist er erstaunlich klein. An der Uferstraße steht das Musée Européen, das Europa-Museum, von dem aus man über den Fluss auf die saarländische Gemeinde Perl und auf das französische Apach blickt. Die Dörfer gehen in diesem Dreiländereck fast nahtlos ineinander über – schließlich gibt es keine befestigten Grenzen mehr als Folge des Abkommens, das hier auf der Mosel bei Schengen 1985 unterzeichnet wurde.

An der Mauer des Europa-Museums ist ein Spruch in weißen Lettern angebracht: »La suppression des frontières internes de l'UE, c'est la marque de reconnaissance que tous les citoyens des Etats concernés appartiennent au même espace et qu'ils partagent une identité commune.« Auf Deutsch: »Mit der Aufhebung ihrer Binnengrenzen erkennt die EU an, dass alle Bürger der beteiligten Staaten demselben Raum zugehören und dass sie eine gemeinsame Identität haben.«

Das ist ein Zitat des polnischen Politikers und großen

Europäers Bronisław Geremek, und es sind Worte, aus denen eine immense Hoffnung und Erleichterung spricht. Wir, die Bürger der Europäischen Union, müssen keine Grenzen mehr zwischen uns hinnehmen. Wir können uns frei bewegen auf unserem Kontinent, und wir dürfen uns zu unserer gemeinsamen Identität als Europäer bekennen. Wir sind nicht mehr befangen in nationalistischer Borniertheit, wir sind nicht mehr die Geiseln von Herrschern und Politikern, die ihre Macht durch Abschottung und Aggression gegen die Nachbarn definieren. Wir haben eine wahrhaft historische Wende geschafft, nach einer jahrhundertelangen Geschichte der Kriege und der Erbfeindschaften – einer Geschichte voller Hass und Unfreiheit, einer Geschichte von Verfolgung und Völkermord. Auch den Eisernen Vorhang, der sich mitten durch Europa zog, haben wir abbauen können. Indem wir den Weg zur europäischen Einigung beschritten haben, konnten wir das größte und erfolgreichste Friedensprojekt in der Geschichte unseres Kontinents in Gang setzen. Und die fassbarste Konsequenz dieses Friedensprojekts für unseren Alltag, für unsere Lebensweise ist die Bewegungsfreiheit in Europa.

Den Anfang machten Deutschland, Frankreich und die Benelux-Staaten, die in Schengen 1985 den Abbau ihrer Grenzkontrollen beschlossen. Gerade für uns – für Saarländer und ebenso für die Bewohner all der anderen Grenzregionen und Dreiländerecke zwischen Emden und Breisach, zwischen Aachen und Weil am Rhein – bedeutete diese Entscheidung, dass ein künstlicher Zustand in einen Zustand umgewandelt wurde, der sich natürlich anfühlte. Endlich trennten uns keine behördlichen Barrieren mehr von denen, die doch immer unsere Nachbarn gewesen waren und mit denen zumindest wir Saarländer phasenweise

sogar die Staatsangehörigkeit geteilt hatten – meine Großmutter, die 80 Jahre lang immer in der gleichen Stadt, im
gleichen Haus lebte, aber fünf verschiedene Pässe gehabt
hat, habe ich ja schon erwähnt. Sie hat noch erlebt, wie die
Frage »Frankreich oder Deutschland?« irgendwann an Bedeutung verloren hat, weil Europa zur Antwort auf diese
Frage geworden ist. Und für mich persönlich, wie für sehr
viele andere Menschen auch, war die in Schengen verein-
barte Öffnung der Grenzen die neben dem Fall der Berliner
Mauer tiefste und großartigste Erfahrung von *Fortschritt*
im ganzen eigenen Leben.

Heute umfasst der Schengen-Raum 26 Staaten. 22 davon
gehören der Europäischen Union an, außerdem Island,
Norwegen, die Schweiz und Liechtenstein. Unsere Bewegungsfreiheit reicht von Portugal bis Griechenland, von
Sizilien bis Lappland. Und mittlerweile sind wir daran so
sehr gewöhnt, dass wir uns kaum noch klarmachen, was
für ein Segen diese Freiheit ist.

Wir sollten sie als ein Modell begreifen, das global Schule
machen könnte; wir sollten sie als eine politische Gemein-
schaftsleistung anerkennen, um die wir in anderen Teilen
der Welt zu Recht beneidet werden.

Stattdessen nehmen in Deutschland wie auch in anderen
EU-Staaten europafeindliche Töne zu, der Nationalismus
greift wieder um sich. Dabei ist es gerade die EU als Werte-
gemeinschaft, die es ihren Mitgliedsstaaten ermöglicht, im
Zeitalter der Globalisierung ihre Souveränität zu wahren.
Nur gemeinsam können wir heute stark sein. Eine Entschei-
dung für Europa ist keine Entscheidung gegen das eigene
Land. Vielmehr ist der Rahmen eines einigen, solidarischen
Europas die beste Voraussetzung, damit die beteiligten Län-

der gedeihen können. Das gilt für Deutschland ebenso wie für kleinere oder nicht so wirtschaftsstarke EU-Staaten. Der Rückfall in nationalistische Engstirnigkeit hingegen führt in eine politische Sackgasse. Am Ende dieser Sackgasse würden neue Grenzen, eine wirtschaftliche und kulturelle Verarmung und vielleicht auch eine neue Epoche der Konflikte stehen – und wer das nicht wahrhaben will, der sollte einmal in den Osten Europas schauen, an die Grenze zwischen der Ukraine und Russland. Wer glaubt, Kriege in Europa gäbe es nur im Geschichtsbuch, ist leider nicht auf der Höhe der Zeit. Der Nationalismus ist eine reale Gefahr.

»Die Mauern in den Köpfen niederreißen.« Das war in den Jahren nach der deutschen Vereinigung eine beliebte Phrase. Sie war ein so fester Bestandteil der politischen Sonntagsreden, dass man sich gern darüber lustig machte. Die Mauerzeiten – die hatten wir doch ein für allemal hinter uns gelassen ... Und heute? Europas Rechtspopulisten applaudieren einem US-Präsidenten Donald Trump, der keine Mauern einreißt, sondern welche bauen will. Und sie feiern den selbst ernannten Illiberalen Viktor Orbán dafür, dass er Ungarn mit Grenzzäunen abriegelt. Für die Vision von Freizügigkeit und Solidarität zwischen den Ländern Europas, für das Ziel der dauerhaften Aussöhnung eines Kontinents, der sich in zwei Weltkriegen zerfleischt hat, haben die Rechtspopulisten nur Verachtung übrig. Sie stellen ihre kurzsichtigen Machtinteressen und ihre spaltende, vorgestrige Ideologie höher als den Frieden in Europa und höher als die Hoffnung auf eine einige Zukunft für die Europäer.

Als ich 1989 mein Studium in Saarbrücken begann, hielt der damalige Universitätspräsident Richard Meiser zur Semestereröffnung eine Rede im Audimax. Zu uns, den Anfängern, sagte er, wir sollten unser Studium eigenverantwortlich gestalten, wir sollten das für uns Beste daraus machen, jeder so, wie er es für richtig hielte. Einen Wunsch aber habe er an uns alle: Dass jede und jeder von uns während der Studienzeit in Saarbrücken an einem Tag allein nach Verdun fahre – um einen Eindruck von der Vergangenheit zu gewinnen, einen Eindruck von dem, was die über Generationen hin beschworene »Erbfeindschaft« zwischen Deutschland und Frankreich angerichtet hat. Als Menschen, die keinen Krieg mehr erleben mussten, würden wir dort begreifen, was die Bedeutung von Frieden für Europa und was die Bedeutung von Europa für den Frieden ist.

Ich habe das getan. Zum Leidwesen meiner Mutter hatte ich einige Zeit zuvor den Motorradführerschein gemacht, und so fuhr ich mit meiner Yamaha Virago an einem Morgen nach Verdun und bin dort den ganzen Tag herumgelaufen.

Es war in der Tat eine sehr eindringliche und bedrückende Erfahrung. Die schier endlosen Gräberfelder und die Landschaft, die noch immer ein Meer von Explosionskratern ist. Das Beinhaus von Douaumont, in dem die Knochen von mehr als 130 000 nicht identifizierten deutschen und französischen Soldaten aufbewahrt werden. Weit über 300 000 Tote forderte die Hölle von Verdun insgesamt auf beiden Seiten – sinnlose Opfer der zehnmonatigen Materialschlacht im Jahr 1916, die zum Symbol für das Grauen der sogenannten modernen Kriegführung geworden ist.

Vor dem Beinhaus von Douaumont erinnert eine Gedenkplatte an das Treffen zwischen Helmut Kohl und dem französischen Präsidenten François Mitterrand im Jahr 1984: »Wir haben uns versöhnt. Wir haben uns verständigt. Wir sind Freunde geworden«, steht auf der Platte.

Ein Dreivierteljahr nach diesem Treffen der Regierungschefs wurde das Schengener Abkommen unterzeichnet. Und ich kann Professor Meiser nur recht geben: Wer Verdun gesehen und die Schrecken der Vergangenheit gespürt hat, der weiß die Friedensleistung von EU und Schengener Abkommen erst richtig zu würdigen.

Helmut Schmidt war es, der uns Jüngeren immer wieder sagte, unsere Generation habe keinen Krieg durchgemacht, und deshalb wüssten wir nicht zu schätzen, was wir am Frieden haben. Heute, da so viele sich darin gefallen, das europäische Friedensprojekt kleinzureden oder verächtlich zu machen, muss ich öfter denn je an diese mahnenden Worte unseres Altkanzlers denken.

Dazu trägt auch ein weiteres Erlebnis vor nicht langer Zeit bei. Im Oktober 2016 war ich im Saarland, um ein besonderes Jubiläum zu feiern: Ein 94-jähriger Parteiveteran wurde für 70 Jahre Mitgliedschaft in der SPD geehrt. Mit zwei Parteifreunden saß ich beim Jubilar im Wohnzimmer. Wir befragten ihn zu seinen Erlebnissen und Erfahrungen – in der SPD, im Gemeinderat, in den vielen Vereinen, in denen er aktiv gewesen war. Aber der alte Mann hatte eigentlich nur ein einziges Thema, wenn er sich erinnerte: Er sprach vom Krieg. Von den Schrecken der Front, von den Granateinschlägen, der Angst der Soldaten, seiner eigenen Verwundung und dem Sterben um ihm herum. Es war das Grauen des Krieges, das, obwohl es über 70 Jahre zurücklag, am Ende eines so langen Lebens die prägendste, nicht zu bewältigende Erfahrung blieb und alles andere, auch alles Gute und Frohe, was es in diesem Leben gegeben hatte, überschattete.

Der alte Mann steht für viele aus seiner Generation, und ich kann jedem, der Zweifel am Wert der europäischen Einigung hat, nur raten, sich einmal mit diesen letzten Zeugen des Grauens zu unterhalten.

Es heißt, und das sagte ja auch Helmut Schmidt immer wieder, der Krieg sei unvorstellbar für diejenigen, die ihn nicht selbst erleben mussten. Eigentlich ist es ein sehr gutes Zeichen, wenn in weiten Teilen Europas der Krieg unvorstellbar wird. Doch stellt sich damit auch eine große Herausforderung an die Nachgeborenen: Wir müssen das Gedenken wachhalten. Wir dürfen nicht zulassen, dass die unfassbaren Grausamkeiten, die auf europäischem Boden begangen worden sind, vergessen werden. Denn nur die Erinnerung kann uns ganz sicher vor einem Rückfall in die Barbarei bewahren. Die bleibende Erinnerung ist es, der wir heute unsere Fähigkeit zum Frieden verdanken. Unsere Fähigkeit zum Frieden aber ist unsere wahre Stärke – das gilt für uns Deutsche, und das gilt für uns Europäer. Und das sollten wir gerade auch denjenigen AfD-Funktionären entgegenhalten, die heute das Gedenken an den Holocaust in Deutschland »dämliche Bewältigungspolitik« nennen.[198]

Noch eint die Europa-Feinde in Deutschland und den Nachbarländern ihr Hass auf die EU. Aber gegen wen werden die Nationalisten wettern, wenn sie das vereinte Europa einmal zerstört haben? Das sächsische AfD-Programm fordert schon heute für den Geschichtsunterricht an unseren Schulen einen »deutlichen Schwerpunkt auf das

19. Jahrhundert und die Befreiungskriege«[199]. Die Befreiungskriege wurden gegen Napoleon geführt, und später im 19. Jahrhundert überzog Preußen erst Dänemark, dann Österreich und schließlich Frankreich mit Krieg. Wollen Deutschlands Rechtspopulisten also bald wieder gegen den »Erbfeind« auf der anderen Seite des Rheins Stimmung machen?

Das Elend des 20. Jahrhunderts – zwei Weltkriege, die deutschen Diktaturen und den von Deutschen begangenen Völkermord an den Juden Europas – möchten die Rechten dagegen am liebsten unter den Teppich kehren und beschimpfen daher das Holocaust-Mahnmal in Berlin als »Denkmal der Schande«. Dabei ist klar: Wer die Erinnerung verweigert, läuft Gefahr, die Fehler der Vergangenheit zu wiederholen.

Für das europäische Friedensprojekt tragen wir Deutschen aufgrund unserer Geschichte eine besondere Verantwortung. Wir haben sehr gute Gründe dafür, überzeugte Europäer zu sein. Die Menschen anderer europäischer Länder haben dafür aber ebenfalls ihre eigenen sehr guten Gründe. Allen Europäern gemeinsam sind dabei der Wunsch und das vitale Interesse, dass weiterhin Friede in unseren Ländern herrscht. Und die Voraussetzung dafür, dass dieser Friede von Dauer ist, liegt eben nicht nur in der europäischen Aussöhnung, wie sie Frankreich und Deutschland in den Jahrzehnten nach dem Zweiten Weltkrieg vorgemacht haben. Sondern ebenso in der europäischen Einigung, für die der Aufbau und Ausbau der EU steht und für die Schengen ein so wichtiges Sinnbild ist.

Bei aller berechtigten Kritik am Zustand der Europäischen Union und bei allem Reformbedarf sollten wir nicht aus den Augen verlieren, dass der entscheidende Grund für die

EU nicht allein Wirtschaftsinteressen sind, sondern dass sie das europäische Friedensprojekt verkörpert.

Die Ideologie der heutigen Europagegner ist geschichtsvergessen und rückwärtsgewandt. Doch darauf hinzuweisen reicht nicht aus, wenn wir das europäische Friedensprojekt retten wollen. Wir sollten dieses Projekt nicht nur ex negativo verteidigen. Es gilt, wieder Begeisterung dafür zu wecken, es mit neuem Leben zu erfüllen. Dabei sollten wir vor allem auf die jungen Generationen setzen. Für die heute unter 30-Jährigen ist zum Beispiel die Freizügigkeit des Schengen-Raums noch auf andere Weise selbstverständlich als für die Älteren. Denn die Jüngeren haben Europa gar nicht mehr anders kennengelernt als mit offenen Grenzen. Und es ist kein Zufall, dass sie in Umfragen regelmäßig und in fast allen europäischen Staaten diejenigen sind, die sich am wenigsten anfällig für die sogenannte EU-Skepsis zeigen. Von wegen »europamüde«: Die jungen Leute blicken optimistisch auf die europäische Einigung, trotz des allgegenwärtigen Schimpfens auf die EU, auch trotz der Schuldenkrise von 2010 und ihrer Nachwirkungen. Dem Satz »Das Projekt Europäische Union bietet eine Zukunftsperspektive für Europas Jugend« stimmen EU-weit 66 Prozent der 15- bis 24-Jährigen und 62 Prozent der 25- bis 39-Jährigen zu. Die Zahlen stammen aus der Studie »Future of Europe«, erhoben im Oktober 2016 im Rahmen des *Eurobarometers*, der regelmäßigen großen Meinungsumfrage im Auftrag der Europäischen Kommission.[200] In Deutschland liegen die beiden Zustimmungswerte sogar bei 71 und 69 Prozent.[201]

Auf die jungen Europäerinnen und Europäer können wir bauen, um das Friedensprojekt zu retten. Ihr konstruktiver und positiver Blick auf die EU und die Selbstverständlichkeit, mit der sie ihre europäische Identität leben – ohne dass ihnen der Gedanke, sie müssten dafür ihre nationale Identität aufgeben, überhaupt in den Sinn käme –, weisen uns den Weg. Sei es Schüleraustausch oder seien es die Erasmus-Programme, seien es internationale Praktika oder sei es das Engagement in Hilfsorganisationen, die heute den in Griechenland und auf der Balkanroute festsitzenden Flüchtlingen beistehen: Gerade die Jüngeren machen aus der Idee der europäischen Einigung auf vielfältige Weise Wirklichkeit. Und sie wollen sich von den Antieuropäern, die den Rückfall in nationalistische Enge als einen Freiheitskampf der Völker zu verkaufen versuchen, nicht um ihre europäische Zukunft betrügen lassen.

Das europäische Friedensprojekt zu stärken heißt auch, Fehlentwicklungen der letzten Jahre zu korrigieren. Zu einem großen Teil haben die Vorbehalte von EU-Bürgern gegen die EU heute ihre Gründe in der Art, wie mit der Krise seit 2010 umgegangen wurde. Die harten Sparmaßnahmen gegenüber den Krisenländern sind mitverantwortlich für die hohe Arbeitslosigkeit in den südlichen EU-Staaten. Die Austeritätspolitik zulasten der sozial Schwachen in den betroffenen Ländern, die sogar vom Internationalen Währungsfonds kritisiert wird[202], hat gleichermaßen dem Ansehen Deutschlands wie dem Ansehen der europäischen Institutionen geschadet. Hier sollten wir verantwortungsbewusst umdenken. Und während die AfD die Parole ausgibt, man hätte die Krisenländer gar nicht erst retten dürfen[203], sollten wir uns vielmehr mit dem Problem auseinandersetzen, dass die Europäische Union in der Finanzkrise, ähnlich wie in der Flüchtlingskrise, so wenig solidarisch agiert hat. Die Egoisten-Devise, wonach an alle gedacht ist, wenn nur jeder an sich selbst denkt, taugt nicht als Richtschnur für politisches Handeln. Besser wäre es, sich darauf zu besinnen, dass eine Gemeinschaft von Gleichberechtigten am besten funktioniert, wenn alle Mitglieder Verantwortung übernehmen – für sich selbst und für das große Ganze. Das gilt für diejenigen, die sich durch Misswirtschaft in die Krise manövrieren, ebenso wie für diejenigen, die beim Krisenmanagement nur auf Härte setzen. Beide müssen ihre Haltung ändern, um ihrer Verantwortung für die Gemeinschaft gerecht zu werden.

Bei dieser Aufgabe – und überhaupt bei der großen Aufgabe, die Freiheit und Einigkeit und Freizügigkeit Europas in Zeiten des auftrumpfenden Nationalismus zu bewahren – ist es entscheidend, dass wir wieder begreifen und begreiflich machen, wofür die europäische Union vor allem steht: für das größte und erfolgreichste Friedensprojekt in der Geschichte unseres Kontinents.

Was wir tun können

Reden wir über Verdun. Nicht als dröge oder mahnende historische Lektion, sondern hoffnungsvoll. Was gestern eine Stätte des Grauens und des Nationalismus war, zeigt uns heute, wie wertvoll gute Nachbarschaft und der Friede in Europa sind. Wie viel wir erreicht haben mit der Aussöhnung zwischen Deutschland und Frankreich und auf unserem Weg der europäischen Einigung. Und es macht deutlich, wie viel diejenigen aufs Spiel setzen, die heute gegen die europäische Einigung agitieren und eine Rückkehr zu nationalstaatlichen Alleingängen in Europa anstreben.

Reden wir über den Nationalsozialismus. Nicht um uns einem »Schuldkult« hinzugeben, wie die Rechten es nennen, oder um unsere Erinnerungskultur zu verengen, wie die AfD behauptet. Sondern um daran zu erinnern, was Rassismus in Europa angerichtet hat – und um durch diese Erinnerung zu erkennen, welch enormer Fortschritt es ist, dass die Staaten Europas heute die gemeinsamen Werte teilen, die im EU-Vertrag verankert sind. An der Spitze dieser Werte stehen die Achtung der Menschenwürde und die »Wahrung der Menschenrechte einschließlich der Rechte der Personen, die Minderheiten angehören«.

Reden wir über den Eisernen Vorhang. Nicht als erinnerungspolitische Pflichtübung, sondern um zu erkennen, wie wertvoll offene Grenzen und Pluralismus heute sind. Es ist eben keine Selbstverständlichkeit, dass wir überall in Europa Freiheit, Demokratie und Rechtsstaatlichkeit genießen können. Seien wir also nicht so leichtfertig, diese Errungenschaften aufs Spiel zu setzen.

Reden wir über Schengen. Nicht um auf die EU zu schimpfen oder Fake News über grenzenlose Kriminalität und dergleichen zu verbreiten. Sondern um bewusst zu machen, dass die Freizügigkeit ein wesentlicher Bestandteil unserer Freiheit ist und was für einen Gewinn sie für unser Leben bedeutet. In Europa sind Mauern gefallen und Grenzen unnötig geworden. Das ist zukunftsweisend – und nicht etwa die Rückkehr zum Prinzip des Gegeneinander-Abschottens, wie es sich die neurechten Grenz- und »Schutzzaun«-Fetischisten wünschen.

Reden wir aber vor allem über Europa. Nicht in der Theorie oder über irgendwelche Bürogebäude in Brüssel, sondern über das Europa, das jeder von uns schon gesehen und erlebt hat. Wer die deutschen Grenzen überschreitet, erkennt, dass uns mit den Menschen in den Nachbarländern weit mehr verbindet als trennt. Wenn ich sehe, wie mein Sohn am Wochenende mit mir dem HSV die Daumen drückt, aber am Mittwoch sein Real-Madrid-Trikot überstreift, spüre ich: Für die Jungen ist Europa längst gelebte Selbstverständlichkeit. Wir dürfen nicht zulassen, dass neue Nationalisten den alten Ungeist in Europa wieder entfesseln und die Zukunft unserer Kinder aufs Spiel setzen.

14 Es lebe die Zivilgesellschaft!

Aufstehen statt Wegducken: Wir haben die Kraft, unsere demokratische und weltoffene Gesellschaft gegen die Rechtspopulisten zu behaupten. Aber wir müssen diese Kraft auch nutzen. Wenn wir uns bemerkbar machen, wenn wir offen für unsere Werte einstehen, anstatt sie bloß im Stillen zu pflegen, dann wird die neue Rechte nicht weit kommen mit ihrem Versuch, in Deutschland die Stimmung zu drehen.

Wir – das sind nicht nur die Politiker oder die Anhänger einer bestimmten Partei oder Richtung. Wir, das sind alle Menschen in Deutschland, die Toleranz und Vielfalt wollen und einen Rückfall in nationalistische Denkweisen für falsch halten. Wir sind die große Mehrheit in Deutschland. Doch wir haben es mit einer sehr lautstarken rechten Minderheit zu tun, die es sich zum Ziel gesetzt hat, in unserem Land den Ton anzugeben. Das ist eine Gefahr, die sich nicht von selbst erledigt. Wenn wir sie abwenden wollen, dürfen wir nicht schweigen.

Es ist die viel beschworene demokratische Zivilgesellschaft, die den Aufstieg des Rechtspopulismus verhindern kann. Die Zivilgesellschaft aber, daran erinnert der Publizist Georg Seeßlen, ist nicht einfach da und steht auf Abruf bereit. Sondern sie ist »nie anders vorhanden als durch eine Praxis«[204]. Das heißt, es gibt die Zivilgesellschaft erst dann, wenn sie sich zeigt.

Schaut man sich an, wie sich die politische Gestalt der Welt in den letzten zwei, drei Jahren verändert hat, kann einem angst und bange werden um die Demokratie. In vielen Ländern scheint sie auf dem Rückzug. In schwindelerregendem Tempo versuchen neue Autokraten die Gesellschaften umzukrempeln. Sie bauen Freiheitsrechte ab und Mauern auf. Sie haben dem Pluralismus ebenso den Kampf angesagt wie der Gewaltenteilung im Staat. Sie wollen die Unabhängigkeit der Justiz aushebeln und kritische Medien mundtot machen.

Es ist verstörend zu sehen, wie schnell selbst in einer großen und traditionsreichen Demokratie wie den USA ein Präsident an die Macht gelangen kann, dessen Politikverständnis mit den Idealen der amerikanischen Gründerväter kaum vereinbar ist. Es ist erschreckend, dass in einer stolzen und ehrwürdigen Republik wie Frankreich der rechtsextreme Front National so stark werden kann, wie wir es heute erleben; und dass selbst in den sprichwörtlich weltoffenen Niederlanden die Partei eines fremdenfeindlichen Trump-Epigonen (»Make the Netherlands great again!«[205]) derartige Erfolge feiert.

Und doch sollten wir auf keinen Fall den Mut verlieren. Der Vormarsch der Nationalisten und Rechtspopulisten ist die größte Herausforderung seit Langem für die westlichen Demokratien. Aber wir können diesen Vormarsch stoppen. Seit Donald Trump entgegen fast allen Prognosen die Präsidentschaftswahl in den USA gewonnen hat, und erst recht seit seinem Amtsantritt, wird oft das Bild vom Weckruf bemüht. Ich bin überzeugt, dass die demokratische Welt diesen Weckruf gehört hat und dass er nicht zu spät kommt. Denn neben den Gründen zur Sorge gibt es überall auch Signale der Hoffnung. Die Zivilgesellschaft zeigt sich.

Bleiben wir noch kurz bei den Vereinigten Staaten, wo die Dynamik zwischen autokratischen Bestrebungen und zivilem Widerstand gerade am deutlichsten hervortritt. Auf die eher spärlich besuchte Amtseinführung von Präsident Trump folgte am nächsten Tag der *Women's March on Washington* – die größte politische Demonstration in der Geschichte der USA. Allein in der amerikanischen Hauptstadt gingen eine halbe Million Menschen für Frauenrechte und Bürgerrechte auf die Straße. Hinzu kamen Solidaritätskundgebungen rund um die Welt, von Europa bis Australien. Und die breiten Proteste setzten sich fort, als Trump kurz darauf einen Einreisebann gegen die Staatsbürger von sieben überwiegend muslimischen Ländern verhängte. Seither üben sich die progressiven Kräfte der USA im Schulterschluss, auch wenn sie zuvor vielfach zersplittert und häufig verbittert waren.

Nahm das demokratische Amerika Trump als Präsidentschaftskandidaten nicht ernst genug, um ihn verhindern zu können, so bietet es ihm jetzt doch eindrucksvoll Paroli. Auf diese Weise kann die widerständige Zivilgesellschaft jenen Kräften im System der *Checks and Balances* den Rücken stärken, das die Demokratie in den USA seit fast 230 Jahren gegen autokratische Begehrlichkeiten absichert. Das wird jedoch nur gelingen, wenn die zivile Opposition einen langen Atem beweist; und wenn sie ihre Größe zu nutzen versteht. Schließlich hat es seit Jahren geheißen, die demografische Entwicklung in den USA arbeite gegen die Republikaner, weil deren vorwiegend weiße und männliche Wählerbasis, anders als die der Demokraten, unweigerlich schrumpfe. Nun hat die Demokratische Partei ihre gesellschaftliche Mehrheit nicht in einen Wahlsieg umwandeln können. Stattdessen ist eine radikalisierte Republikanische

Partei nominell zurück an der Macht – und zahlt dafür den Preis, dass sie praktisch nur noch als Unterstützerverein für einen verschlossenen antiliberalen Machtzirkel rund um den Präsidenten in Erscheinung tritt.

Wenn ich an dieser Stelle über die USA schreibe, dann tue ich das, weil das Ergebnis der Wahl dort auch für uns in Deutschland, für uns in Europa einen so tiefen Einschnitt bedeutet. Die Menschen hier verfolgen aufmerksam mit, was nun in dem Land geschieht, mit dem uns doch so viel verbindet und dem wir so viel zu verdanken haben. Und sie blicken, Stichwort Weckruf, auch noch genauer als vorher auf die Entwicklungen in unserem eigenen Land.

Das Gebaren der Trump-Regierung zeigt uns, was droht, wenn eine demokratische Mehrheit die Gefahr von rechts unterschätzt.

Wir haben die besten Voraussetzungen, um dafür zu sorgen, dass Deutschland ein ähnliches Abkippen erspart bleibt. Der Kulturkampf, den bei uns die neue Rechte führt, ist mit dem Kulturkampf, der Trump ins Weiße Haus gebracht hat, durchaus vergleichbar. Zumindest inhaltlich – nicht von den Ausmaßen her. In Deutschland sind die Rechtspopulisten heute viel deutlicher in der Minderheit als in den USA. Aber damit das auch so bleibt und damit sie mit ihrem Plan, nach und nach kulturelle Hegemonie zu erlangen, scheitern, müssen wir uns regen.

Als im Januar 2017 in Koblenz eine Art rechtspopulistischer Internationale tagt, mit Marine Le Pen, Geert Wilders, Frauke Petry und anderen, kommen etwa 1000 Anhänger der Rechten zusammen. Zugleich versammeln sich in der Stadt unter dem Motto *Koblenz bleibt bunt* nach Polizeiangaben rund 5000 friedliche Gegendemonstranten.[206]

Wieder ist es, wie schon bei den Gegenveranstaltungen zu Pegida und Co., ein breitgefächertes Bürgerbündnis, das für Vielfalt, Toleranz und Weltoffenheit Farbe bekennt. Menschen mit ganz unterschiedlichen Hintergründen, auch unterschiedlichen politischen Haltungen, vereint in dem Anliegen, unsere pluralistische und freiheitliche Gesellschaft zu verteidigen.

Deutschland politisiert sich – und das ist gut. Die oft beklagte und gerade in Zeiten der Großen Koalition begünstigte politische Lethargie ist überwunden. Es mag ja sein, dass die demokratische Mehrheit in unserem Land es sich lange Zeit zu bequem gemacht hat. Aber das tut sie nun nicht mehr. Sie steht für ihre Werte auf.

Politikverdrossenheit hatte in Deutschland in den letzten Jahrzehnten nicht nur mit der Art zu tun, wie Politik gemacht und vermittelt wurde. Sie ging auch aus einer zwar nicht befriedigenden, jedoch beruhigenden Gewissheit hervor. Eine weitverbreitete Haltung war: Wir finden es vielleicht nicht gut, wie die Dinge in unserem Land laufen, aber sie laufen schon irgendwie, darauf können wir uns verlassen. Errungenschaften wie die Demokratie, die Presse- und Meinungsfreiheit, eine unabhängige Justiz und offene Grenzen in Europa galten als Konstanten, die nicht infrage standen. So viel auch gestöhnt wurde über die Politik: Die Überzeugung, dass sich mit dem Ende des Kalten Kriegs unser Kontinent oder zumindest unser Land dauerhaft in eine ökonomische und ideologische Komfortzone verwandelt habe, ließ sich kaum erschüttern. Erst in den letzten Jahren ist diese Gewissheit ins Wanken geraten.

Die neue Ungewissheit macht vielen Menschen Angst, und Angst kann wütend machen. Darauf baut die neue Rechte. Sie versucht Angst und Wut in der Bevölkerung zu verstärken und für ihr autoritär-nationalistisches Politikprojekt auszunutzen. Sie will uns einreden, am Verlust der Gewissheit und überhaupt an allen Problemen in unserer heutigen Gesellschaft sei ein kaputtes ideologisches System schuld, ein verkommenes Multikulti- und »68er-Deutschland« – wobei hinter solchen Kampfbegriffen die Verachtung für die offene demokratische Gesellschaft selbst steht. Manche lassen sich damit ködern. Die meisten aber nicht. Schließlich kann man auf den Verlust der Bequemlichkeit auch anders reagieren. Mehr und mehr Menschen in Deutschland erkennen, dass die Demokratie in stürmischen Zeiten ihr persönliches Engagement braucht. Das macht sich im friedlichen Protest gegen die Veranstaltungen der neuen Rechten ebenso bemerkbar wie im ehrenamtlichen Einsatz für die Flüchtlingshilfe – aber auch in den plötzlich ansteigenden Mitgliederzahlen der demokratischen Parteien. Die SPD etwa erlebte schon nach Trumps Wahlsieg eine Eintrittswelle. Eine weitere folgte, als sie den überzeugten Europäer Martin Schulz als Kanzlerkandidaten aufstellte. Dass sich die Bürgerinnen und Bürger in Deutschland nun zunehmend tatkräftig für demokratische Werte einsetzen, gilt natürlich weit über die Parteien hinaus. Und eine wichtige Erkenntnis bei dieser neuen Politisierung unserer Gesellschaft ist: Wir demonstrieren *für* etwas, nicht nur gegen etwas. Die Menschen, die heute im Namen der Toleranz und Vielfalt, im Namen unserer Demokratie und unserer offenen Gesellschaft aktiv sind, wissen, was wir zu verlieren haben, wenn wir untätig bleiben. Sie wissen, dass unsere Freiheit zurzeit nicht selbstverständlich ist und dass wir uns für sie einsetzen müssen, um sie zu erhalten.

Darum bin ich überzeugt, dass der Widerstand, den die Zivilgesellschaft in Deutschland gegen das Auftrumpfen der Rechtspopulisten leistet, von Dauer ist und Erfolg haben wird. Die AfD mag in den Bundestag einziehen, weil sie besser organisiert ist als frühere Rechtsaußenparteien und weil sie es versteht, sich mit ihrem bürgerlichen Anstrich als politisches Auffangbecken für den verunsicherten rechten Rand des konservativen Wählerspektrums auszugeben. Doch von ihrem Ziel, in unserem Land eine ideologische Vorherrschaft zu erringen oder gar die Regierung zu übernehmen, wird sie weit entfernt bleiben. Die meisten Deutschen wünschen sich eine offene und vielfältige Gesellschaft. Und sie lassen sich weder die Demokratie ausreden, noch lassen sie sich vom neurechten Neusprech das Denken verbiegen.

Wenn wir so bald nicht nachlassen in der nun angelaufenen friedlichen und konstruktiven Politisierung unserer Gesellschaft, dann werden sich auch viele, die jetzt mit der AfD liebäugeln, aber für Argumente noch empfänglich sind, wieder von den Rechtspopulisten abwenden. Sie werden erkennen, dass die neue Rechte keine tragfähigen Lösungen für die drängenden Fragen unserer Zeit bietet. Sie werden sehen, dass der Weg in eine gute Zukunft für Deutschland nicht im Nationalismus, nicht in der Ausgrenzung und Abschottung liegt, sondern in der Anerkennung der Gleichwertigkeit aller Menschen, im politischen Pluralismus, der bei uns die Grundlage für den sozialen Zusammenhalt bildet, und im festen Bekenntnis zum Friedensprojekt Europa.

Auf das Urteilsvermögen der Bürgerinnen und Bürger zu setzen – das ist eine Hauptlinie unserer Strategie gegen Rechts. Dass die Zivilgesellschaft sich zeigt, dass also die Menschen in unserem Land ihre demokratische Verantwortung übernehmen, wenn es darauf ankommt, sollten wir nicht nur hoffen. Sondern wir sollten ihnen dies unbedingt zutrauen – und zumuten. Das ist das beste Mittel gegen Politikverdrossenheit. Und es ist der wirksamste Schutz davor, dass die Rechtspopulisten mit ihren Tiraden über »Meinungskartell«, »Bevölkerungsaustausch« usw. Eindruck schinden können. Denn solche Tiraden verfangen nur, solange viele Bürger das Gefühl haben, Politik werde über ihre Köpfe hinweg betrieben und in Hinterzimmern ausgekungelt. In dieser Hinsicht bietet die Politik in Deutschland bisher viel zu wenig Transparenz – und somit zu viel Angriffsfläche.

Ich habe es in Kapitel 4 schon ausgeführt: Dass es um die Debattenkultur in unserem Land heute schlecht steht, liegt zu einem wesentlichen Teil daran, dass Parteien und auch Koalitionen sich scheuen, ihre Auseinandersetzungen, ihr Ringen um Entscheidungen offen austragen. Nicht nur wird auf diese Weise der Streit um die Sache, der eigentlich ein Prinzip der Demokratie sein sollte, als etwas Negatives, etwas Anrüchiges hingestellt. Die Taktik, die den Parteien dazu dient, Geschlossenheit zu mimen, kann – gemäß dem alten Vorurteil, dass die Politiker doch eh alle unter einer Decke stecken – leicht als abgekartetes Spiel missverstanden werden. Wenn aber die Politik Debatten nicht bloß als Schaukämpfe zwischen Regierung und Opposition austrägt, sondern als gelebte Demokratie, dann ist denen, die dem Parlamentarismus eine große Verschwörung unterstellen wollen, schnell der Wind aus den Segeln genommen. Also lasst uns offen miteinander reden, lasst uns streiten!

Ein Lieblingswort der Demokratietheoretiker lautet: Teilhabe. Die Bürgerinnen und Bürger sollen erkennen, dass ihre Stimme nicht nur am Wahltag zählt. Dass es auf ihr Engagement, ihre Mitwirkung ankommt, wenn unser Land sich gut weiterentwickeln soll, und dass sie tatsächlich auf die Politik Einfluss nehmen können. Dieses Bild vom mündigen Bürger als dem wichtigsten Akteur in der Demokratie wird immer wieder beschworen. Auf erhebende Weise zum Beispiel von US-Präsident Barack Obama auf der letzten Auslandsreise seiner Amtszeit. Er hielt seine Rede in Athen, also an dem Ort, wo die Idee der Demokratie vor 2500 Jahren zum ersten Mal formuliert und auch umgesetzt wurde. In einem demokratischen Land, sagte Obama, sei »das wichtigste Amt nicht das des Präsidenten oder Ministerpräsidenten. Der wichtigste Titel ist der des Staatsbürgers. In allen unseren Nationen werden es immer unsere Bürgerinnen und Bürger sein, die darüber entscheiden, welche Art von Land wir sein wollen, über die Ideale, die wir anstreben, und die Werte, die uns leiten sollen.«[207]

So weit die Theorie – und ich finde, so sollte auch die Praxis aussehen. Die Verantwortung für unsere Demokratie liegt bei allen Bürgerinnen und Bürgern. Und Politiker sollten das Volk konsequent ermutigen, diese Verantwortung wahrzunehmen. Stattdessen aber wird in vielen politischen und gesellschaftlichen Diskussionen so getan, als wäre das Volk kaum zum eigenständigen Denken in der Lage.

Besonders augenfällige Beispiele dafür bieten zurzeit das Thema Fake News und die Sorge, dass aus Russland (oder von wo auch immer) gesteuerte Desinformationskampagnen den Ausgang der Bundestagswahl beeinflussen könnten. Wie schon in Kapitel 6 gesagt: Diese Befürchtungen sind nicht etwa gegenstandslos. Gefälschte Nachrichten und verdeckte Agitation, vor allem im Internet, sind in der Tat ein großes und ärgerliches Problem. Und in der Tat ist hier der Staat gefordert. Er muss tun, was er kann, um solche Aktivitäten zu unterbinden. Aber auch wenn wir mit neuen Gesetzen gegen rechtswidrige Inhalte im Internet vorgehen – und damit auch gegen manche Fake News –, werden wir damit die Probleme zwar verringern können, doch wir werden sie nicht aus der Welt schaffen. Um sie wirklich zu lösen, gibt es nur den einen Weg: Jeder Einzelne muss sich als Teil des Gemeinwesens seiner Verantwortung bewusst werden.

Dass es auf uns selbst und unser Urteilsvermögen ankommt, sollten wiederum Politiker den Menschen im Land klar sagen. Bislang wird die Debatte weitgehend so geführt, als wären die Bürger ahnungslos und als müssten wir nun entweder ein staatliches Wundermittel finden oder unsere Bevölkerung würde bald massenhaft niederträchtigen Nachrichtenfälschern auf den Leim gehen.

Das staatliche Wundermittel wird es nicht geben. Doch die Bürger sind auch keineswegs ahnungslos. Wir haben in unserer Gesellschaft alle Voraussetzungen dafür, Fake News und Online-Hetze unwirksam zu machen. Gerade die Digitalisierung führt uns vor Augen, dass es nicht nur demokratieförderlich, sondern unumgänglich ist, auf die Mündigkeit der Staatsbürger zu vertrauen. Denn ganz egal, was für Gesetze wir austüfteln, die Informationsströme im Internet lassen sich nicht den demokratischen Kontrollmechanismen unterwerfen, wie wir es aus der Zeit kennen, als es lediglich die institutionalisierte, dem Presserecht verpflichtete Medienlandschaft gab. Blogs, Webportale, Facebook-Seiten – die Nachrichtenquellen haben sich vervielfacht und unüberschaubar diversifiziert. Die Nutzer kommen nicht umhin, verstärkt selbst zu überprüfen, ob die Informationen, die sie erhalten, verlässlich sind.

Um die dafür nötige neue oder erweiterte Medienkompetenz zu fördern, sollten wir gezielt bildungspolitische Maßnahmen entwickeln. Der wesentliche Punkt jedoch ist, anzuerkennen, dass die Bürgerinnen und Bürger sich nicht viel vormachen lassen. Immer wieder wird angemahnt, wir Politiker müssten die Ängste der Menschen in unserem Land ernst nehmen. Aber ich finde, es geht vor allem darum, dass wir die Menschen in unserem Land ernst nehmen.

Ich halte es für dringend nötig, die große Angstdebatte in unserer Gesellschaft in eine Zuversichtsdebatte umzuwandeln. Unbestritten gibt es viele Gründe zur Sorge. Die Bedrohung durch den Terrorismus. Die nationalistischen und autoritären Tendenzen in vielen Ländern und die neurechte Radikalisierung eines Teils unserer eigenen Bevölkerung. Die Gefahr, dass die EU auseinanderbricht. Oder auch die Gefahr, dass die EU zwar nicht zerbricht, sich aber schwächt und zurückbildet, weil sie zu wenig gemeinsame Visionen aufbringt und an zu vielen kurzsichtigen nationalen Egoismen festhält. Und dass Europa in der Flüchtlingskrise, die ja alles andere als ausgestanden ist, versagt, weil es weiterhin keine solidarischen Lösungen findet, sondern sich bloß abschottet; vielleicht weniger plakativ als Trump mit seiner Mauer gegen Mexiko, aber ebenso destruktiv – und umso scheinheiliger gegenüber humanitären Verpflichtungen.

All diese Anlässe zur Besorgnis sind real. Und doch: Wir haben die Kraft für eine gute Zukunft. Wir brauchen uns vor den drängenden Problemen unserer Zeit nicht wegzuducken. Wir können die Ideen und die Handlungsstrategien entwickeln, um sie zu lösen. Dafür ist Selbstvertrauen nötig. Dafür sind die Werte der pluralistischen und weltoffenen

Demokratie unabdingbar. Dafür bedarf es der Bereitschaft, von diesen Werten nicht nur feierlich zu reden, sondern auch wirklich ihnen gemäß zu handeln.

Der Schlüssel zu einer guten Zukunft für unser Land liegt in unserer Zivilgesellschaft. Dass es diese Zivilgesellschaft gibt und dass sie stark genug ist, daran besteht heute kein Zweifel. Angesichts einer so großen Herausforderung wie der Aufnahme der Geflüchteten im Herbst 2015 haben wir gezeigt, wie zupackend und wie handlungsfähig wir sind – allen Unkenrufen zum Trotz. Und jetzt, im Widerstand gegen die Stimmungsmache der Rechtspopulisten, zeigen wir es wieder.

Vor allem im letzten Jahr habe ich mich oft gefragt, warum in Deutschland so wenig Optimismus herrscht. Es kam mir merkwürdig vor, dass gerade ich als Sozialdemokrat viel zuversichtlicher war als die Mehrheit der Gesellschaft. Üblicherweise sind doch wir Sozis immer diejenigen, die voller Selbstzweifel stecken und allzu leidend und skeptisch auf die Gegenwart blicken. Nun aber sah ich um mich herum ein Land, das eine stark verschobene Wahrnehmung von sich selbst zu haben schien. Eine Gesellschaft, die Großartiges leistete und sich zugleich dauernd ihr eigenes Potenzial miesreden ließ.

Ich bin sehr froh, dass sich mittlerweile die Anzeichen für einen positiven Stimmungsumschwung mehren. Dieses Deutschland, diese vielfältige und tatkräftige Gesellschaft, hat doch alles, was nötig ist, um gut durch die unruhigen Zeiten zu kommen und dabei ihre Demokratie sogar noch zu kräftigen!

Natürlich werden die Bedenkenträger nicht verstummen. Natürlich meldet sich in unserem Land auch weiterhin vielfach ein routinierter Pessimismus zu Wort, der geneigt ist, jedes Anzeichen demokratischer Aufbruchstimmung zum Strohfeuer zu erklären. Und ja, wir sollten uns den unangenehmen Fragen stellen: Ist die Zuversicht, für die ich mich hier einsetze, nicht realitätsfern? Entspringt sie nicht derselben Gutgläubigkeit, deretwegen uns schon das Brexit-Referendum kalt erwischt hat? Haben wir es nicht auch bis zum Wahltag in den USA für unmöglich gehalten, dass Trump gewinnt? Nun hoffen wir auf eine neue amerikanische Bürgerrechtsbewegung, die sich gegen die autoritäre Trump-Clique in Washington formiert, und wir preisen die deutsche Zivilgesellschaft, die im Protest gegen die neue Rechte zum Vorschein kommt. – Aber ist diese Hoffnung nicht naiv? Ist nicht die Bewegung der linken Globalisierungskritiker ebenfalls beeindruckend gestartet, damals in Seattle und in Genua? Und wie viel ist heute davon übrig geblieben? Und was war doch gleich mit *Occupy* und *Empört euch?* Vom Arabischen Frühling und von den Gezi-Demonstrationen in Istanbul ganz zu schweigen.

Zum Teil sind diese Einwände ungerecht. Es scheint fast ein Konsens darüber zu bestehen, dass die bisherigen großen Protestbewegungen in diesem Jahrtausend kläglich gescheitert seien. Dabei haben sie durchaus etwas bewirkt. Die Politik in den demokratischen Ländern hat sich vom neoliberalen Laissez-faire im Umgang mit der Globalisierung abgewandt. Die Folgen der Finanzkrise konnten in den meisten Ländern deutlich gelindert werden gegenüber dem, was vor einigen Jahren noch zu befürchten war. Dass der Arabische Frühling fast überall brutal unterdrückt wurde und anstelle der Hoffnung eine neue Spirale der Gewalt die Region erfasst hat, ist ebenso wie der Demokratieabbau in der Türkei ein erschütterndes Warnzeichen. Aber die Lehre, die wir daraus ziehen, kann doch nicht sein: Demokratie taugt nichts oder: Demokratie ist eh zu schwach. Sondern sie lautet: Wir müssen die Demokratie stärken.

Wir haben heute in Deutschland das Glück, in stabilen demokratischen Verhältnissen zu leben. Doch wir wissen, das ist nicht selbstverständlich. Die Entwicklungen in einer Reihe anderer Länder, von denen manche auch als stabile Demokratien galten, führen uns vor Augen, wie schnell sich die Verhältnisse ändern können. Und die Rechtspopulisten bei uns eifern genau den Politikern nach, die in diesen anderen Ländern den autokratischen Umbau betreiben oder anstreben – von Viktor Orbán bis Donald Trump, von Marine Le Pen bis Geert Wilders. Damit stellt sich die Frage, was wir tun können, um die Demokratie in unserem Land zu stärken.

Meine Antwort ist: Vertrauen wir auf unsere Zivilgesell-schaft! Aber wie soll das konkret aussehen, dieses Vertrauen auf die Zivilgesellschaft? Es kann sich ja nicht darin erschöpfen, dass wir erleichtert sind, wenn die Menschen gegen rechte Kundgebungen aufstehen, und dass wir artig immer wieder beteuern, wie lobenswert wir bürgerschaftliches Engagement finden. Das Vertrauen in die Zivilgesellschaft sollte sich auch nicht darauf beschränken, dass wir an die Fähigkeit der Menschen in unserem Land glauben, Fake News von Nachrichten und »alternative Fakten« von Tatsachen zu unterscheiden. Mein Vorschlag dafür, wie wir das Schlagwort von der Teilhabe wirklich mit Sinn erfüllen und die Zivilgesellschaft dauerhaft stärker in die Politik einbinden können, lautet: mehr direkte Demokratie. Wir sollten das Grundgesetz ändern und Volksentscheide auf Bundesebene möglich machen.

Wenn wir *Aufstehen statt Wegducken* sagen und darauf bauen, dass die Zivilgesellschaft ihre demokratische Verantwortung wahrnimmt, gehört das Angebot von Volksabstimmungen in der Konsequenz dazu. Sie würden für die Bürgerinnen und Bürger unseres Staates die Möglichkeit schaffen, selbst Themen auf die politische Agenda zu setzen – nicht als Ersatz, sondern als Ergänzung für unsere repräsentative Demokratie. Die Parlamente und die Parteien würden weiter ihre Arbeit tun. Doch wenn sie ein Anliegen ignorieren, das einem nennenswerten Teil der Bevölkerung unter den Nägeln brennt, dann könnte die Bevölkerung dieses Anliegen auf eigene Initiative hin zur Debatte stellen und zur Abstimmung bringen.

Unter deutschen Politikern sind die Vorbehalte gegen plebiszitäre Elemente traditionell groß. Gerade die direkte Demokratie sei ein Einfallstor für Populismus, wird gern gewarnt, schließlich zählt die Forderung nach Volksabstimmungen bei den Rechtspopulisten zum festen Programminventar. Sie wollen den Eindruck erwecken, sie seien das Sprachrohr des Volkes, also beteuern sie, sie würden das Volk entscheiden lassen. Und die Warnungen davor greifen sie dankbar auf. Sie sagen, die deutschen Politiker hätten Angst vor ihrem eigenen Volk.

Doch die Wirklichkeit der direkten Demokratie in Deutschland sähe ziemlich anders aus, als die Rechten sie sich vorstellen – und auch anders, als es die Skeptiker unter den Demokraten befürchten.

Ein Standardargument der Volksentscheidgegner lautet: Wenn wir direkte Demokratie zulassen, könnte in Deutschland die Todesstrafe wieder eingeführt werden. Und ein Lieblingsszenario der neuen Rechten (und auch der CSU) ist, per Volksabstimmung einen Stopp bzw. eine Obergrenze für die Aufnahme von Flüchtlingen durchzusetzen. Beide Positionen lassen außer Acht, dass sich in unserem Rechtsstaat jedes Gesetz nach dem Grundgesetz richten muss; egal, ob es vom Parlament oder per Volksentscheid beschlossen wird. Die Einführung der Todesstrafe wäre ein Verstoß gegen die Menschenwürde laut Artikel 1 und darum unmöglich. Ebensowenig ließe sich per Volksvotum das Grundrecht auf Asyl abschaffen. Und auch andere Wunschträume der Rechten hätten keine Aussicht auf Verwirklichung. In Deutschland den Bau von Moscheen zu verbieten wäre zum Beispiel mit der verfassungsmäßig garantierten Religionsfreiheit unvereinbar.

Kurz: Volksentscheide könnten die Freiheits- und Minderheitenrechte und die demokratische Gewaltenteilung in unserem Staat nicht außer Kraft setzen. Andererseits aber könnte das Angebot von Volksentscheiden die Demokratie in Deutschland sogar festigen und vertiefen.

Es sollte ein zweispuriges Angebot sein. Das heißt, neben dem Recht, eigene Vorschläge zur Abstimmung zu bringen, hätte die Bevölkerung die Möglichkeit, bereits gefasste Parlamentsbeschlüsse wieder zu kassieren. Für uns Politiker würde das bedeuten, dass wir uns besser erklären, dass wir viel transparenter werden müssten. Es würde nicht mehr reichen, unsere Projekte in den Gremien durchzusetzen und dann dem Volk vollendete Tatsachen zu »vermitteln«. Sondern wir müssten bei den Bürgerinnen und Bürgern selbst um Zustimmung werben für das, was wir politisch vorhaben – schließlich könnten sie unsere Entscheidungen sonst ungeschehen machen. Für unsere Debattenkultur und auch für das Ansehen der Politik in der Bevölkerung wäre so eine Kombination von direkter und repräsentativer Demokratie ein Segen. Und mit viel größerer Selbstverständlichkeit als heute würde dann die Zivilgesellschaft als politischer Akteur hervortreten.

Was direkte Demokratie jedoch auf keinen Fall sein darf, ist ein taktisches Spielzeug für Regierungen. Negativbeispiele in dieser Hinsicht hat es gerade im letzten Jahr in Europa zahlreich gegeben. Der britische Premierminister David Cameron glaubte beim Brexit-Referendum, er könne durch ein plebiszitäres »Basta« Kritiker in den eigenen Reihen kaltstellen. Stattdessen nutzten rechtspopulistische Agitatoren die Gunst der Stunde und trieben Großbritannien aus der EU hinaus. Ungarns Minsterpräsident Viktor Orbán inszenierte ein Referendum gegen die von der EU geplanten Quoten zur Verteilung von Asylbewerbern und heizte damit die Stimmung gegen EU und Flüchtlinge an. Den aktuellen Tiefpunkt beim Missbrauch von Volksentscheiden zur Ausweitung der eigenen Machtfülle aber bildet Präsident Erdoğans Verfassungsreferendum vom April 2017 in der Türkei.

Volksentscheide sollen den Einfluss des Volkes stärken, nicht den von Politikern. Die Initiative für eine Abstimmung muss deshalb stets von der Bevölkerung ausgehen, sie darf nicht von oben kommen, weder von der Regierung noch vom Parlament. Diese Regel ist unabdingbar, wenn wir Verfahren der direkten Demokratie in Deutschland einführen wollen.

Ich bin überzeugt, dass die Menschen in unserem Land imstande und willens sind, selbst zu bestimmen – nicht nur, wenn es um ihre persönlichen Angelegenheiten geht, sondern auch in Fragen der Gemeinschaft. Politisches Urteilsvermögen ist kein Privileg von Fachleuten, es ist eine Fähigkeit aller erwachsenen Bürgerinnen und Bürger unseres Staates. Mit dieser Überzeugung stehe ich übrigens in einer guten sozialdemokratischen Tradition. Die SPD war von Anfang an Deutschlands Demokratie-Partei. Sie hat das allgemeine Wahlrecht und das Frauenwahlrecht erstritten. Und schon 1891 forderte sie in ihrem Erfurter Programm: »Direkte Gesetzgebung durch das Volk vermittels des Vorschlags- und Verwerfungsrechts.« Es wird Zeit, diese Forderung endlich umzusetzen.

Dann würde sich die neue Rechte nur umso schneller entzaubern. Anstatt, wie sie glaubt, der von ihr angestrebten kulturellen Hegemonie in Deutschland näher zu kommen, würde sie ein ums andere Mal erleben, wie ihre Projekte am Willen der großen Mehrheit, am Willen unserer vielfältigen, weltoffenen Zivilgesellschaft scheitern. So wie jüngst in der Schweiz, wo sich die Bevölkerung trotz einer fremdenfeindlichen Angstkampagne der Rechten für eine erleichterte Einbürgerung von Immigrantenkindern aussprach.

Es ist mir in diesem Buch darum gegangen, das Problem Rechtspopulismus in Deutschland in seinen Ausmaßen deutlich zu machen und in seinen verschiedenen Facetten zu umreißen. Von Pegida und ähnlichen Versammlungen der Wutbürger über anonyme Hass- und Verleumdungskampagnen im Internet bis zu den Eiertänzen zwischen bürgerlicher Maskerade, kalkulierten Provokationen und extremistischen Ausrastern, wie sie die AfD aufführt, reichen die Manifestationen der neuen Rechten. Die Bewegung führt einen Kulturkampf gegen den sozialen Fortschritt und gegen die gesellschaftliche Vielfalt in Deutschland. Sie versucht die demokratische Streitkultur zu sabotieren und mit ihren Propagandabegriffen die öffentlichen Debatten zu vergiften. Sie verunglimpft die demokratischen Parteien, und sie verherrlicht Politiker mit autokratischen Anwandlungen. Sie schürt Ressentiments und irrationale Ängste, weil ihr politisches Projekt auf schlechte Stimmung in der Bevölkerung angewiesen ist. Mal verdeckt, mal unverhohlen setzt sie auf rassistische und revisionistische Töne. Sie tritt an, das europäische Friedensprojekt aufzukündigen und Deutschland auf den Irrweg des Nationalismus zurückzuführen.

Doch von all diesen Zielen sind die Rechtspopulisten weit entfernt und werden es auch bleiben, wenn die demokratische und weltoffene Mehrheit im Land ihnen wirksam entgegentritt.

Der Appell des Bundespräsidenten Richard von Weizsäcker in seiner berühmten Rede am 8. Mai 1985 ist heute so aktuell wie damals: »Lassen Sie sich nicht hineintreiben in Feindschaft und Hass gegen andere Menschen, gegen Russen oder Amerikaner, gegen Juden oder Türken, gegen Alternative oder Konservative, gegen Schwarz oder Weiß. Lernen Sie, miteinander zu leben, nicht gegeneinander.«[208]

Die deutsche Zivilgesellschaft zeigt heute, wie das geht – miteinander zu leben, nicht gegeneinander. Sie hat die Bedrohung von rechts erkannt, sie steht auf gegen jene, die unser Land spalten wollen. Die vielfach beklagte oder unterstellte politische Lethargie in der Bevölkerung ist überwunden. Das erfüllt mich mit großer Hoffnung – und zwar nicht nur, was das Aufstehen gegen die neue Rechte betrifft, sondern überhaupt im Hinblick auf die Zukunft unserer Demokratie.

Vorschläge, wie wir uns konkret gegen die Stimmungsmache der Rechtspopulisten zur Wehr setzen können, habe ich jeweils am Ende der Kapitel zusammengefasst. Zum Abschluss nun, ganz knapp, noch eine Zehn-Punkte-Liste zu den Möglichkeiten, die jede und jeder Einzelne zur Kräftigung unserer Demokratie und gegen das Erstarken der Rechtspopulisten hat.

Erstens: Wählen gehen.
Der grundlegende Akt der demokratischen Teilhabe ist zugleich die Grundlage für die Verteidigung der Demokratie. Beim Wählen fängt die Politisierung an, die ein freiheitliches Gemeinwesen stark und widerstandsfähig macht.

Zweitens: Gemeinsam Gesicht zeigen.
Die Rechtspopulisten versuchen die Bevölkerung gegen die offene Gesellschaft zu mobilisieren. Die beste Reaktion darauf ist, für Demokratie, Weltoffenheit, Menschenwürde und Gleichwertigkeit der Menschen auf die Straße zu gehen. Gemeinsam ist es einfacher, einer lautstarken Minderheit entgegenzutreten, als allein. Es muss auch nicht unbedingt in den klassischen Organisationsformen geschehen, also Parteien, Vereinen, Bürgerinitiativen. Im digitalen Zeitalter gibt es schließlich noch viel mehr Möglichkeiten, zusammen etwas zu unternehmen, sich einzumischen und seine Stimme zu erheben.

Drittens: Argumentieren und streiten.
Die Rechtspopulisten haben keine echten Argumente, darum wollen sie die Prinzipien der demokratischen Debattenkultur aushebeln. Umso wichtiger ist es, diese Prinzipien – Rede und Gegenrede, es überzeugt das bessere Argument und nicht der größere Lärm – unbeirrt hochzuhalten. Und wenn die »besorgten Bürger« wieder mit ihren Zirkelschlüssen ankommen (»Ihr hört uns doch eh nicht zu«), beharrlich zu zeigen: Wir sind gesprächsbereit und gesprächsfähig.

Viertens: Den Jargon der Verrohung verweigern.
Die neue Rechte möchte mit ihrem Sprachgebrauch ein
angstgesteuertes und ressentimentgeladenes Denken verbreiten. Um dem entgegenzuwirken, sollten wir nicht nur
ihren plakativen Kampfbegriffen von »Volksverräter« bis
»Lügenpresse« konsequent widersprechen, sondern auch
ihren unauffälliger abwertenden Formulierungen wie
»Flüchtlingsflut« oder »Einheitsmeinung«. Und wir selbst
sollten in der Auseinandersetzung mit den Rechtspopulisten eine sachliche, unaufgeregte Sprache pflegen.

Fünftens: Bei den Fakten bleiben.
Die Rechtspopulisten tun so, als lebten wir heute in einem
seiner Souveränität beraubten Land voller notorisch krimineller Fremdlinge und »auf dem Flüchtlingsticket« ein-
gereister Terroristen. Um ihre Horrorszenarien zu unter-
mauern, nehmen es die Rechten mit der Wahrheit nicht
genau. Wir selbst sollten keine Probleme schönreden. Aber
wir müssen darauf bestehen, dass nicht mit Fake News oder
mit aufgebauschten Einzelfällen Stimmung gemacht wird.
Und dass Diskussionen anhand von Tatsachen und nicht
von gefühlter Realität geführt werden.

Sechstens: Rassismus nicht dulden.
Das Politikprojekt der neuen Rechten beruht auf Ausgrenzung. Es richtet sich gegen den Gedanken, dass Menschen
unabhängig von Hautfarbe, Herkunft oder Religion gleich
viel wert sind, und es folgt einem so irrigen wie gefährlichen völkischen Denken. Wir dürfen uns die rechte Hetze
gegen Zuwanderer und gegen Minderheiten nicht gefallen

lassen. Gerade die Anerkennung unserer Gleichwertigkeit macht heute unseren gesellschaftlichen Zusammenhalt in einer Gesellschaft der Vielfalt aus. Diesen Zusammenhalt brauchen wir, und wir dürfen nicht zulassen, dass die neue Rechte ihn zerstört.

Siebtens: Erinnern und Verantwortung übernehmen.
Deutschland ist heute eine stabile Demokratie, weil wir aus unserer Vergangenheit gelernt haben. Unsere Auseinandersetzung mit den dunkelsten Kapiteln der deutschen Vergangenheit, mit dem Nationalsozialismus, mit dem Holocaust, ist ein Fundament unseres demokratischen Selbstverständnisses. Wir dürfen niemals vergessen, welche Verbrechen Deutschland begangen hat. Das Erinnern ist keine Schwäche. Ganz im Gegenteil: Verantwortung für unsere Vergangenheit zu übernehmen macht uns stark. Denn daraus lernen wir: Wir sind alle gefordert, unsere Demokratie und unseren Rechtsstaat gegen rechte Hetzer zu verteidigen.

Achtens: Sich das Land nicht schlechtreden lassen.
Die Rechtspopulisten brauchen ein mulmiges Grundgefühl in der Bevölkerung, um ihre ausgrenzende und nationalistische Agenda zu propagieren. Sie behaupten, sich für Deutschland einzusetzen, dabei machen sie Deutschland mies. Auch gegen dieses Schlechtreden sollten wir uns wehren. Deutschland ist insgesamt doch in einem sehr guten Zustand, und vor allem ist es ein Land, dessen Menschen gerade in den letzten Jahren wieder Großartiges geleistet haben. Es besteht kein Grund, daran zu zweifeln, dass wir auch künftige Herausforderungen gut bewältigen werden.

Neuntens: Für Europa eintreten.
Die EU ist kein Monster, das uns unsere nationale Souveränität raubt. Im Gegenteil: Nur vereint können wir im Zeitalter der Globalisierung bestehen und unsere Werte und unseren Wohlstand verteidigen – sei es gegenüber Trump, gegenüber Putin oder gegenüber China. Das Bekenntnis zu unserer europäischen Identität – wir sind Deutsche *und* Europäer – und die Einigung der Nationen im Namen des großen Friedensprojekts Europäische Union sind für unser Land wie für unseren Kontinent der Garant einer gedeihlichen Zukunft. Auch unser Wohlstand als Exportnation hängt entscheidend davon ab, und die europäische Freizügigkeit möchten wir doch auf keinen Fall missen. Dennoch treten Rechtspopulisten in vielen Ländern an, das zu zerstören, was wir auf dem Weg zum einigen Europa schon erreicht haben. Dieser Destruktivität müssen wir ein lebhaftes Bekenntnis zu Europa entgegensetzen.

Zehntens: Selbstvertrauen haben.
Nicht nur die Rechtspopulisten verbreiten heute nach Kräften schlechte Stimmung. Deutschland ist ja geradezu sprichwörtlich ein Land der Pessimisten. Doch das sollte uns nicht beirren. Die Zivilgesellschaft zeigt sich. Die Gemeinschaft der mündigen Staatsbürgerinnen und Staatsbürger tritt eindrucksvoll für das moderne, das weltoffene und friedfertige Deutschland ein. Wir haben allen Grund, auch in schwierigen, bewegten Zeiten auf uns selbst, den demokratischen Souverän, zu vertrauen – denn das Volk, das sind wir alle.

Anmerkungen

1 https://www.facebook.com/zwickauwehrtsich/ – Eintrag vom 30. April 2016 (abgerufen am 13. Februar 2017).

2 Zum Phänomen der »neuen Bürgerlichkeit« vgl. Christian Rickens: *Die neuen Spießer. Von der fatalen Sehnsucht nach einer überholten Gesellschaft.* Ullstein, Berlin 2006.

3 Vgl. Severin Weiland: »Berliner AfD. Wahlsieger mit extremer Vergangenheit«, *Spiegel*-Online, 20. September 2016, www.spiegel.de/politik/deutschland/afd-direktkandidat-kay-nerstheimer-mit-extremer-vergangenheit-a-1112941.html (abgerufen am 8. Februar 2017).

4 Björn Höcke am 17. Januar 2017 in Dresden, http://meedia.de/2017/01/19/denkmal-der-schande-die-desdner-rede-von-bjoern-hoecke-im-video/ (abgerufen am 8. Februar 2017).

5 Alexander Gauland, zit. nach »›Als Schleuser betätigt‹ – AfD will Merkel anzeigen«, in: *Die Welt*, 9. Oktober 2015, www.welt.de/politik/deutschland/article147416470/Als-Schleuser-betaetigt-AfD-will-Merkel-anzeigen.html (abgerufen am 9. Februar 2017).

6 Björn Höcke am 23. September 2015 in Erfurt, zit. nach http://blog.zeit.de/stoerungsmelder/2015/09/24/afd-aufmarsch-in-erfurt-mit-neonazis-und-militanten-angriffen_20193 (abgerufen am 8. Februar 2017).

7 Frauke Petry am 11. September 2015, www.alternativefuer.de/petry-es-ist-unverantwortlich-60-millionen-buergerkriegs fluechtlinge-nach-deutschland-einzuladen/ (abgerufen am 8. Februar 2017).

8 Abgeordnete Christina Baum (AfD) am 30. November 2016

im Landtag Baden-Württemberg, https://www.youtube.com/watch?v=houLpZrPETY (abgerufen am 8. Februar 2017).

9 Alexander Gauland am 27. September 2016 in Dresden, zit. nach www.evangelisch.de/inhalte/138761/28-09-2016/streit gespraech-zwischen-katholik-sternberg-und-afd-vize-gauland (abgerufen am 8. Februar 2017).

10 Vgl. die Pressemitteilung der Gesellschaft für deutsche Sprache vom 9. Dezember 2016, http://gfds.de/wort-des-jahres-2016/ (abgerufen am 9. Februar 2017).

11 Die Strategie der kulturellen Hegemonie geht auf den italienischen Philosophen Antonio Gramsci zurück, der sie vorschlug, um unter den europäischen Arbeitern ein kommunistisches Bewusstsein zu verbreiten. Die Ideologen der »Nouvelle Droite« in Frankreich stellten Gramscis Konzept seit Ende der 1960er-Jahre in den Dienst rechtspopulistischer Agitation und wurden damit zum Vorreiter der heutigen neurechten Bewegung, auch in Deutschland.

12 Bundesamt für Verfassungsschutz, *Verfassungsschutzbericht 2015*, 2016, S. 25.

13 Vgl. »heute«, 3. Februar 2017, www.heute.de/2016-gab-es-laut-bundesregierung-970-angriffe-auf-fluechtlingsunterkuenfte-zahl-bleibt-auf-hohem-niveau-46475022.html (abgerufen am 8. Februar 2017).

14 Vgl. Christina Hebel/Ferdinand Otto: »Pegida-Demo – Die Trotzigen von Dresden«, *Spiegel*-Online, 6. Januar 2015, www.spiegel.de/politik/deutschland/pegida-in-dresden-die-kruden-aussagen-der-demonstranten-a-1008735.html (abgerufen am 8. Februar 2017).

15 Ebd.

16 Jörg Meuthen am 30. April 2016 in Stuttgart, zit. nach Jörg Köpke/Jan Sternberg: »AfD-Parteitag – Der Stuttgarter Rechtsruck«, in: *Hannoversche Allgemeine Zeitung*, 30. April 2016, www.haz.de/Nachrichten/Politik/Deutschland-Welt/AfD-Parteitag-in-Stuttgart (abgerufen am 8. Februar 2017).

17 Lutz Bachmann am 21. November 2016 in Dresden, zit. nach Peter Anderson: »Pegida empfiehlt die AfD«, in: *Sächsische*

Zeitung, 23. November 2016, www.sz-online.de/sachsen/
pegida-empfiehlt-die-afd-3546846.html (abgerufen am 8. Februar 2017).

18 Zit. nach *DIE ZEIT* 46/1988, 11. November 1988, www.
zeitde/1988/46/das-letzte (abgerufen am 9. Februar 2017).

19 Vgl. »Tagesschau«, 2. Juli 1989, www.youtube.com/watch?v=
7E_LfeXbmGM (abgerufen am 9. Februar 2017).

20 Alexander Gauland im *Spiegel*-Interview, *Spiegel* Nr. 51/2015,
12. Dezember 2015.

21 Siehe oben, Anm. 14.

22 Zitate von Pegida-Demonstranten bei: Anna Reimann/Christina Hebel: »Die wirre Welt der Wohlstandsbürger«, *Spiegel*-Online, 16. Dezember 2014, www.spiegel.de/politik/deutsch
land/pegida-in-dresden-die-kruden-aussagen-der-demon
stranten-a-1008735.html (abgerufen am 9. Februar 2017).

23 »Pegida-Anführer nutzen Hitler-Zitate und rassistische Parolen«, *Spiegel*-Online, 10. Januar 2015, www.spiegel.de/politik/
deutschland/pegida-anfuehrer-hitler-zitate-und-rassistische-
parolen-a-1012208-druck.html (abgerufen am 9. Februar
2017).

24 Vgl. Bernhard Schilz: »Die dicke Strafakte des Pegida-
Bosses«, *Bild*, 30. November 2016, www.bild.de/regional/
dresden/lutz-bachmann/die-dicke-strafakte-des-pegida-
bosses-49000822.bild.html (abgerufen am 9. Februar 2017).

25 *Verhandlungen des Reichstages, VIII. Wahlperiode*, 1933,
Band 457, S. 32 ff.

26 Vgl. dpa-Meldung vom 12. Januar 2015, abrufbar z. B. unter
https://www.welt.de/regionales/rheinland-pfalz-saarland/
article136302669/Rund-9000-Menschen-bei-Anti-Pegida-
Demo-im-Saarland.html (abgerufen am 13. Februar 2017).

27 Vgl. dpa-Meldung vom 21. Dezember 2014, abrufbar unter
http://www.sz-online.de/sachsen/ulbig-bezweifelt-gespraechs
bereitschaft-der-pegida-3000002.html (abgerufen am 13. Februar 2017).

28 Vgl. Henry Bernhard: »AfD-Kundgebung in Erfurt: ›Wenn
wir kommen, dann wird aufgeräumt!‹«, in: Deutschlandfunk,

29. Oktober 2015. Abrufbar unter http://www.deutschland funk.de/afd-kundgebung-in-erfurt-wenn-wir-kommen-wird-aufgeraeumt.1773.de.html?dram:article_id=335345 (abgerufen am 13. Februar 2017).

29 Vgl. Wolfgang Jung: »AfD-Chef Bystron droht Politikern: ›Gnade euch Gott!‹«, in: *Main-Post*, 28. Juli 2016. Abrufbar unter http://www.mainpost.de/regional/wuerzburg/Gegendemonstranten;art735,9299988 (abgerufen am 13. Februar 2017).

30 Alexander Gauland im Interview, »Panorama«, ZDF: »Alternative für die Politik: Emotionen statt Fakten«, 13. Oktober 2016. Abrufbar unter http://www.ardmediathek.de/tv/Panorama/Alternative-f%C3%BCr-die-Politik-Emotionen-s/Das-Erste/Video?bcastId=310918&documentId=38306890 (abgerufen am 13. Februar 2017).

31 Ebd.

32 Vgl. »Presseinfo: Ergebnisse der Ängste-Studie 2016«. Abrufbar unter https://www.ruv.de/presse/aengste-der-deutschen/presseinformation-aengste-der-deutschen-2016 (abgerufen am 13. Februar 2017).

33 Björn Höcke: Redebeiträge beim »AfD-Bürgerdialog in Kosma Altenburg« am 12. April 2016. Abrufbar unter https://www.youtube.com/watch?v=tguu6hchGao (abgerufen am 13. Februar 2017).

34 Ebd.

35 Ebd.

36 »ZDF Donnerstalk«, 25. August 2016. Abrufbar unter https://www.youtube.com/watch?v=PfioU_4GTco (abgerufen am 13. Februar 2017).

37 »Maybrit Illner«, ZDF, 6. Oktober 2016. Abrufbar unter https://www.youtube.com/watch?v=b8QtaGJtjpo (abgerufen am 13. Februar 2017).

38 Ralf Melzer: »Demaskieren statt berücksichtigen! Zum Umgang mit Rechtspopulismus – eine Replik«, in: *Neue Gesellschaft. Frankfurter Hefte*, hg. v. der Friedrich-Ebert-Stiftung, 7/8 2016, S. 78.

39 Vgl. Wilhelm Heitmeyer: »Autoritärer Kapitalismus, Demo-kratieentleerung und Rechtspopulismus. Eine Analyse von Entwicklungstendenzen«, in: Dietmar Loch/Wilhelm Heit-meyer: *Schattenseiten der Globalisierung*. Suhrkamp, Frankfurt a. M. 2001, S. 497–530.

40 Vgl. Oskar Niedermayer: »Parteimitgliedschaften im Jahr 2015«, in: *Zeitschrift für Parlamentsfragen* 47 (2016), Heft 2, S. 411–436.

41 AfD-Politiker Marc Jongen: ›Wir sind die Lobby des Volkes‹. Interview im Deutschlandradio Kultur, geführt v. Thorsten Jantschek, 2. Juli 2016. Abrufbar unter http://www.deutsch landradiokultur.de/afd-politiker-marc-jongen-wir-sind-die-lobby-des-volkes.990.de.html?dram:article_id=358728 (ab-gerufen am 14. Februar 2017).

42 Zit. nach Neat Balzli/Matthias Kamman: »Petry will den Be-griff ›völkisch‹ positiv besetzen«, in: *Die Welt*, 11. September 2016. Abrufbar unter https://www.welt.de/politik/deutsch land/article158049092/Petry-will-den-Begriff-voelkisch-posi tiv-besetzen.html (abgerufen am 14. Februar 2017).

43 Vgl. dazu Sven Felix Kellerhoff: »Frauke Petry weiß nicht, was ›völkisch‹ bedeutet«, in: *Die Welt*, 11. September 2016. Ab-rufbar unter https://www.welt.de/geschichte/article158058194/ Frauke-Petry-weiss-nicht-was-voelkisch-bedeutet.html? wtrid=crossdevice.welt.mobile.vwo.social-referrer.home-spliturl&betaredirect=true (abgerufen am 14. Februar 2017).

44 Die »tausend Jahre Deutschland« sind eine Lieblingsfloskel von Björn Höcke, die er bei zahlreichen Reden, und auch z. B. in der Talkshow »Günther Jauch«, Das Erste, am 18. Oktober 2015 verwendet hat. Eine Zusammenschau bietet Dietmar Neuerer: »›Eindeutig rechtsextremistisch‹: Thüringen-AfD-Chef Höcke«, in: *Handelsblatt*, 20. Oktober 2015. Abrufbar unter http://www.handelsblatt.com/politik/deutschland/ thueringen-afd-chef-hoecke-eindeutig-rechtsextremistisch/ 12474498.html (abgerufen am 14. Februar 2017).

45 Björn Höcke, zit. nach Nora Schareika: »Für eine teutonische Revolution: Wie Höcke die AfD zu seiner Partei macht«, in:

ntv.de, 7. Juli 2016. Abrufbar unter http://www.n-tv.de/
politik/Wie-Hoecke-die-AfD-zu-seiner-Partei-macht-article
18141736.html (abgerufen am 14. Februar 2017).

46 »›Wir in der AfD denken langfristig‹«. Alexander Gauland im
Interview, geführt von Manuel Schumann, heise.de, 10. Juni
2016. Abrufbar unter https://www.heise.de/tp/features/Wir-
in-der-AfD-denken-langfristig-3235200.html (abgerufen am
14. Februar 2017).

47 Siehe oben, Anm. 6.

48 Siehe oben, Anm. 37.

49 Vgl. Helmut Kellershohn: »Umvolkung«, in: Bente Gießel-
mann, Robin Heun, Benjamin Kerst, Lenard Suermann, Fabian
Virchow (Hg.): *Handwörterbuch rechtsextremer Kampfbegriffe*. Wochenschau Verlag, Schwalbach 2015, S. 282–297.

50 »Bevölkerungsaustausch« ist ein Standardbegriff in neurechten Publikationen, heute zumeist inspiriert von der Streit-
schrift *Le grand remplacement* des Front-National-Vorden-
kers Renaud Camus, im französischen Original 2011 veröffentlicht, auf Deutsch 2016 unter dem Titel *Revolte gegen
den Großen Austausch* im neurechten Verlag Antaios,
Schnellroda, erschienen.

51 Facebook-Eintrag von Björn Höcke am 2. August 2016. Abrufbar unter https://www.facebook.com/Bjoern.Hoecke.
AfD/photos/a.1424703574437591.1073741828.142463133
4444815/1736728309901781/?type=3&theater (abgerufen
am 14. Februar 2017).

52 Vgl. z. B. die Meldung auf *Spiegel*-Online, »Gauland nennt
Merkel ›Kanzler-Diktatorin‹«, 5. Juni 2016. Abrufbar unter
http://www.spiegel.de/politik/deutschland/alexander-
gauland-afd-vize-nennt-angela-merkel-kanzler-diktatorin-a-
1095935.html (abgerufen am 14. Februar 2017).

53 Vgl. z.B. http://www.bjoern-hoecke.de/single-post/2016/1/7/
Nicht-L%C3%BCgenpresse-sondern-L%C3%BCckenpresse
(abgerufen am 14. Februar 2017).

54 Vgl. z. B. Dirk Schümer: »Pinocchio-Presse: Haben Lügen
wirklich lange Nasen, liebe AfD?«, in: *Die Welt*, 17. De-

zember 2015. Abrufbar unter https://www.welt.de/kultur/
medien/article150062648/Haben-Luegen-wirklich-lange-
Nasen-liebe-AfD.html (abgerufen am 14. Februar 2017).

55 Vgl. »Tausende bilden ›lebende Grenze‹ gegen Flüchtlinge«,
Die Welt, 5. Oktober 2015, www.welt.de/politik/deutsch
land/article147207351/Tausende-bilden-lebende-Grenze-
gegen-Fluechtlinge.html (abgerufen am 10. Februar 2017).

56 Liane Bednarz: »Aggressives Opfersprech«. Kolumne auf
tagesspiegel.de, 2. September 2016. Abrufbar unter https://
causa.tagesspiegel.de/kolumnen/aggressives-opfersprech.html
(abgerufen am 14. Februar 2017).

57 Vgl. Astrid von Friesen: »Terminologie der Rechten: Sprache,
die Verachtung idealisiert«, in: Deutschlandradio Kultur,
26. Mai 2016. Abrufbar unter http://www.deutschlandradio
kultur.de/terminologie-der-rechten-sprache-die-verachtung-
idealisiert.1005.de.html?dram:article_id=355213 (abgerufen
am 14. Februar 2017).

58 Siehe oben, Anm. 46.

59 Vgl. Bundeskriminalamt, »Kernaussagen ›Kriminalität im Kon-
text von Zuwanderung‹«, 19. Dezember 2016, www.bka.de/
SharedDocs/Downloads/DE/Publikationen/Jahresberichte
UndLagebilder/KriminalitaetImKontextVonZuwanderung/
kernaussagenZuKriminalitaetImKontextVonZuwanderung.
html?nn=62336 (abgerufen am 10. Februar 2017).

60 Georg Pazderski am 6. September 2016 bei »Parteien, Politiker, Positionen«. Abrufbar unter https://www.youtube.com/
watch?v=amYaLadtEXw (abgerufen am 14. Februar 2017).

61 Pressemitteilung der Gesellschaft für deutsche Sprache, 9. Dezember 2016.

62 *AfD-Wahlprogramm zur Bundestagswahl 2013*, pdf-Ver-
sion, S. 1, unter dem Punkt »Rechtsstaalichkeit und Demokratie«. Abrufbar unter https://webcache.googleusercontent.
com/search?q=cache:Nm49TMk8GD0J:https://www.alter
native-rlp.de/wp-content/uploads/2013/05/2013_Wahlpro
gramm.pdf+&cd=1&hl=de&ct=clnk&gl=de&client=fire
fox-b (abgerufen am 14. Februar 2017).

63 Vgl. Alexander Tieg: »Identitäre Bewegung: Alarmstufe gelb«, in: *DIE ZEIT*, 25. August 2016. Abrufbar unter http://www.zeit.de/2016/36/identitaere-bewegung-hamburger-verfassungsschutz/komplettansicht (abgerufen am 14. Februar 2017).

64 Vgl. Carsten Meier/Joachim F. Tornau: »Reichsbürgerbewegung: AfD-Abgeordnete treten den Rückzug an«, in: *Frankfurter Rundschau*, 17. März 2016, www.fr-online.de/kommunalwahl--in-hessen/-reichsbuergerbewegung--afd-abgeordnete-treten-rueckzug-an,7175784,33962474.html (abgerufen am 10. Februar 2017); Benjamin Reuter: »5 Fälle, die die unheimliche Nähe zwischen AfD und Reichsbürgern zeigen«, in: *The Huffington Post*, 20. Oktober 2016, www.huffingtonpost.de/2016/10/20/afd-reichsbuerger-_n_12573464.html (abgerufen am 10. Februar 2017); Jörg Köpke: »AfD und Reichsbürgerbewegung – ein laxes Verhältnis«, in: *Märkische Allgemeine*, 21. Oktober 2016, www.maz-online.de/Nachrichten/Politik/Staubsauger-fuer-irre-Rechte (abgerufen am 10. Februar 2017).

65 http://patriotische-plattform.de/blog/2016/06/14/wir-sind-identitaer/ (abgerufen am 14. Februar 2017).

66 Vgl. Felix Krautkrämer: »Eine Nacht auf dem Flughafen Köln-Bonn«, in: *Junge Freiheit*-Online, 11. August 2016. Abrufbar unter https://jungefreiheit.de/debatte/interview/2016/eine-nacht-auf-dem-flughafen-koelnbonn/ (abgerufen am 14. Februar 2017).

67 Klaus Bittermann (Hg.): *Wörterbuch des Gutmenschen. Betroffenheitsjargon und Gesinnungskitsch.* Erweiterte Neuausgabe bei Piper, München 1998. Die erste Fassung erschien 1994 bei Edition Tiamat, Berlin.

68 Vgl. hierzu und zu den Ausführungen in den folgenden Absätzen Michael Ebmeyer: »Parolen für die Gutmenschenjagd. Wie die Neue Rechte Begriffe kapert«, in: *tv Diskurs* 3/2016 (Ausgabe 77), S. 46–49. Als pdf abrufbar unter http://fsf.de/en/medienarchiv/beitrag/heft/parolen-fuer-die-gutmenschenjagd/ (abgerufen am 14. Februar 2017).

69 Vgl. Wilhelm Heitmeyer (Hg.), *Deutsche Zustände*. Folge 10. Suhrkamp, Frankfurt a. M. 2011, S. 15 etc.

70 Mark Zuckerberg auf Facebook am 19. November 2016, www.facebook.com/zuck/posts/10103269806149061 (abgerufen am 8. Februar 2017).

71 Sascha Lobo: »Nach dem Trump-Sieg: Wie soziale Medien Wahlen beeinflussen«, in: *Spiegel*-Online, 16. November 2016, www.spiegel.de/netzwelt/web/fuenf-arten-wie-soziale-medien-wahlen-beeinflussen-kolumne-a-1121577.html (abgerufen am 9. Februar 2017).

72 Vgl. »How Teens In The Balkans Are Duping Trump Supporters With Fake News«, in: *Buzzfeed*, 4. November 2016, www.buzzfeed.com/craigsilverman/how-macedonia-became-a-global-hub-for-pro-trump-misinfo?utm_term=.sg32EGLxmo#.aiv2M4mZL3 (abgerufen am 6. Februar 2017).

73 Zu allen drei Beispielen vgl. dpa-Meldung vom 19. Januar 2017: »Streubomben des Informationszeitalters«.

74 http://blogs.wsj.de/die_seite_drei/2014/09/23/die-deutsche-internetpartei-ist-die-afd/ (abgerufen am 14. Februar 2017).

75 Am 14. Februar 2017 wies die offizielle Facebook-Seite der AfD 315 930 »Gefällt mir«-Angaben aus, die der SPD kam auf 128 789, die der CDU auf 126 538.

76 Vgl. »AfD will im Wahlkampf Meinungsroboter einsetzen«, in: *Spiegel*-Online, 21. Oktober 2016, www.spiegel.de/netzwelt/netzpolitik/afd-will-im-wahlkampf-social-bots-einsetzen-a-1117707.html (abgerufen am 9. Februar 2017).

77 Vgl. www.facebook.com/stophatesites/posts/1347951025214912 (abgerufen am 6. Februar 2017).

78 Vgl. »Landgericht Würzburg bestätigt Gefängnisstrafe für Internet-Hetzer«, in: heise-online, 17. Oktober 2016, www.heise.de/newsticker/meldung/Landgericht-Wuerzburg-bestaetigt-Gefaengnisstrafe-fuer-Internet-Hetzer-3351911.html (abgerufen am 9. Februar 2017).

79 https://de-de.facebook.com/communitystandards#hate-speech (abgerufen am 14. Februar 2017).

80 Vgl. Jugendschutz.net: »Löschung rechtswidriger Hassbeiträge

bei Facebook, YouTube und Twitter«, September 2016, www.
bmjv.de/WebS/NHS/SharedDocs/Downloads/DE/09262016_
Testergebnisse_jugendschutz.net.pdf?__blob=publication
File&v=2 (abgerufen am 9. Februar 2017); weitere Details
unter www.fair-im-netz.de.

81 Zit. nach: »Facebook will gefälschte Nachrichten bekämpfen«, *Berliner Zeitung*, 15. Januar 2017, www.berliner-
zeitung.de/digital/facebook-will-gefaelschte-nachrichten-
bekaempfen-25540238 (abgerufen am 9. Februar 2017).

82 Mathias Döpfer im dpa-Interview, 1. Februar 2017, www.
bdzv.de/nachrichten-und-service/branchennachrichten/artikel/
detail/bdzv_praesident_doepfner_gegen_fake_news_hilft_
nur_hartnaeckige_recherche_der_medien/ (abgerufen am
9. Februar 2017).

83 https://www.alternativefuer.de/petry-schluss-mit-ideologie
geladener-arbeitsmarktpolitik/ (abgerufen am 14. Februar
2017).

84 https://afd.nrw/pressemeldungen/2016/05/mietpreisbremse-
die-planwirtschaft-versagt/ (abgerufen am 14. Februar 2017).

85 *AfD: Programm für Deutschland. Das Grundsatzprogramm der Alternative für Deutschland.* Beschlossen auf
dem AfD-Bundesparteitag in Stuttgart, 30. April/1. Mai 2016
(im Folgenden zitiert als: *AfD-Grundsatzprogramm*), S. 67.

86 Konrad Adam: »Wer soll wählen? Kolumne ›Die Macht der
Schwachen‹«, in: *Die Welt*, 16. Oktober 2006.

87 *AfD-Grundsatzprogramm*, S. 36.

88 Ebd., S. 67.

89 Bundesministerium für Arbeit und Soziales: *Lebenslagen in
Deutschland. Vierter Armuts- und Reichtumsbericht der
Bundesregierung.* Bonn, März 2013, S. 21.

90 »Das sind die Parlamentarier im Berliner Abgeordnetenhaus«,
Berliner Morgenpost, 27. Oktober 2016, www.morgenpost.
de/berlin/article208503661/Heute-fuellt-sich-der-Plenar
saal.html (abgerufen am 12. Februar 2017).

91 Fabian Reinhold: »In Dresden marschiert die Mittelschicht«,
Spiegel-Online, 14. Januar 2015. Abrufbar unter http://www.

spiegel.de/politik/deutschland/pegida-studie-in-dresden-marschiert-die-mittelschicht-a-1012913.html (abgerufen am 14. Februar 2017).

92 Vgl. Andreas Zick, Beate Küpper, Daniela Krause: *Gespaltene Mitte – Feindselige Zustände. Rechtsextreme Einstellungen in Deutschland 2016*. Dietz, Bonn 2016 (im Folgenden zitiert als *Mitte*-Studie), S. 181.

93 Vgl. Knut Bergmann, Matthias Diermeier, Judith Niehues: »Parteipräferenz und Einkommen. Ist die AfD eine Partei der Besserverdiener?«, http://www.iwkoeln.de/studien/iw-kurz berichte/beitrag/parteipraeferenz-und-einkommen-die-afd-eine-partei-der-besserverdienenden-280617?highlight=afd (abgerufen am 14. Februar 2017).

94 Vgl. Catherine de Vries/Isabell Hoffmann: »Globalisierungsangst oder Wertekonflikt? Wer in Europa populistische Parteien wählt und warum«. *eupinions*-Studie. Bertelsmann-Stiftung, Gütersloh, November 2016.

95 *Mitte*-Studie, S. 177.

96 Vgl. den Gastbeitrag von DIW-Chef Marcel Fratzscher: »Einkommensverteilung: Das Märchen vom Märchen der Ungleichheit«, in: *Zeit*-Online, 17. Juli 2016. Abrufbar unter http://www.zeit.de/wirtschaft/2016-07/soziale-ungleichheit-deutschland (abgerufen am 16. Februar 2017).

97 *Focus Money*-Online: »Sie fliehen nicht vor Krieg. 100 Milliarden pro Jahr: Über die Kosten für diese Flüchtlinge spricht niemand«, 24. September 2015. Abrufbar unter http://www.focus.de/finanzen/steuern/steuerhinterziehung/sie-fliehen-nicht-vor-krieg-100-milliarden-ueber-die-kosten-fuer-diese-fluechtlinge-spricht-niemand_id_4968896.html (abgerufen am 31. Januar 2017).

98 Vgl. *AfD-Grundsatzprogramm*, S. 75.

99 Vgl. ebd., S. 42.

100 Ebd.

101 Ein charakteristisches aktuelles Beispiel für die Verwendung dieser Floskel bietet etwa der AfD-Kreisverband Mettmann, der auf seiner Homepage einen gegen die EU polemisierenden

Facebook-Eintrag des AfD-Vorsitzenden Jörg Meuthen vom 12. Januar 2017 unter dem Titel »Moloch Brüssel« veröffentlicht. http://www.afd-kvmettmann.de/moloch-bruessel/ (abgerufen am 30. Januar 2017).

102 Vgl. etwa die Europa-Seite der AfD Bayern mit dieser Parole, www.afdbayern.de/european-subprime-bonds/ (abgerufen am 12. Februar 2017).

103 Björn Höcke: »Ein guter Tag für Europa«. Videobotschaft zum Brexit, 24. Juni 2016. Abrufbar unter https://www.youtube. com/watch?v=YcXEhzeY9Zw (abgerufen am 14. Februar 2017).

104 Eine kompakte Erläuterung des neurechten Kampfbegriffs »Ethnopluralismus« bietet die Brandenburgische Landeszentrale für politische Bildung unter http://www.politische-bildung-brandenburg.de/node/8664 (abgerufen am 14. Februar 2017).

105 Vgl. Martin Schulz im Interview mit der *Zeit*, 2. April 2015, www.zeit.de/2015/12/martin-schulz-europaeische-union-nationalstaat-weltmacht (abgerufen am 12. Februar 2017).

106 Vgl. Pressemitteilung der Europäischen Kommission, 30. August 2016, http://europa.eu/rapid/press-release_IP-16–2923_de.htm (abgerufen am 12. Februar 2017).

107 Vgl. z.B. *AfD-Grundsatzprogramm*, S. 17.

108 Siehe oben, Anm. 94.

109 Vgl. *AfD-Grundsatzprogramm*, S. 30.

110 Ebd., S. 68.

111 *Mitte*-Studie, S. 15.

112 Siehe oben, Anm. 106.

113 Vgl. https://www.fsf.org/news/2010-free-software-awards-announced (abgerufen am 14. Februar 2017).

114 Für den Frauenanteil in Vorständen vgl. »FidAR-WoB-Women-on-Board-Index II (2016)«. Abrufbar unter http://www.fidar. de/wob-indizes-und-studien/wob-index/aufsichtsrat-und-vorstand.html (abgerufen am 16. Februar 2017).

115 *AfD-Grundsatzprogramm*, S. 47.

116 Ebd., S. 52.

117 Vgl. ebd., S. 55.

118 Ebd., S. 55.

119 Ebd.

120 Ebd., S. 41.

121 Ebd.

Vgl. die Meldungen auf den Websites der AfD-Landesverbände: https://www.afd-niedersachsen.de/; http://www.afd-schles wig-holstein.de/index.php/listenkandidaten-2; http://www. afd-brandenburg.de/afd-brandenburg-waehlt-landesliste/ (ab- gerufen jeweils am 15. Februar 2017). http://afd-thueringen. de/2017/02/10372/ (abgerufen am 13. März 2017).

122 Vgl. Jonathan Freedland: »Welcome to the age of Trump«, in: *The Guardian*, 19. Mai 2016. Abrufbar unter https://www. theguardian.com/us-news/2016/may/19/welcome-to-the-age- of-trump (abgerufen am 15. Februar 2017).

123 Vgl. Jörg Schönenborn: »Struktur der AfD-Wählerschaft«, in: blog.tagesschau.de, 4. September 2016. Abrufbar unter http:// blog.tagesschau.de/2016/09/04/struktur-der-afd-waehler schaft/ (abgerufen am 15. Februar 2017).

124 Björn Höcke etwa benutzt diese Formulierungen in seinen Reden immer wieder. Ein typisches Beispiel bietet der Ein- spieler in der ARD-Sendung »Menschen bei Maischberger« vom 14. April 2015 (Höcke auf einer Wahlkampfveranstal- tung 2014 in Thüringen). Abrufbar unter https://www.you tube.com/watch?v=DTBEW5y5LuI (abgerufen am 15. Fe- bruar 2017).

125 *AfD-Grundsatzprogramm*, S. 41.

126 Ebd., S. 44.

127 Ebd., S. 55.

128 Ebd., S. 54.

129 Vgl. ebd., S. 56.

130 »Silvesternacht in Köln«, *Spiegel*-Online, 7. Oktober 2016, www.spiegel.de/panorama/justiz/koeln-erst-ein-schuld spruch-nach-uebergriffen-an-silvester-a-1115678.html (abge- rufen am 12. Februar 2017).

131 Antonia Baum: »Die Angriffe von Köln: Wären sie nur nicht so dumm«, in: *Frankfurter Allgemeine Zeitung*, 10. Januar

2016. Abrufbar unter http://www.faz.net/aktuell/feuilleton/debatten/die-angriffe-von-koeln-waeren-sie-nur-nicht-so-dumm-14004681.html?printPagedArticle=true#pageIndex_2 (abgerufen am 15. Februar 2017).

132 Zur Verwendung dieses Stereotyps durch AfD-Funktionäre vgl. z. B. Sylvie-Sophie Schindler: »Der AfD-Mann und seine Angst um blonde Frauen«, in: Stern.de, 19. Oktober 2015. Abrufbar unter http://www.stern.de/kultur/tv/guenther-jauch-kritik--afd-mann-bjoern-hoecke-zueckt-deutschland-flagge-6507328.html (abgerufen am 15. Februar 2017).

133 *AfD-Grundsatzprogramm*, S. 42.

134 Ebd.

135 Ebd., S. 41.

136 Vgl. Markus Wehner/Eckard Lohse: »Nicht als Nachbarn – Gauland beleidigt Boateng«, in: *Frankfurter Allgemeine Zeitung*, 29. Mai 2016, www.faz.net/aktuell/politik/inland/afd-vize-gauland-beleidigt-jerome-boateng-14257743.html (abgerufen am 12. Februar 2017).

137 Ein Videomitschnitt dieser Passagen aus Frauke Petrys Rede in Stuttgart am 3. Oktober 2016 findet sich unter https://www.vice.com/de/article/in-diesem-video-vergleicht-frauke-petry-migranten-mit-kompost (abgerufen am 15. Februar 2017).

138 *AfD-Grundsatzprogramm*, S. 49.

139 Ebd.

140 Alexander Gauland bei »Maybrit Illner«, 6. Oktober 2016. Abrufbar unter https://www.youtube.com/watch?v=b8Qta GJtjpo (abgerufen am 15. Februar 2017).

141 Vgl. Frauke Petry: »Einwanderung und Terrorismus: Denkverbote stehen unserer Verteidigungspolitik im Weg«, in: »Causa«, Tagesspiegel.de, 28. Dezember 2016. Abrufbar unter https://causa.tagesspiegel.de/politik/anschlag-in-berlin-wie-kann-der-terror-gestoppt-werden/denkverbote-stehen-unserer-verteidigungspolitik-im-wegnbsp.html (abgerufen am 15. Februar 2017).

142 Vgl. *Mitte*-Studie, S. 50.

143 Vgl. ebd., S. 174.

144 Vgl. Melanie Reinsch: »Annahmen über Migration und Flücht-linge: Die Lücke zwischen Wahrnehmung und Fakten«, in: *Berliner Zeitung*, 15. Dezember 2016. Abrufbar unter http://www.berliner-zeitung.de/politik/annahmen-ueber-migration-und--fluechtlinge-die--luecke-zwischen-wahrnehmung-und-fakten-25301408 (abgerufen am 15. Februar 2017).

145 *Mitte*-Studie, S. 86.

146 Vgl. *Sachsen-Monitor 2016*. Ergebnisbericht. Studie des In-stituts dimap im Auftrag der sächsischen Staatsregierung, Bonn 2016, S. 29 f.

147 Siehe oben, Anm. 16.

148 Siehe oben, Anm. 28.

149 *AfD-Grundsatzprogramm*, S. 46.

150 Vgl. Meldung »Spitzenpolitikerin Petry: Die AfD mag Happy Birthday nicht«, in: faz.net vom 7. September 2014, abrufbar unter http://www.faz.net/aktuell/politik/inland/frauke-petry-die-afd-mag-happy-birthday-nicht-13139564.html (abgerufen am 15. Februar 2017).

151 Zit. nach Sabine am Orde: »Im Dienst seiner selbst. Der AfD-Politiker Alexander Gauland«, in: *taz*, 16. Dezember 2016. Abrufbar unter http://www.taz.de/!5361541/ (abgerufen am 15. Februar 2017).

152 Siehe oben, Anm. 46.

153 Zit. nach Christoph Richter: »Kontroverse um Tanzprojekt: AfD will ›deutsche Kultur‹ auf Sachsen-Anhalts Bühnen stär-ken«, in: Deutschlandfunk, 18. Dezember 2016. Abrufbar unter http://www.deutschlandfunk.de/kontroverse-um-tanz projekt-afd-will-deutsche-kultur-auf.2016.de.html?dram%3A article_id=374235 (abgerufen am 15. Februar 2017).

154 Ebd.

155 AfD-Landesverband Sachsen-Anhalt: *Wahlprogramm zur Landtagswahl am 13. März 2016*. Magdeburg 2016, S. 24.

156 Der AfD-Abgeordnete Gottfried Backhaus im Dezember 2016 im Magdeburger Landtag, zit. nach Christoph Richter, vgl. Anm. 154.

157 Ebd.; das Zitat ist von Hans-Thomas Tillschneider, dem Vorsitzenden der »Patriotischen Plattform« in der AfD.

158 *AfD-Grundsatzprogramm*, S. 48.

159 Ebd.

160 Marko Martin: »Erinnern macht stark«. Essay, in: *Die Welt*, 6. Februar 2017. Abrufbar unter https://www.welt.de/print/die_welt/debatte/article161832669/Erinnern-macht-stark.html (abgerufen am 12. Februar 2017).

161 Siehe oben, Anm. 154.

162 Vgl. *AfD-Grundsatzprogramm*, S. 48.

163 Ebd.

164 Ebd.

165 »Weshalb der Merseburger AfD-Landtagsabgeordnete Backhaus laut fragt, ob man solche ›linksversifften Stücke‹ künftig überhaupt noch fördern müsse. Im Rahmen einer Magdeburger Podiumsdiskussion ist er noch einen Schritt weiter gegangen und hat Artikel 5 im Grundgesetz – das Grundrecht der Kunstfreiheit – infrage gestellt.« Zit. nach Christoph Richter, vgl. Anm. 154.

166 Kulturkonferenz Sachsen-Anhalt e. V.: »Für die Freiheit von Kunst und Kultur! Deshalb gegen die AfD!« Appell, 4. März 2016. Abrufbar unter http://www.kulturkonferenz-sachsen-anhalt.de/?p=437 (abgerufen am 15. Februar 2017).

167 Vgl. Jacques Schuster: »Alexander Gauland und der ›gärige Haufen‹ AfD«, in: *Die Welt*, 12. Februar 2016. Abrufbar unter https://www.welt.de/politik/deutschland/article152178742/Alexander-Gauland-und-der-gaerige-Haufen-AfD.html (abgerufen am 15. Februar 2017).

168 Malte Henk: »Wie ich auszog, die AfD zu verstehen«, in: *DIE ZEIT*, 10. März 2016. Abrufbar unter http://www.zeit.de/2016/12/alternative-fuer-deutschland-waehler-profil-afd-uwe-junge (abgerufen am 15. Februar 2017).

169 Theodor W. Adorno: *Schuld und Abwehr*. Gesammelte Werke, Band 9/2. Suhrkamp, Frankfurt a. M. 1975, S. 276 f.

170 *AfD-Grundsatzprogramm*, S. 47.

171 Ebd.

172 Björn Höcke: »Gemütszustand eines total besiegten Volkes«. Rede am 17. Januar 2017 im Rahmen der Veranstaltungsreihe »Dresdner Gespräche« der AfD-Jugendorganisation »Junge Alternative«. Im Wortlaut dokumentiert auf Tagesspiegel.de, 19. Januar 2017. Abrufbar unter http://www.tagesspiegel.de/politik/hoecke-rede-im-wortlaut-gemuetszustand-eines-total-besiegten-volkes/19273518.html (abgerufen am 28. Januar 2017).

173 Vgl. AfD Sachsen: *Wahlprogramm 2014*. Langfassung. Zwickau, 2. März 2014, S. 21.

174 Ebd.

175 *Mitte*-Studie, S. 136.

176 Ebd., S. 117 f.

177 Siehe oben, Anm. 28.

178 Björn Höcke: Redebeiträge beim »AfD-Bürgerdialog in Kosma Altenburg« am 12. April 2016, abrufbar unter https://www.youtube.com/watch?v=tguu6hchGao (abgerufen am 13. Februar 2017).

179 https://www.alternativefuer.de/gauland-drohungen-und-sanktionen-gegen-russland-schaden-nur-uns-selber/ (abgerufen am 16. Februar 2017).

180 Ebd.

181 Vgl. Justus Bender: »Transatlantiker einer ungewohnten Sorte«, in: *Frankfurter Allgemeine Zeitung*, 9. November 2016. Abrufbar unter http://www.faz.net/aktuell/politik/inland/afd-gratuliert-donald-trump-zum-sieg-bei-us-wahl-2016-14520650.html (abgerufen am 16. Februar 2017).

182 https://www.alternativefuer.de/petry-trump-hat-die-karten-zur-politischen-zeitenwende-in-der-hand/ (abgerufen am 16. Februar 2017).

183 https://www.frauke-petry.com/index.php/presse-2015/66-dr-frauke-petry-orban-hat-recht-deutschland-ist-mitschuld-am-asyl-chaos

184 Vgl. »Der Rambo von Bonn«, in: *Spiegel* 30/1997, S. 22 f.

185 Michael Knigge: »Die dunkle Vergangenheit von Trumps ›America first‹«. Interview mit dem US-Historiker Gary Gerstle,

in: Deutsche Welle, 1. Mai 2016. Abrufbar unter http://www.
dw.com/de/die-dunkle-vergangenheit-von-trumps-america-
first/a-19228226 (abgerufen am 28. Januar 2017).

186 *AfD-Grundsatzprogramm*, S. 24.

187 Ebd. S. 25.

188 Ebd.

189 Ebd.

190 Ebd.

191 Ebd., S. 27, 75.

192 Diese Formulierung, berüchtigt geworden durch Björn Höckes
Dresdner Rede vom 17. Januar 2017, ist seit über zwei Jahren
fester Bestandteil seiner öffentlichen Rhetorik. Schon ein Beitrag des ARD-Magazins »Monitor« vom 11. September 2014
enthält Videomaterial von einer Rede Höckes, in der er die
AfD als »letzte evolutionäre Chance für Deutschland« bezeichnet. Abrufbar unter https://www.youtube.com/watch?v=
aSkD5Qk67IA (abgerufen am 31. Januar 2017).

193 Siehe oben, Anm. 178.

194 Vgl. *AfD-Grundsatzprogramm*, S. 13.

195 Ebd., S. 10.

196 Zit. nach Heinrich August Winkler: *Der lange Weg nach
Westen*, Band II, 4. Auflage, Beck, München 2002, S. 344.

197 Siehe oben, Anm. 178.

198 AfD Sachsen: *Wahlprogramm 2014*. Langfassung. Zwickau,
2. März 2014, S. 21.

199 »Future of Europe. Report« (Umfrage durchgeführt vom Mei-
nungsforschungsinstitut TNS opinion & social im Auftrag
der Europäischen Kommission). *Special Eurobarometer* 451,
Brüssel, Dezember 2016, S. 99.

200 Ebd., S. 100.

201 Eine kompakte Zusammenschau der Positionen des IWF bietet Max Borowski, »Kritik an deutscher Sparpolitik: IWF
hält Neoliberalismus für überschätzt«, in: n-tv.de, 27. Mai
2016. http://www.n-tv.de/wirtschaft/IWF-haelt-Neoliberalis-
mus-fuer-ueberschaetzt-article17798831.html (abgerufen am
31. Januar 2017).

202 Vgl. dazu *AfD-Grundsatzprogramm*, S. 19–21, wo mit einigem Aufwand an wirtschaftswissenschaftlichen Fachbegriffen der Eindruck vermittelt wird, die »Rettungspolitik« in der Eurokrise verstoße gegen deutsche »Souveränitätsrechte«.

203 Georg Seeßlen: »Was kann uns noch retten?«, in: *taz*, 11. Januar 2017. Abrufbar unter https://www.taz.de/Archiv-Suche/!5370767&s=&SuchRahmen=Print/ (abgerufen am 8. Februar 2017).

204 Von Geert Wilders genutzter Hashtag, siehe https://www.geertwilders.nl/94-english/2029-makethenetherlandsgreat again (abgerufen am 8. Februar 2017).

205 »Koblenz: Tausende vereint gegen Rechtspopulisten«, in: Tagesschau.de, 21. Januar 2017. Abrufbar unter https://www.tagesschau.de/inland/rechtspopulisten-105.html (abgerufen am 2. Februar 2017).

206 Barack Obama: »Der wichtigste Titel ist der des Staatsbürgers«. Grundsatzrede im Kulturzentrum der Stavros-Niarchos-Stiftung, Athen, 16. November 2016. Deutschsprachige Übersetzung vom Amerika-Dienst der US-Botschaft Berlin. Abrufbar unter https://blogs.usembassy.gov/amerikadienst/2016/11/16/obama-athen/ (abgerufen am 9. Februar 2017).

207 Richard von Weizsäcker, »Rede zur Gedenkveranstaltung im Plenarsaal des Deutschen Bundestages zum 40. Jahrestag des Endes des Zweiten Weltkrieges in Europa«. Im Wortlaut online unter http://www.bundespraesident.de/SharedDocs/Reden/DE/Richard-von-Weizsaecker/Reden/1985/05/19850508_Rede.html (abgerufen am 17. Februar 2017).

Mindestlohn als Einstieg in ein öko-soziales Weltwirtschaftswunder

Georgios Zervas /
Peter Spiegel

**Die 1-Dollar-
Revolution**

Globaler Mindestlohn gegen
Ausbeutung und Armut

Piper, 256 Seiten
€ 20,00 [D], € 20,60 [A]*
ISBN 978-3-492-05779-0

Ein globaler Mindestlohn von 1 Dollar pro Stunde würde die Armut in kürzester Zeit und weltweit in die Geschichtsbücher verbannen. Viele weitere Menschheitsprobleme würde mit verschwinden: Flucht, Unterernährung, kriegerische Konflikte und Umweltzerstörung. Georgios Zervas und Peter Spiegel zeigen, warum ein globaler Mindestlohn nicht nur wünschenswert, sondern auch höchst realistisch ist.

»Ein Buch, das das Denken der Menschen verändern wird.«
Franz Josef Radermacher, Club of Rome

Leseproben, E-Books und mehr unter **www.piper.de**

PIPER

Beate und Serge
Klarsfeld

Erinnerungen

PIPER

Beate Klarsfeld /
Serge Klarsfeld

Erinnerungen

Aus dem Französischen von
Andrea Stephani, Anna Schade und
Helmut Reuter
Piper Taschenbuch, 624 Seiten
€ 14,00 [D], € 14,40 [A]*
ISBN 978-3-492-31038-3

PIPER

Leseproben, E-Books und mehr unter **www.piper.de**